ARNE MOLFENTER

Operation
Doppeltes Spiel

ARNE MOLFENTER

Operation
Doppeltes Spiel

Wie zwei Agenten den Sieg über

Nazi-Deutschland retteten

HERDER

FREIBURG · BASEL · WIEN

Satz: Daniel Förster
Herstellung: GGP Media GmbH, Pößneck

Printed in Germany

ISBN Print 978-3-451-39582-6
ISBN E-Book (EPUB) 978-3-451-83128-7

Für Mia, Annika und Henry

Inhalt

>In Kriegszeiten ist die Wahrheit so kostbar, dass sie immer von einer Leibwache von Lügen beschützt werden sollte.«

Winston Churchill, britischer Premierminister

>Alles, was ich schreibe, hat seinen Ursprung in der Wahrheit.«

Ian Fleming, Autor der James-Bond-Romane und Offizier des britischen Marine-Geheimdienstes im Zweiten Weltkrieg

Prolog

Lissabon, November 1943

Er sah keinen anderen Ausweg, als ihn jetzt zu töten. Endlose Minuten hatte er nach seiner Ankunft in dem großen Salon der Villa an der portugiesischen Riviera auf ihn gewartet. Duško Popov war sich sicher, dass sein Gegenüber inzwischen genug Beweise gegen ihn gesammelt hatte und längst wusste, dass Popov ihn verraten hatte und ein doppeltes Spiel trieb.

Bevor er von London nach Lissabon aufgebrochen war, hatten ihn die Mitarbeiter des britischen Geheimdienstes noch eindringlich gewarnt, äußerst vorsichtig zu sein. Wie sollte Popov den Deutschen erklären, dass er ihnen in den letzten elf Monaten nur wenige brauchbare Details geschickt hatte? Warum er sich so lange nicht gemeldet hatte? »Wahrscheinlich bist du doch längst aufgeflogen, Duško«, hatte sein britischer Agentenführer, Colonel Tommy Robertson, vor dem Abschied auf dem Rollfeld noch gesagt. Popov versuchte sich in Optimismus. »Na, die werden mich nicht gleich erledigen.« Robertson sah ihn düster an. »Wenn du ihnen erst gegenüberstehst, wirst du vielleicht den Tod noch herbeiwünschen.«[1]

Popov schüttelte den Kopf und täuschte den Mut vor, den er schon lange nicht mehr besaß. »Dann werde ich es eben selbst feststellen müssen. Wenn ich nicht zurückkomme, könnt ihr auf meinen Grabstein schreiben: ›Hier ruht Duško Popov, der keine Ungewissheit ertrug.‹« Robertson hatte ihn zum Schluss noch umarmt. »Ich wusste, dass du es tun würdest. Um ganz offen zu sein, Duško: Dein Einsatz in Lissabon ist äußerst wichtig, aber wir konnten dir nicht einfach den Marschbefehl erteilen. Als dein Freund bin ich

11

dagegen. Als dein Vorgesetzter bin ich dankbar für deinen Mut.«
Dann stieg Popov die Gangway hoch, und die Flugzeugtür wurde
hinter ihm verriegelt.

Entgegen allen Vorschriften hatte er eine Luger-Pistole mit im
Gepäck. Für alle MI5-Agenten galt der Grundsatz, keine Waffen
bei sich zu tragen, da allein das sie schon verraten konnte.[2] Doch
Popov glaubte, nicht mehr viel verlieren zu können, und wollte
eines vermeiden: endlose Qualen unter Folter. Und die leichte Pistole war seine Versicherung dagegen. Sollte das Treffen in Lissabon eskalieren, würde er sich seinen Weg freischießen oder eben bei
dem Versuch sterben.

Nachdem er gelandet war, ging er in der Dunkelheit die Landstraße von Lissabon nach Estoril entlang. Bis zu der Stelle, an der
ihn ein Auto der Deutschen abholen sollte. Die Pistole hatte Popov
inzwischen in einem Schulterholster verstaut. Im Gehen übte er einige Male, sie möglichst schnell aus dem Holster zu ziehen und auf
ein imaginäres Ziel zu richten.

Es dauerte nicht lange, bis sich wie vereinbart ein Wagen näherte und an seiner Seite stoppte. Popov atmete erleichtert auf. Am
Steuer saß eine junge Frau, die er nie zuvor gesehen hatte. »Herr
Iwan?«, sprach sie ihn durch das offene Fenster der Beifahrerseite
an, als er die Hand nach dem Türgriff ausstreckte. Popov war erleichtert, nur die junge Frau zu sehen, die ihn mit seinem korrekten
Tarnnamen angesprochen hatte. Wenigstens erwarteten ihn nicht
hier schon die »Leute von der Müllabfuhr«, um ihn auf der Stelle
zu töten. So nannte der britische Inlandsgeheimdienst MI5 die Tö-
tungskommandos der Gestapo.

Beide fuhren zu einer weißen Villa im maurischen Stil und pas-
sierten die weitläufige Einfahrt mit einem schmiedeeisernen Tor. Die
Frau steuerte das Mercedes-Coupé direkt in eine der offen stehenden
Garagen und führte ihn über eine Wendeltreppe ins Haus, hinein in
einen der Salons im Erdgeschoss. »Ich werde Herrn von Karsthoff sagen, dass Sie eingetroffen sind.« Dann ging sie und ließ Popov allein.

Der Salon war groß, viele Male hatte er hier mit seinem deutschen Agentenführer, Ludovico von Karsthoff, gesessen und seine Aufträge für den deutschen Geheimdienst besprochen. Noch nie hatte ihn interessiert, wie er am schnellsten diesen Raum verlassen könnte, sollte es darauf ankommen. Er hatte den Raum von der Eingangshalle her durch eine hohe, zweiflügelige französische Tür betreten. An der Seite gab es noch zwei weitere Türen. Die eine an der rechten Wand, das wusste er von früheren Besuchen, führte in den Speisesaal. Durch die linke gelangte man in den Garten. Das war sein bester Fluchtweg. Er entsicherte seine Pistole und ging auf die linke Tür zu, um zu sehen, wo er landen würde, wenn er hinaussprang.

Dusan Popov

Hinter seinem Rücken nahm er plötzlich ein schrilles, andauerndes Fiepen wahr, bis eine Stimme sagte: »Dreh dich ganz langsam um, Duško! Und keine raschen Bewegungen!«[3] Hinter sich hörte er von Karsthoff, leise, aber energisch. Er war fast lautlos durch die Flügeltür von der Halle eingetreten. Popovs Hand tastete nach der Pistole. Er war nun bereit, sich ruckartig umzudrehen und abzudrücken, doch dann sah er in der Fensterscheibe von Karsthoffs Spiegelbild. Er war allein und unbewaffnet. Auf seiner Schulter hockte ein kleines Makaken-Äffchen mit einem goldenen Halsband und einer Leine, die er fest in der Hand hielt. Es hatte die seltsamen, hohen Töne erzeugt. Beide, von Karsthoff und der Affe, sahen Popov mit großen Augen erwartungsvoll an. Popov zog seine Hand langsam wieder aus dem Inneren seines Jacketts und drehte sich um.

»Ein Agent aus Südwestafrika hat ihn mir vor einigen Tagen geschenkt«, flüsterte von Karsthoff. »Er heißt Benito und ist noch nicht zahm. Wenn er erschrickt, könnte er beißen.« Dann ließ er den Affen von seiner Schulter gleiten und band die Leine an der Armlehne eines Ledersessels fest. Von Karsthoff ging zum Barwagen, goss zwei doppelte Brandys ein und reichte Popov eines der Gläser. »Du kommst mir so sonderbar vor, so nervös. Ist irgendetwas geschehen?«

Popov blickte von Karsthoff an, im Geist sah er ihn von einer Kugel getroffen blutüberströmt gegen die Tür zurücktaumeln. Sein Herz raste, hastig nahm er einen Schluck Brandy. Er wusste, dass die Gefahr noch lange nicht vorüber war. Auch nicht für seinen besten Freund, Johnny Jebsen, der zuletzt ebenfalls in Lissabon gesichtet worden war, von dem aber seit Wochen jede Spur fehlte. Als Popov von Karsthoff zuprostete, überkamen ihn immer größere Zweifel, ob Johnny überhaupt noch am Leben war.

Kapitel 1

Der Klub der Ausländer

Freiburg, Sommer 1936

Im Schwarzwald trafen sie zum ersten Mal aufeinander, an der Universität Freiburg. Eine ungewöhnliche Beziehung war sie von Anfang an, die Freundschaft zwischen Johann Nielsen Jebsen, genannt »Johnny« und Dušan »Duško« Popov, zweier Söhne privilegierter Elternhäuser. Jebsen, der Student aus Hamburg, gehörte nicht zu den oberen Zehntausend, er war einer der oberen Tausend. Auch Popov kannte das Leben in Luxus seit seiner Geburt. Er war am 10. Juli 1912 in Titel, in Serbien, auf die Welt gekommen. Im Besitz der Familie waren Fabriken, Minen und Handelsunternehmen. Mit seinen beiden Brüdern vertrieb er sich die Zeit beim Segeln, Wasserball, Reiten und Tennis.

In Frankreich und England hatte er wie seine Brüder Internate besucht, in Belgrad Jura studiert, nun wollte er in Freiburg promoviert werden. Die Wahl war auch deswegen auf die Stadt im Schwarzwald gefallen, weil sein Vater seit 1935 enge Geschäftsbeziehungen mit dem Dritten Reich entwickelt hatte. So lieferten einige seiner Firmen Stoffe an das Bekleidungsunternehmen von Hugo Ferdinand Boss, der für SA, SS, Hitlerjugend und die Wehrmacht seit den 1930er Jahren in der Nähe von Stuttgart Uniformen schneiderte.[1] Es war ein riesiges und profitables Geschäft, und Popovs Vater versprach sich vom Studienaufenthalt seines Sohnes in Freiburg einige Vorteile. So konnte er nicht nur seine Deutschkenntnisse verbessern, sondern auch nützliche Kontakte knüpfen.

Popov zeigte viele Qualitäten, nur keinen akademischen Ehrgeiz. Immer wieder korrespondierte er mit dem Prüfungsamt der Universität, forderte Aufschub für seine Arbeit, wollte gewisse Themen gar nicht lernen und wurde stets aufgefordert, nachzubessern. Seine Doktorarbeit wird unter der Rubrik »nicht abgeschlossene Promotionen« in Freiburg aufbewahrt.[2] In seiner Heimat stellte er sie später doch noch fertig.

Popov besaß neben einem riesigen Selbstbewusstsein und viel Gelassenheit noch weitere besondere Eigenschaften. Als er auf Jebsen traf, half dieser ihm nach und nach, sie zu entwickeln. Bevor Popov in Freiburg ankam, war Jebsen, der dort Volkswirtschaft und Jura studierte, um später das Familienunternehmen zu übernehmen, bereits stadtbekannt.

Jebsen war ein Mann des schwarzen Humors, besaß großen Intellekt und später auch viele Schwächen. Seine Eltern waren von Dänemark erst nach Flensburg und später nach Hamburg gezogen. Dort war Jebsen am 22. Juni 1917 geboren worden, betonte aber stets, dass er sich trotzdem als Däne fühle und sein deutscher Pass lediglich eine »Fahne der Bequemlichkeit« für seine künftigen, selbstverständlich gewaltigen Geschäftsvorhaben sei: »Ein Teil meiner Liebe zu meinem Land hat damit zu tun, dass so viel davon eigentlich mir gehört«, behauptete er.[3] Seine Eltern verlor Johnny in den Dreißigerjahren und wurde Erbe der Hamburger Reederei Jebsen und Sohn, die später unterging. Er galt als hochintelligent, übersprang die vorletzte Schulklasse und bestand am Realgymnasium Flensburg das Abitur mit Auszeichnung.[4] Jebsen, ein anglophiler junger Mann, sprach häufig lieber Englisch als Deutsch, verbrachte zwei Jahre in Großbritannien und hob stets seine »englischen Manieren« hervor.

In der kleinen Stadt im Schwarzwald, die durch hohe Berge mit mächtigen Tannen eingerahmt ist, spielte Jebsen die Rolle des vermeintlichen Aristokraten und Dandys. Ohne Regenschirm und Monokel im linken Auge verließ er nie seine Wohnung, ließ sich

Johann Jebsen im Alter von 20 Jahren

für die damals gewaltige Summe von 500 Reichsmark einen Anzug aus englischem Tuch maßschneidern und wollte mit dem immer deutlicher zutage tretenden kleinbürgerlichen Gehabe brauner
Ideologie nichts zu tun haben. In Freiburg war er als Provokateur
gegen die Nazis bekannt und bereits als Schüler gegen sie aktiv gewesen. Mit Sorge hatte seine Mutter zu dieser Zeit bemerkt, dass
er drei Tage lang gebraucht hatte, um verdächtige Dokumente im
Ofen in seinem Zimmer zu verbrennen.[5]

Als er mit seinem Mercedes 540k zum Studienbeginn in Freiburg eintraf, war das Erste, was er erledigte, eine Fahrt zum Polizei-
präsidenten. Dem legte Jebsen einen Umschlag mit Geld auf den
Tisch und sagte: »Es spart Zeit, wenn ich meine künftigen Ver-
kehrssünden schon vorab bezahle.«[6] Das Studium absolvierte er
nebenbei. Denn Jebsen führte bereits als Student seine eigene Im-
& Exportfirma in Berlin. Als die Universität Freiburg ausstehende

Prüfungsgebühren von ihm eintreiben wollte, ließ der Student Jebsen über das Sekretariat seiner Firma mitteilen, dass er geschäftlich im Ausland unterwegs sei. Seine Geschäfte führten ihn unter anderem auf den Balkan und den Vorderen Orient.[7]

Die Wege von Jebsen und Popov kreuzten sich erstmals im Sommer 1936, im Klubhaus der Deutsch-Ausländischen Gesellschaft in der Schwimmbadstraße. Dort war die Gesellschaft in einem Prachtbau aus der Kaiserzeit untergebracht. Die Gesellschaft war ein Verein, der ausländischen Studenten die deutsche Sprache und Kultur näherbringen sollte. All das interessierte Popov und Jebsen aber nur am Rande. Am Bildungsprogramm nahmen sie meist geistig abwesend und ohne wahren Eifer teil. Ihre volle Konzentration galt den geselligen Teilen. Regelmäßig stiegen Partys »mit den schönsten Mädchen«, wie sich Popov an diese Zeit erinnerte.[8] Am Wochenende fuhren die Mitglieder die wilden Serpentinen der kleinen Landstraße zum Gipfel des Schauinsland hinauf, der Freiburg überragt. Dort fuhren sie Ski, manchmal zog es sie auch in die Alpen nach Garmisch-Partenkirchen, wo im Februar 1936 die Olympischen Winterspiele abgehalten worden waren und sich das Nazi-Regime der Welt in einem falschen Schauspiel bewusst weltoffen und tolerant gegeben hatte. Eine Täuschung, die beim Propagandaspektakel im Sommer 1936 im Berliner Olympiastadion in noch größerem Maß inszeniert worden war.

Jeden Freitagabend hielt die Gesellschaft, die bei den Studenten nur »Ausländerklub« hieß, ein Rededuell ab. Popov war fassungslos, wie unkritisch die deutschen Debattierenden für den Nationalsozialismus schwärmten. Schnell fand er heraus, dass alle deutschen Redner eigens ausgewählte Parteimitglieder der NSDAP waren, die jedes Thema vorab erfahren hatten und sich, akribisch vorbereitet, stets flammend für Hitler und seine Pläne aussprachen. Die Debatten zwischen deutschen und ausländischen Studenten nahmen immer hitzigere Fahrt auf, was Jebsen und Popov mit allen Kräften befeuerten. Denn Jebsen war es ebenfalls gelungen, die geplanten Debattenthemen zu erfahren, und er gab diese an britische und US-amerikanische Kommilitonen weiter. Zur diebischen Freude Jebsens und Popovs wurden die Konfrontationen zwischen deutschen und ausländischen Studenten über Hitlers Pläne somit immer schärfer. Beide ergriffen auch häufig selbst das Wort, argumentierten stets für den Erhalt der Demokratie, steigerten sich in ihren Reden immer klarer in strikte Opposition zum NS-Regime und verhöhnten die studentischen Nazis.[9] Jebsen verachtete ganz offen die Aggressivität der führenden Nationalsozialisten, während Popov keine Gelegenheit ausließ, die akademischen Unterstützer Hitlers in ihren braunen Hemden zu verhöhnen. Schon bald sorgte das außerhalb des »Ausländerklubs« für Zorn.

In den deutschen Universitätsstädten wie Freiburg hatte sich schon zu Beginn der Machtergreifung Hitlers der NS-Einfluss stärker bemerkbar gemacht als anderswo. Die meisten Professoren, die nicht mit dem Regime sympathisierten, waren bereits aus dem Dienst entfernt worden. Diejenigen, die noch ihre Lehrstühle besaßen, mussten stets vorsichtig sein und streng nach der vorgegebenen offiziellen Ideologie lehren. Allen jüdischen Professoren war die Lehrerlaubnis entzogen worden, doch gab es damals noch einige Vorlesungen für jüdische Studenten – auch, um international das Gesicht zu wahren. Aber für die jüdischen Studenten gab es keine gleichen Bedingungen mehr, an der Universität wurden sie noch geduldet, um sie dann im Examen meistens durchfallen zu lassen.

Der neuen »Weltanschauung« in Deutschland brachten Jebsen und Popov nur Spott entgegen. Das einte sie. In anderer Hinsicht konnten Jebsen und Popov kaum unterschiedlicher sein. Während Duško agil und charismatisch war, litt Johnny unter Kurzsichtigkeit und auffälliger Blässe. Während der eine athletisch war, hatte der andere mit Krampfadern zu kämpfen und humpelte leicht.

Von Anfang an idealisierte Johnny seinen ungleichen Freund Duško, der fünf Jahre älter war als er und ein wahrer Überflieger zu sein schien – egal, was er anpackte. Besonders, wenn es darum ging,

Frauen zu erobern. Duško bewunderte im Gegenzug Johnnys Unabhängigkeit und sein weltmännisches Auftreten. Der eine besaß, was dem anderen fehlte. Sie wurden unzertrennlich, und später erwähnte Popov, dass niemand sein Leben mehr beeinflusst habe als Jebsen.

Popov war sich seiner Wirkung stets sicher. In London analysierte der britische Geheimdienst MI5 später diese Wirkung mit kühler Distanz: »Er zieht sich elegant, aber lässig an. Die Hosen scheinen immer ein wenig zu lang, er bevorzugt weiße, seidene Hemden mit weichem Kragen und schicke Krawatten. Er lächelt völlig unverkrampft und zeigt dabei all seine Zähne. Sein Gesicht ist nicht unangenehm, aber ganz sicher nicht hübsch«, hieß es in den Akten.[10]

Popov und Jebsen machten die kleine Stadt im Süden Deutschlands unsicher, fuhren ihre schnellen Autos, Jebsen sein Mercedes 540K Cabriolet, mit chromblitzenden, aus der Kühlerhaube herausragenden Auspuffrohren, Popov einen schweren BMW. »Beide hatten wir die große Vorliebe für flotte Wagen und flotte Mädchen gemeinsam und besaßen genug Geld für das eine wie für das andere«,[11] berichtete Popov später, der mit seinen oft wechselnden Begleiterinnen lieber die Sonne genoss, anstatt sein Studium zu verfolgen. Frauen fanden ihn unwiderstehlich, »mit seiner lockeren Art, seinem sinnlichen Mund, seinen grünen Augen unter schweren Lidern und einem anziehenden Schlafzimmerblick«, wie viele seiner Bekanntschaften, die er in den folgenden Jahren traf, bezeugten.[12] Und tatsächlich stand das Schlafzimmer häufig im Mittelpunkt seines Interesses. Bereits als Student galt er als kaum zu stoppender Frauenheld.

Im August 1936 entspannte sich Popov im Freiburger Schwimmbad zusammen mit einer jungen Frau. Als einer seiner Kommilitonen, Karl Laub, vorbeikam und Popovs Begleiterin unverhohlen nach einer Verabredung fragte, murmelte Popov, auf dem Bauch liegend, nur: »Geh weg, Karl. Du stehst mir in der Sonne. Entschuldige dich und hör auf, für Schatten zu sorgen!« Popovs Provokation führte wie beabsichtigt zu einem Wortgefecht. Am Ende forderte Laub den ausländischen Studenten zu einem Duell heraus: einem Kampf mit Säbeln, um die verletzte Ehre wiederherzustellen. Popov, dem dieser Brauch fremd war und der keine Lust verspürte, sich sein Gesicht durch einen Schmiss verunstalten zu lassen, wandte sich an seinen Freund Jebsen, um Rat einzuholen. Jebsen erklärte sich sofort bereit, als Popovs Sekundant zu dienen. Und dann heckten beide einen Plan aus. Als der Termin für das Duell näher rückte, teilten sie Laub mit, dass auch in Popovs Heimat Duelle bekannt seien, nicht aber mit Säbeln gekämpft würde. Stattdessen dürften wahre Männer nur eine Waffe in Betracht ziehen: die Pistole.

Der Plan ging auf. Laub und sein Sekundant schienen sich von dieser unerhörten Forderung beeindrucken zu lassen und schreckten zurück. Noch nie waren Pistolen in einem akademischen Duell benutzt worden. Sie riefen das studentische Schiedsgericht an und baten um ein Urteil. Der Schiedsspruch fiel wie von Popov und Jebsen gewünscht aus, mit einem gesichtswahrenden Kompromiss für beide Duellanten: Popov behielt sein Recht auf freie Wahl der Waffen, eine Entscheidung durch Pistolen wurde jedoch nicht erlaubt. Das Duell wurde stillschweigend abgesagt, und Laub blieb am Leben.[13]

Johnny und Duško, die zwei frühen antifaschistischen Playboys, traten in den nächsten Monaten immer selbstbewusster auf und verspotteten die Nazis nun auch öffentlich. Im Sommer 1937 hatten sich vor ihrer Lieblingskonditorei, dem Café Birlinger in der Bertoldstraße, seit mehreren Tagen SA-Männer postiert, die das Café rund um die Uhr »bewachten«. So wollten sie unverhohlen Druck auf den Konditormeister Albert Birlinger ausüben. Diesen Einschüchterungsversuch hatte seine Ehefrau Rosa durch ihre Widerspenstigkeit verursacht, denn als die Nazis sie hatten zwingen wollen, an ihrer Ladentür ein Schild mit der Aufschrift »Hunde und Juden nicht erlaubt« aufzuhängen, hatte sie nur trocken geantwortet: »Deren Geld ist auch rund«, und sich strikt geweigert. Das ließen die Nazis nicht auf sich sitzen. Fortan musste jeder, der das Café betreten wollte, der SA seinen Namen angeben. Für die normalen Kunden war das abschreckend genug, kaum einer wagte es noch, hineinzugehen und etwas bei den Birlingers zu kaufen. Doch Popov und Jebsen trauten sich nicht nur das, sie gingen sogar noch einen Schritt weiter.

Unerschrocken näherten sie sich dem Café, gaben, ohne zu zögern, bereitwillig ihre Namen an, setzten sich dann demonstrativ an einen Tisch in der Nähe des großen Schaufensters und bestellten Kaffee und Kuchen, um so gegenüber den standhaften Besitzern ihre Sympathie zu bekunden. Die Aktion wurde zum Stadtgespräch, und die Nationalsozialisten verloren nun endgültig die Geduld mit den zwei aufrührerischen Studenten.

Im Juni 1937 plante Popov, sich von seinem akademischen Leben durch einen Ausflug nach Paris zu erholen. Einige Tage vorher hatte er eine weitere prodemokratische Rede im »Ausländerklub« gehalten. Zu seiner Abreise nach Paris kam es nicht mehr. Am nächsten Morgen hörte er um 6 Uhr morgens schlaftrunken ein Hämmern an seiner Wohnungstür. Es wurde lauter und lauter. Als Popov öffnete, stürmten ihm vier Gestapo-Mitarbeiter entgegen. Während einer der Männer ihn nicht aus den Augen ließ, durchsuchten die anderen drei seine Wohnung, leerten Schubladen und Schränke, warfen seine Bücher und Studienunterlagen achtlos auf den Boden, durchwühlten die Taschen seiner Kleidung und untersuchten auch die Papierkörbe. Popov wusste, wie sinnlos es war, jetzt Protest zu erheben. Trotzdem fragte er, was sie genau bei ihm suchten. Sie antworteten nicht und fuhren unbeirrt fort. Als sie fertig waren, zerrten sie ihn das Treppenhaus hinunter, stießen ihn in einen Wagen, der vor der Haustür parkte, und fuhren mit ihm zur Freiburger Gestapo-Zentrale.

Im Verhörraum erschienen ihm die Vorwürfe zunächst lachhaft. Popov musste sich anhören, dass er ein Mädchen getroffen hatte, das in einer Fabrik arbeitete – ohne Zweifel ein Beweis dafür, dass er Kommunist sei. Später wurden die Vorwürfe konkreter und hatten mit seinen »aufrührerischen Reden« im »Ausländerklub« zu tun.[14] Acht Tage und acht Nächte wurde er verhört. Die Gestapo befragte auch alle, die mit ihm Kontakt hatten. Studenten, Professoren und Bekannte sagten aus, auch Jebsen war an der Reihe. Nur er und eine weitere Kommilitonin verteidigten Popov. Dann wurde Popov ins Freiburger Gefängnis verlegt. Jebsen war in tiefer Sorge, wochenlang hörte er kein Lebenszeichen von seinem Freund. Irgendwie musste er Popov da herausbekommen, und er beschloss in seiner Verzweiflung, das Problem nach Art der oberen Tausend zu lösen.

Er fuhr mit seinem Cabriolet in die nahe Schweiz, um beim Telefonieren nicht abgehört zu werden, und erreichte Popovs Vater. Der wandte sich an den jugoslawischen Ministerpräsidenten, der die Angelegenheit wiederum direkt mit Hermann Göring klärte, der seit 1936 die Führung des Reichswirtschaftsministeriums übernommen und die Vorbereitungen für den deutschen Angriffskrieg begonnen hatte. Dann ging alles schnell: Die Gestapo entließ Popov aus der Haft und gab ihm 24 Stunden, das Land zu verlassen.

Popov merkte schnell, dass ihn bis zu seiner Abreise Gestapo-Agenten rund um die Uhr beschatteten. Es blieb ihm keine Zeit, seinen Abschied zu regeln, geschweige denn, Johnny noch Lebewohl zu sagen. Er bezahlte die ausstehende Monatsmiete, gab seinem Vermieter als letzte Anweisung, seinen Wagen und seine Bücher zu verkaufen, und verließ Freiburg Hals über Kopf.

Im Morgengrauen stieg er in den Zug in Richtung Schweizer Grenze. Zwei Studentinnen hatten noch von seiner überstürzten Abreise erfahren und verabschiedeten ihn unter Tränen auf dem Bahnsteig. Popov stieg in einen Waggon der ersten Klasse und winkte – von Johnny keine Spur. Ein greller Pfiff, dann zog die Lokomotive fauchend an. Popovs Studienzeit war jäh zu Ende gegangen.

Nur wenig später erreichte der Zug die Landesgrenze. Der nächste Halt war der deutsch-schweizerische Grenzbahnhof in Basel. Hier musste Popov umsteigen. Als er seinen schweren Koffer aus dem Waggon wuchtete und die Fußspitze auf den Bahnsteig setzte, traute er seinen Augen nicht: Vor ihm stand Johnny. Auch er hatte noch versucht, in Freiburg auf den Bahnsteig zu kommen, um sich zu verabschieden, war aber von Gestapo-Agenten am Eingang festgehalten worden. Ohne zu zögern war er in sein Auto gesprungen und mit dem Zug, in dem Popov saß, ein Wettrennen bis Basel gefahren. Und Johnny hatte das Rennen um Längen gewonnen. Atemlos berichtete er Popov, welche Rolle er dabei gespielt habe, ihn doch noch freizubekommen. Popov dankte ihm von Herzen, und beide fielen sich wehmütig in die Arme. Für Popov wurde die Zeit bis zur Abfahrt seines Zugs nach Belgrad knapp, und den Freunden stand nun ein Abschied wider Willen bevor. »Wenn du je etwas brauchst – eine kurze Nachricht genügt. Ich meine es ehrlich, und du weißt, dass ich Wort halte«, sagte Popov, noch ehe er in den Zug nach Belgrad stieg und in sein Abteil verschwand.[15] Durch das Fenster des Waggons winkte er Jebsen ein letztes Mal, und der Weg der beiden Freunde trennte sich. Drei Jahre dauerte es, bis Jebsen seinen Freund Popov an sein Versprechen erinnern würde.

Kapitel 2

Ein Rätsel

Dubrovnik/Belgrad, Februar 1940

Zurück in seiner Heimat Dubrovnik hatte Duško Popov schnell Fuß gefasst. Aus dem ehemaligen Jurastudenten war ein erfolgreicher, aber nur mäßig ehrgeiziger Anwalt für Handelsrecht geworden. Er besaß eine große Zahl von Mandanten, unter ihnen auch viele Diplomaten der Deutschen Botschaft in Belgrad, mit denen er vor allem Verträge über den Import und Export von Maschinen aushandelte. Aber Popov wollte sich keinesfalls überarbeiten. Mit mindestens vier Frauen gleichzeitig unterhielt er Affären. Wochentags war er oft nur von 10 bis 12 Uhr in seiner Kanzlei anzutreffen, war aber stets bereit, seinen Klienten für etwaige »Extraleistungen und Gefallen« zur Verfügung zu stehen. Er war aufgrund seiner Herkunft bestens vernetzt und besaß Kontakte zu den höchsten Stellen in Politik und Verwaltung, besorgte, wenn es sein musste, rasch Lizenzen für die Ein- und Ausfuhr und kümmerte sich geräuschlos darum, dass Zollgebühren manchmal erneut geprüft und im besten Fall »angepasst« wurden. Das Leben schenkte ihm, was er erwartete. Er lebte in einer Villa mit Meerblick und besaß ausreichend Personal. Wenn Popov nicht Tennis spielte, wartete am Liegeplatz des exklusiven Orsan-Segelklubs von Dubrovnik die Nina auf ihn – seine Yacht. Schon seit seiner Jugend war Popov Mitglied des Klubs. »Ich bin in der Sonne geboren, und werde in der Sonne sterben«, sagte er stets lachend.[1] Frauen, Segeln und Tennis – er genoss sein leichtes Dasein und besaß fast alles, was er sich jemals gewünscht hatte, reiste quer durch Europa und verbrachte mindestens einen ganzen Monat pro Jahr in Paris, wo er sich – abgesehen von seinen zahlreichen anderen Bekanntschaften – mit Pinta de la Rocque, einer französischen Marquise, traf. Sie wusste nicht, wie wenig exklusiv seine Liebe zu ihr war, er ahnte nicht, wie sehr verheiratet sie war.

Doch Popovs Idylle war brüchig. Im September 1939 hatte der Zweite Weltkrieg begonnen. Hitler hatte Polen überfallen und bereitete schon weitere Angriffe auf die Nachbarstaaten Deutschlands vor. Jugoslawien war es bisher mühsam gelungen, seine Neutralität zu wahren. Im Februar 1940 bereiteten sich die Einwohner von Dubrovnik auf den Höhepunkt des Jahres vor. Die Feiern zu Ehren des Stadtpatrons, des Heiligen Blasius, standen an. Auch Popov spürte seit Tagen die Vorfreude auf die aufregendste Zeit des Jahres in sich. Es warteten Straßenfeste, Dinner und außergewöhnliche Maskenbälle auf ihn. Am Morgen des 3. Februar 1940 betrat einer seiner Diener sein Schlafzimmer, weckte ihn jäh und reichte ihm ein Eiltelegramm. Mit müden Augen und glasigem Blick ging Popov die Zeilen durch. Es war in Berlin abgeschickt worden, von seinem Freund Johnny.

»ICH MUSS DICH DRINGEND SEHEN. SCHLAGE DEN 8. FEBRUAR VOR. TREFFEN IN BELGRAD. IM HOTEL ›KÖNIG VON SERBIEN‹. JOHNNY.«[2]

Als Popov wenige Tage später die holzvertäfelte Bar des König von Serbien betrat, war ihr Wiedersehen voller Freude, der Alkohol floss in Strömen. Sie zogen durch die Bars von Belgrad und nahmen schließlich noch zwei Tänzerinnen eines Nachtclubs mit. Das Ganze endete im Morgengrauen dort, wo ihre Tour begonnen hatte, und gipfelte in einem erbitterten Streit mit dem Hoteldirektor, der ihnen drohte, sie und ihre Begleiterinnen hinauszuwerfen. Nicht aus moralischen Gründen, sondern weil sie unter großem Geschrei um 5 Uhr morgens darauf bestanden hatten, im Speisesaal zum Frühstück Steaks und Champagner serviert zu bekommen. Am Ende der langen Nacht studierte Popov seinen Freund. Jebsen zeigte noch immer seine scharfe Intelligenz und war wie immer schlagfertig, aber er schien seltsam angespannt, stürzte einen doppelten Whiskey nach dem anderen hinunter und rauchte ohne Unterlass. In den drei Jahren, in denen sie sich nicht mehr gesehen hatten, war Johnny erschreckend gealtert. Seine Haare waren länger und struppiger als früher, die Falten auf seiner Stirn zahlreich und seine dunklen Augenringe unübersehbar. Das Einzige, was gleichgeblieben war, war der tadellose Schnitt seines Maßanzugs.

Nach seiner Zeit in Freiburg war Jebsen wieder nach England gereist, hatte verkündet, an der Universität von Oxford zu studieren und Bücher über Philosophie schreiben zu wollen. Aus all dem war nichts geworden, obwohl er später behauptete, beides getan zu haben. Endlich kam Jebsen zum Grund seines Besuchs und bat Popov um Hilfe. Nach seiner Rückkehr nach Deutschland war er ins Reedereigeschäft eingestiegen und wollte nun einen riskanten Deal durchziehen, der ihn in Schwierigkeiten mit den Nationalsozialisten bringen konnte. Fünf deutsche Handelsschiffe, eines davon gehörte zur Flotte der Jebsens, lagen im Hafen von Triest wegen einer Blockade der Alliierten fest. Zwar hatte Jebsen die Erlaubnis der Deutschen bekommen, die Schiffe an ein neutrales Land zu verkaufen, aber nur, wenn sie nicht für den Handel mit England oder Frankreich genutzt würden. Nun wollte er seinen Freund Duško und seine Kontakte nutzen, um sie so rasch wie möglich zu verkaufen – bevor die deutsche Regierung merken würde, dass alle Garantien, keinen Handel mit den Alliierten zu betreiben, wertlos waren, wenn sie erst einen neuen Besitzer hatten. Vor großen Geschäften schreckten beide nicht zurück, bei den Schiffen ging es um eine Summe von 14 Millionen US-Dollar (heute knapp 300 Millionen US-Dollar).

Aber Jebsen trieb noch eine andere Motivation. Er wollte in jedem Fall verhindern, dass alle Schiffe in deutsche Hände gerieten. Plötzlich wechselte Jebsen abrupt das Thema und kam auf die politische Lage zu sprechen. »Hitler ist der unangefochtene Herrscher über Europa. In ein paar Monaten wird er wahrscheinlich England fertigmachen, und dann werden Amerika und Russland froh sein, sich mit ihm zu arrangieren«, sagte Jebsen, und in seiner Stimme lag Besorgnis.[3]

Popov musste nicht lange überlegen. Der schnellste Weg, die Schiffe loszuwerden, war, eine jugoslawische Firma als angeblichen Käufer zu präsentieren, sie aber heimlich den Briten anzubieten. Beide waren sich schnell einig. Während Popov seine Kontakte aktivierte, flog Jebsen zurück nach Deutschland, um alle Dokumente zu besorgen. Zwei Wochen später trafen sie sich erneut und wickelten das Geschäft ab. Zurück in Belgrad, wartete Jebsen mit einer weiteren Überraschung auf. Er hatte sich, so gestand er seinem Freund, freiwillig der Abwehr angeschlossen, dem deutschen Militärgeheimdienst. »Ich habe keine Lust, von der Wehrmacht eingezogen und an die Front geschickt zu werden«, gestand Jebsen.[4] Popov war vom Schritt seines Freundes entsetzt.

Jebsen war von einem engen Freund für die Abwehr angeworben worden, dem Juristen und Abwehr-Offizier Hans von Dohnanyi, der später als Widerstandskämpfer hingerichtet wurde. Zu Jebsens Freunden gehörte auch Hans Oster, er war Stellvertreter des Abwehr-Chefs Wilhelm Canaris und später einer der aktivsten Widerstandskämpfer.[5] Nun gehörte Jebsen offiziell zur 400-Mann starken Sondereinheit des Regiments Brandenburg. Diese Einheit war in Wahrheit »ein Konstrukt von Canaris, um eine Reihe junger Männer vor dem Militärdienst zu bewahren«.[6] Jebsen hatte die persönliche Zusicherung von Canaris erlangt, niemals eine Uniform tragen und niemals in den Krieg ziehen zu müssen. Als sogenannter »Forscher« besaß er die Freiheit, »quer durch Europa zu reisen und seine Geschäfte und Finanztransfers zu betreiben, solange er der Abwehr zur Verfügung stand, wenn diese danach verlangte, und er Informationen über seine Handelspartner weitergab.«[7]

Wilhelm Canaris als Korvettenkapitän

Schnell wurde Popov klar, dass Jebsen mit einer weiteren Bitte nach Belgrad gereist war. Sein erster Auftrag als »Forscher« für die Abwehr war es, unabhängige Informationen zu sammeln, welche französischen Politiker am wahrscheinlichsten mit dem Dritten Reich zusammenarbeiten würden, wenn Frankreich besiegt worden war. »Meinst du nicht eher, falls Frankreich besiegt worden ist?«, fragte Popov.[8] Jebsen schüttelte den Kopf. Er war sicher, dass es nur noch eine Frage der Zeit war, bis es geschehen würde.

Deutschlands Feinde unterschätzten Hitlers Aggressivität und die Stärke seiner Armee. Ob Popov, der die besten Kontakte in Frankreich besaß, ihm bei seiner Analyse helfen könne? Popov zögerte und sagte nach einigem Überlegen schließlich zu – aber nur wegen ihrer Freundschaft. Er musste Johnny helfen, das hatte er ihm damals in Freiburg versprochen. Und er hielt sein Wort.

In den kommenden Wochen befragte er, so diskret es ging, Geschäftspartner, die mit Frankreich Handel trieben, ebenso Freunde der Familie, Diplomaten und Regierungsbeamte. Er tat das vor allem während gesellschaftlicher Anlässe, möglichst zufällig, um keine Aufmerksamkeit auf sich zu ziehen, und hatte nach einiger Zeit viele Details und Meinungen gesammelt. Interessant war, dass sich die Sicht auf die Lage zu ähneln schien. Pierre Laval, der ehemalige französische Ministerpräsident, schien für die meisten derjenige zu sein, der sofort bereit sein würde, Frankreich im Namen Deutschlands zu regieren. Schon oft hatte er sich dafür ausgesprochen, mit dem Dritten Reich ein militärisches Bündnis einzugehen. Popov machte sich daran, seinen Bericht mit der Schreibmaschine zu tippen – einen Durchschlag behielt er vorerst für sich.

Kurz darauf überreichte Popov seine Informationen Jebsen. Dieser erzählte ihm später nur knapp, dass die Analyse sehr gelobt worden sei, und übermittelte ihm noch den Dank der deutschen Seite. In den nächsten Wochen blieben Popov und Jebsen nur lose in Kontakt, doch schon jetzt machte Popov eine erstaunliche Entdeckung, als er in der Deutschen Botschaft in Belgrad für einen seiner Mandanten über eine Lizenz zur Produktion von Sprengstoffen verhandelte, wofür dieser Maschinen aus Deutschland importieren wollte. In der Vergangenheit waren die deutschen Diplomaten meist kühl und abweisend zu Popov gewesen. Das, so vermutete er stets, musste damit zu tun haben, dass sie von seiner Verhaftung durch die Gestapo in Freiburg erfahren hatten. Doch jetzt war alles anders, die Deutschen überschlugen sich vor Freundlichkeit. Bürokratische Hürden, die es zuvor immer gegeben hatte, lösten sich in Luft auf, stattdessen boten die Diplomaten ihm sogar kleine Gefälligkeiten an und fragten beflissen, ob sie ihm noch mit weiteren Diensten zur Seite stehen könnten. Popov war verwundert, er war sicher, dass sein Name als Autor des Laval-Berichts gefallen war, und begann mit einigem Missfallen den Verdacht zu entwickeln, dass die Deutschen in ihm nun einen Sympathisanten sahen. Einer der Botschaftssekretäre, ein Herr von Stein, sprach ihn wiederholt darauf an, dass er ja stets Zutritt zu britischen Kreisen besitze, um ihn danach erwartungsvoll anzusehen – Popov zog es vor, nie darauf einzugehen, er beließ es bei einem Lächeln und schwieg.

In diesem Sommer tauchte Jebsen immer öfter in Belgrad auf. Offiziell, um Firmen- und Finanzprojekte voranzutreiben. Eines Tages fragte er ohne weitere Erklärung, ob er einen Bekannten zum Dinner in Popovs Stadtwohnung mitbringen könne, der ihn unbedingt kennenlernen wolle. Popov sagte leicht widerwillig zu, denn er spürte, dass Jebsen wieder irgendetwas im Schilde führte.

Jebsens Bekannter stellte sich als Major Müntzinger vor, ein äußerst korpulenter Bayer und Abwehr-Offizier auf dem Balkan. Nachdem die drei bei Brandy und Zigarren Platz genommen hatten, kam Müntzinger direkt zur Sache, wobei er kaum subtil vorging. Er sprach über die Pläne der Deutschen, die die Invasion Großbritanniens unter dem Codenamen »Seelöwe« vorbereiteten. »Kein Land kann der deutschen Armee Widerstand leisten«, prahlte Müntzinger und wendete sich direkt an Popov. »In ein paar Monaten wird die Landung in England beginnen. Sie könnten uns dabei helfen, die Sache leichter zu machen und eine Invasion weniger verlustreich zu gestalten – damit weniger deutsches und britisches Blut vergossen wird.«[9] Popov begriff, dass Müntzinger gerade ganz offen dabei war, ihn als einen seiner Agenten anzuwerben. »Ich kann nicht wirklich sagen, dass ich schockiert oder überrascht war«, erinnerte er sich an diesen Abend, »unbewusst hatte ich mit einem solchen Angebot gerechnet, aber ich spürte, wie ein Adrenalinstoß durch meinen Körper schoss.«[10] Der fremde Gast wechselte zu Komplimenten, gab sich jovial, redete weiter ohne Punkt und Komma und lobte Popovs Geschäftsbeziehungen. Seine Kontakte seien die ideale Tarnung, um nach Großbritannien zu reisen, schließlich treffe er doch regelmäßig wichtige und einflussreiche Leute. Ob er nicht den Herzog von Kent persönlich kenne? Popov traute seinen Ohren nicht. Was nur hatte sein Freund Johnny diesem Müntzinger über ihn erzählt? Popov wollte nicht zugeben, dass er nur als Internatsschüler in Großbritannien gewesen war und den Herzog von Kent lediglich einmal für einige Minuten im Orsan-Yachtclub von Dubrovnik getroffen hatte. Müntzingers Redefluss war nicht zu stoppen: »Wir haben viele Agenten in England, eine ganze Reihe von ihnen sind exzellent. Aber Ihre Verbindungen würden viele Türen öffnen und uns großartige Dienste erweisen. Und wir würden uns natürlich revanchieren. Das Reich versteht es, seine Wertschätzung zu zeigen, Herr Doktor Popov.«[11]

Jebsen trank unterdessen einen Brandy nach dem anderen, nickte und lächelte hin und wieder – aber nur, wenn der Abwehroffizier ihn ansah. Müntzinger blieb im Ungewissen, welche Art von Informationen Popov in Großbritannien sammeln sollte. »Allgemeine. Politische.« Und dann nach einer Pause: »Militärische. Johnny wird Sie mit den richtigen Leuten zusammenbringen, wenn Sie unser Angebot akzeptieren.«[12] Popov wusste nicht, wie er reagieren sollte, und bat um Bedenkzeit.

Nach einer unruhigen Nacht entschloss er sich aber bereits am nächsten Morgen, dass Angebot anzunehmen. Müntzinger war hocherfreut und ließ über Jebsen mitteilen, dass er von vornherein gewusst habe, dass Popov diese Gelegenheit nicht ausschlagen könne. Schließlich sei er selbst ein ausgezeichneter Psychologe und habe von Anfang gewusst, dass Popov klar erkennen werde, wer seine Interessen am besten fördern könne. Johnny sollte fortan als Mittelsmann agieren und hatte so seinen ersten Spion für den deutschen Geheimdienst angeworben. Er sollte keinen weiteren mehr rekrutieren.

Popov war nicht so naiv und unpolitisch, wie er sich gab. Denn das Angebot, für die deutsche Seite zu arbeiten, das Johnny eingefädelt hatte, war attraktiv. Das Jahr 1940 war ein Jahr der Angst in Europa. Polen war seit September des vergangenen Jahres unter deutscher Besatzung, Dänemark war im April überfallen worden, gefolgt von Norwegen. Im Mai hatten Belgien und die Niederlande kapituliert. Und Jebsen hatte, was Frankreich betraf, mit seiner Prognose recht behalten. Am 14. Juni 1940 war Paris besetzt worden, auf dem Dach des Marineministeriums an der Place de la Concorde wurde die blutrote Hakenkreuzfahne gehisst. Die Franzosen hatten nur vierzig Tage gegen die deutsche Übermacht gekämpft, und zwei Wochen später wurde Pierre Laval zum Regierungschef des Vichy-Regimes ernannt. Seit Sommer 1940 tobte auch noch die Luftschlacht um England, mit der die deutsche Luftwaffe die Kapitulation Großbritanniens erzwingen wollte.

Schon bald könnte auch Jugoslawien an Hitler fallen, fürchtete Popov. Als Geschäftsmann könnte es nützlich für ihn sein, künftig starke deutsche Freunde zu besitzen. Auch, weil er, wie er Jebsen anvertraute, »weiterhin ein leichtes Leben haben wollte«.[13] Jebsen gab sich nach der Vermittlung seines Freundes an die deutsche Seite leicht zerknirscht, aber auch äußerst doppeldeutig. »Ich hoffe, du verzeihst mir, Duško«, sagte Jebsen. »Ich benutze dich, und es tut mir leid. Aber anders kann ich nicht überleben. Da ist noch eine Sache: Wenn du eine Gruppe zerstören willst, dann ist es das Beste, ein Teil von ihr zu werden.«[14] Popov dachte lang darüber nach, was Johnny genau damit gemeint hatte, nahm sich diesen Ratschlag aber schon bald selbst zu Herzen. Er hatte bereits das entwickelt, was er »meine kleine, eigene Idee« nannte.[15]

Müntzingers Angebot hatte er angenommen. Nun folgte der zweite Teil seines Plans. Sollten die Deutschen ruhig denken, dass er von nun an für sie spionierte. In Wirklichkeit wollte er ohne Verzögerung zur britischen Seite überlaufen. Die Gelegenheit ergab sich schon wenige Tage später während eines Empfangs der Britischen Botschaft. Spät am Abend konnte Popov nicht widerstehen und begann sein doppeltes Spiel, die Kopie seines Berichts für die Deutschen hatte er mitgenommen.

Während der Empfang lief, hatte er bemerkt, dass der Erste Sekretär der Britischen Botschaft, den er nur als Mr. Dew kannte, für einen Moment auf die Terrasse der Residenz getreten war, um sich dort eine Zigarre anzuzünden. Popov folgte ihm, die beiden plauderten ein wenig, bevor Popov ohne Umschweife von seiner Bekanntschaft zu Jebsen und dem Anwerbeversuch der Abwehr erzählte. Dew hörte aufmerksam zu, stellte viele Fragen und wollte schließlich wissen, ob er eine Kopie des Frankreich-Berichts bekommen könne. Popov reagierte ohne Zögern, und der britische Diplomat ließ die Papiere, diskret und ohne noch einmal darauf zu sehen, in die Innentasche seines Dinnerjackets gleiten. »Bleiben Sie mit Ihren neuen Freunden von der Abwehr in Kontakt«,[16] sagte er mit einem sanften Lächeln und legte seine noch glühende Zigarre in einem Aschenbecher ab, bevor beide wieder zur Partygesellschaft stießen.

Wenige Tage später vereinbarte Popov ein weiteres Treffen mit Mr. Dew und berichtete ihm in seinem Büro Wort für Wort, was sich beim Treffen mit Müntzinger ereignet hatte. Dew warnte ihn eindringlich davor, dass er sich in große Gefahr begeben habe und ab sofort für einen einzigen Fehler mit seinem Leben bezahlen könne. Aber Popov nahm das gelassen hin – zumindest äußerlich. Dew schien trotz seiner Warnungen angetan von dem, was er gehört hatte, und gab Popov zum Schluss noch zu verstehen, dass er sich sehr bald wieder melden würde. Direkt nach ihrem Gespräch verständigte der Botschaftssekretär die Kollegen des britischen Auslandsgeheimdienstes MI6. Es galt, keine Zeit zu verlieren.

Doch bevor Popov zu den Briten überlaufen konnte, geriet er in eine ernsthafte Krise, die seine Karriere als Doppelagent fast beendet hätte, bevor sie richtig beginnen konnte. Es war eine Prüfung, die bewies, dass sich unter seinem Charme ein harter Kern verbarg und er, wenn er dazu gezwungen wurde, alle Skrupel ablegen konnte. Verantwortlich dafür war der Chauffeur seines Vaters, Bozidar. Als Popovs BMW eine Panne gehabt hatte, lieh er sich das Auto seines Vaters und beauftragte Bozidar, ihn zu seinen Terminen zu fahren.

Eines Morgens stand Jebsen vor Popovs Tür. Atemlos berichtete er, wie Müntzinger nochmals Popovs Loyalität hatte testen wollen. Der deutsche Major hatte Bozidar bestochen, eine Liste mit Popovs sämtlichen Terminen in Belgrad zu erstellen. Darunter waren auch sechs Fahrten zu einem Gebäude, das der Abwehr als Tarnadresse des britischen Geheimdienstes bekannt war und in dem Popov weitere Gespräche mit Mr. Dew und anderen britischen Diplomaten geführt hatte. Müntzinger war unterwegs zu Terminen außerhalb von Belgrad und hatte es Jebsen überlassen, Bozidars Bericht entgegenzunehmen. Jebsen konnte die Seiten kopieren und die belastenden Passagen verschwinden lassen. Was aber sollte nun mit Bozidar geschehen?

Popov gab dem Chauffeur eine Chance, seinen Betrug zuzugeben. Doch der stritt alles ab, und Popov entschied sich für eine andere Lösung. Er suchte eine der düsteren Ecken Belgrads auf. Als Anwalt hatte er vor einiger Zeit zwei Kriminelle verteidigt und für beide milde Haftstrafen erwirkt. Nun war es Zeit, sie um einen Gefallen zu bitten. Er erzählte ihnen, dass er von Bozidar erpresst werde, bezahlte sie großzügig und befahl ihnen, Bozidars Körper an einem leicht auffindbaren Ort abzulegen, da das Verschwinden von Personen häufig zu aufwändigen Ermittlungen der Polizei führte.

Am Abend befahl er dem Chauffeur, für ihn noch einen Auftrag in der Nähe eines Rangierbahnhofs zu erledigen. Die beiden von Popov beauftragten Männer erledigten ihre Aufgabe effizient und unauffällig. Sie hatten am Tatort einen Einbruch vorgetäuscht. Als Bozidars Leiche gefunden wurde, sah alles so aus, als ob er bei einem Einbruchsversuch erschossen worden war. Wie geplant stellte die Polizei rasch die Ermittlungen ein, und Jebsen gelang es, die geänderte Liste mit Popovs Terminen an Müntzinger zu übergeben.[17] Jebsen hatte die ursprüngliche Liste mit Popovs Terminen gesehen und seinen Freund sofort gewarnt. Von jetzt an fühlte sich für Popov jedes Treffen mit ihm wie ein Drahtseilakt an. »Du bist von einer eisernen Entschlusskraft, Duško«, sagte Jebsen. »Sag mir, würdest du mich auch beseitigen lassen, wenn du draufkämst, dass ich ein falsches Spiel betreibe?«[18] Popov antwortete nicht, er war sich inzwischen nicht mehr sicher, was sein Freund wirklich von ihm dachte und ob er seine Pläne noch durchkreuzen würde. In dieser Phase wussten beide lediglich, dass es zu gefährlich war, ihre wahren Absichten zu verraten. Popov und Jebsen belauerten sich – auch weil alles andere tödlich enden konnte.

In den nächsten Wochen versorgte Johnny seinen Freund Duško mit allen Details für seine erste Abwehr-Mission. Popov sollte über das neutrale Portugal nach London reisen und sich als Geschäftsmann ausgeben, der Rohstoffe von Jugoslawien nach Großbritannien exportierte. Dort eingetroffen sollte er seine Informationen per Brief und in unsichtbarer Tinte zurücksenden. Es war die bevorzugte Kommunikationsmethode aller Spione im Jahr 1940. Jebsen zeigte seinem Freund, wie die Geheimtinte hergestellt wurde. Dazu löste er eine Tablette Pyramidon, ein fiebersenkendes Schmerzmittel, in Gin auf. Sobald Popov genug Informationen gesammelt hatte, sollte er einen Brief mit unbedeutendem Inhalt schreiben, dann ein Streichholz anspitzen, es in die Flüssigkeit tauchen und so seine geheimen Informationen auf die Rückseite schreiben. Dann sollte er den Brief an eine Frau namens Maria Elera an eine Tarnadresse in Lissabon schicken, wo der Brief von der Abwehr abgeholt würde. Mithilfe einer Entwicklungsflüssigkeit, mit der das Papier benetzt wurde, konnten dann seine geheimen Botschaften sichtbar werden.

Maria Elera wurde von Jebsen als »junges Mädchen« beschrieben, »etwa 22 Jahre alt und blond, eine Journalistin, die als seine Geliebte durchgehen könnte«, was bald auch der Fall war.[19] Popov sollte direkt an das Abwehr-Büro in Lissabon berichten. »Dein Agentenführer ist Major von Karsthoff, Du wirst ihn bestimmt mögen.«[20] Zum Schluss erhielt Popov von Jebsen noch einen Fragebogen. Es ging um englische Verteidigungsanlagen, Truppenaufstellungen, die Moral der Zivilbevölkerung und Politik. Wer waren Winston Churchills Feinde? Wer würde mit Deutschland Friedensverhandlungen führen wollen? Popov gab die Liste ohne zu zögern an Mr. Dew weiter.

Im November 1940 war Popov einsatzbereit, von den Deutschen hatte er den Decknamen »Iwan« erhalten, und noch einmal traf er seinen Freund Johnny im Hotel König von Serbien auf einen Abschiedsdrink. »Jetzt sind wir beide in denselben Diensten«, sagte Jebsen. Popov lächelte nur schwach zurück und sagte nichts. Was war nur mit Johnny geschehen? Popov bekam immer größere Zweifel. Sein Freund hatte Angst, als Soldat zu kämpfen, genoss es aber ganz offensichtlich, in der Welt der Spionage mitzuspielen, er wusste, wie man Geheimtinte herstellte, und besaß beste Kontakte zu den Nationalsozialisten. Anderseits zeigte Johnny immer wieder seine Sympathie für die britische Seite. Er war für Popov in den letzten Wochen »zu einem Rätsel geworden«.[21] Im Rückblick beharrte Popov darauf, dass Jebsen von Anfang an gewusst hatte, dass er sofort den Kontakt mit den Briten suchen würde und Jebsen das auch von ihm gewollt hatte.

Auch Jebsen setzte bereits jetzt auf eine subtile und gefährliche Art, seinen Freund in die Irre zu führen, so wie Popov nur vorgab, für die Deutschen zu arbeiten. Und Jebsen, so schien es, täuschte nur vor, ihm das zu glauben. Beide belogen sich. Beide wussten es. Keiner wollte es zugeben, und sie benutzten sich wie Schachfiguren. »Freundschaft beinhaltete eine seltsame Mehrdeutigkeit für Männer in unseren Positionen«, schrieb Popov. »Du wolltest immer daran glauben, dass ein Freund auf der richtigen Seite stand. Und trotzdem konntest du dieser Freundschaft nie so sicher sein, um dich selbst zu offenbaren.«[22]

Kapitel 3

Ankunft in der Stadt des Lichts

Lissabon, November 1940

Als das Flugzeug zur Landung ansetzte, konnte er das blau schimmernde Sintra-Gebirge sehen. Es blockiert den Zug der Regenwolken und sorgt für unzählige Sonnenstunden in Lissabon. Die Maschine setzte hart auf, Popov war angekommen in der Stadt des Lichts. Vor seiner Reise nach Lissabon hatte er noch zahlreiche Anweisungen erhalten, wie er Kontakt aufnehmen sollte. Am Morgen rief er in der Deutschen Botschaft an. »Hier ist ein Freund der Cousine des Majors aus Italien«, meldete er sich. Das war die vereinbarte Botschaft, dass er bereit war, Abwehr-Major von Karsthoff zu treffen. Die Stimme am anderen Ende befahl ihm, sich um 16 Uhr in der deutschen Gesandtschaft zu melden, was bedeutete, dass er in von Karsthoffs Villa Toki-Ana in Estoril empfangen werden würde. Popov antwortete wie abgesprochen, ein Taxi nehmen zu wollen, was wiederum hieß, dass er an einem Torbogen an der Avenida da Liberdade auf eine Frau in einem blauen Kleid warten sollte. Sie würde mit ihm Blickkontakt aufnehmen, und er sollte ihr folgen. Von Karsthoff, der Abwehr-Mann in Lissabon, liebte zweifellos die kleinen, mysteriösen Feinheiten der täglichen Geheimdienstarbeit, später wurden Täuschen und Tarnen und das Spiel in der Dunkelheit zu seiner Obsession.

Auf der Avenida da Liberdade, dem Prachtboulevard Lissabons mit seinen Theatern, Kinos, Luxushotels und unzähligen Cafés, rauschten die Autos an Popov unaufhörlich vorbei. Die Sonne blendete ihn, er kniff die Augen zusammen und hielt vor einem Juwelierladen einige Minuten Ausschau, dann entdeckte er eine gutaussehende blonde Frau in einem blauen Kleid, die ihm entgegenlief. Kein Zweifel – ihre Blicke galten ihm. Sie zwinkerte ihm sogar zu. Er befolgte die Anweisungen genau, ließ die Frau an sich vorbeigehen, um ihr Sekunden später mit etwas Abstand hinterherzulaufen. Plötzlich überraschte die Frau ihn. Sie hielt an, blickte über ihre Schulter, und tat so, als ob sie den Absatz ihres Schuhs kontrollierte, während sie in Wahrheit sichergehen wollte, dass er ihr noch folgte. Sie merkte, dass er noch hinter ihr war, und setzte ihren Weg fort. Als die Frau im blauen Kleid immer schneller ging, an den Kreuzungen immer wieder abbog und die Straßen enger wurden, musste auch Popov seinen Schritt beschleunigen, um sie nicht aus den Augen zu verlieren. Schweißperlen standen auf seiner Stirn, sein Atem ging schneller. An der fünften Kreuzung parkte ein schwarzer Opel. Erst tat die Frau so, als ob sie an dem Wagen, an dessen Steuer ein Mann saß, vorbeigehen wollte, um dann plötzlich doch hinten einzusteigen. Die Autotür ließ sie auf. Popov hetzte hinterher, stieg ein und zog die Tür hinter sich zu.

Sofort begann der Wagen eine rasante Fahrt durch das verwirrende Labyrinth der kleinen Gassen, die so eng waren, dass es fast unmöglich war, ihnen zu folgen, ohne gesehen zu werden. Popov und die Frau im blauen Kleid saßen auf der Rückbank. Sie hatte sich zur Fensterseite abgewendet, den Blick stets auf den Boden gerichtet. Ihr Gesicht sah im Schatten ihres Hutes noch schöner aus als vorhin, mit hohen Wangenknochen und einer feinen, schmalen Nase. Sie bot ihm keine Gelegenheit, eine Konversation zu beginnen. Plötzlich machte der Fahrer eine Vollbremsung, um eine gelbe Straßenbahn vorbeizulassen, die sich ratternd den Weg durch die nur wenige Meter breite Gasse bahnte. Die Frau öffnete ruckartig die Tür und sagte als Einziges: »Bleiben Sie sitzen!« Dann stieg sie aus und verschwand in der dunklen Passage zwischen zwei Häusern.

Die Straßenbahn bewegte sich mit einem lauten Klingeln vorbei, dann fuhr der Opel weiter, mal nach links, mal nach rechts, die Hügel hinunter und wieder hinauf, bis sie eine gerade, breite Straße erreichten. Sie fuhren westwärts, am Ufer eines Flusses vorbei, in Richtung des Ozeans und dann an einer Strandpromenade entlang, durch die beruhigende Schönheit der subtropischen Landschaft und der malerischen Küstendörfer an der Straße. Nach ungefähr einer halben Stunde sprach der Fahrer seinen Passagier auf Deutsch an: »Legen Sie sich flach auf die Rückbank!« Sein Ton ließ keinen Widerspruch zu. »Der Ort, den wir gleich erreichen, wird wahrscheinlich beobachtet. Setzen Sie sich nicht wieder aufrecht hin, bevor ich es Ihnen sage!«

Mit einer Wange auf der ledernen Rücksitzbank konnte Popov nur noch beobachten, wie sie die große Straße verließen und in eine bewaldete Gegend oberhalb der Küste fuhren. Einige Minuten später hielt der Wagen. Ein Tor öffnete sich quietschend, und der Mann gab wieder Gas. Das Knirschen der Reifen ließ Popov vermuten, dass sie nun auf Kies fuhren, einen Moment später wurde es dunkel um ihn herum. Der Geruch von Öl und Benzin musste bedeuten, dass sie in eine Garage gefahren waren. Dann ging der Motor aus, der Fahrer stieg aus und öffnete die Autotür. »Mein Herr, Sie können jetzt aussteigen.«

Popovs Augen schmerzten, als er aus der dunklen Garage ins grelle Sonnenlicht trat. Er stand vor einem gewaltigen Haus in einem Innenhof, der von hohen, weißen Mauern umrandet war, als ob diese Villa mitten in Marokko liegen würde. Kurz erschrak er, als ihm plötzlich zwei Rauhaardackel laut kläffend entgegenstürmten und wedelnd an seinen Beinen hochsprangen. »Willkommen in der Villa Toki-Ana«, sagte ein junger, schlanker Mann aus einiger Entfernung. »Ich bin Ludwig von Karsthoff.« Sein Gastgeber setzte ein warmes Lächeln auf. Er saß an einem Gartentisch, direkt neben einem gewaltigen, maurisch gestalteten Springbrunnen. Dann ging er Popov entgegen und streckte seine Hand aus.

41

»Es freut mich, Ihre Bekanntschaft zu machen, mein Herr. Ich bin Iwan«, sagte Popov.

»Ich bitte Sie, Iwan. Es gibt keinen Grund so förmlich zu sein. Nennen Sie mich Ludwig, oder, wenn Sie mögen, einfach Ludovico. So nennen mich meine Freunde. Bitte nehmen Sie Platz.«

Beide wussten, dass er weder Ludwig, Ludovico noch von Karsthoff hieß. Alles, was Popov über Ludovico wusste, war, dass er sein Agentenführer werden sollte. Und Ludovico wusste nur, was in Iwans Abwehr-Akte stand, was nicht viel war.

Die beiden Dackel bellten unaufhörlich. »Iwan eins, Iwan zwei, hierher!«, sagte von Karsthoff und merkte, wie Popov stutzte und ihn fragend ansah. »Entschuldigen Sie bitte, Iwan. Nichts weiter als ein dummer Zufall, das hat nichts mit Ihrem Decknamen zu tun«, lachte er laut auf.[1] Sein zwei Knöpfe weit geöffnetes Hemd offenbarte eine enorme Fülle schwarzen Brusthaars. Auch auf den Handrücken und Fingern des Mannes setzte sich der dichte Bewuchs fort. Er hatte eine lange, spitze Nase, sein schwarzes Haar hatte er nach hinten gekämmt, um seine Glatze am Hinterkopf zu kaschieren. Popov schätzte ihn auf etwa 45 Jahre.[2] In seiner neuen Rolle als Agent übte Popov sich bereits darin, möglichst viele Details wahrzunehmen. An Zufälle glaubte er schon lange nicht mehr, auch nicht, als sein Blick auf die Frau fiel, die neben von Karsthoff saß. Er erkannte sie sofort wieder. Sie hatte blondes Haar, war hübsch und trug dasselbe blaue Kleid wie seine Begleiterin vorhin im Opel.

»Darf ich vorstellen? Elisabeth Sahrbach, meine Sekretärin«, sagte von Karsthoff und zog Popov mit einer ausladenden Armbewegung in Richtung des Tisches. Popov verbeugte sich und deutete einen Handkuss an. Die Frau nahm ihn schweigend hin.

»Kommen wir doch direkt zur Sache, Iwan. Ich habe den Auftrag, Ihnen bestmöglich zu helfen. Berlin hat Großes mit Ihnen vor.«

Johnny hatte recht behalten. Popov war von dem Mann, der sich ihm als Ludovico von Karsthoff vorgestellt hatte, von Anfang an ebenso fasziniert wie beunruhigt. »Er war groß, ein dunkler Typ, und seine Bewegungen glichen denen einer Raubkatze. So liebenswürdig er war, hatte ich von Anfang an das Gefühl, dass ich in seiner Gegenwart nie eine falsche Entscheidung treffen dürfte«, schrieb Popov.[3]

Am Abend tranken beide Champagner, der Gastgeber ließ ein opulentes Dinner mit Kaviar, Austern und einem Hummer servieren. Beide waren darin geübt, ihren Charme blitzen zu lassen. Der künftige Agent und sein oberster deutscher Kontaktmann verstanden sich von Anfang an hervorragend und scherzten. Später wechselte die Stimmung abrupt. Ludovico von Karsthoff unterzog Popov einer strengen und mehr als zweistündigen Befragung, bevor er ihn schließlich anwarb. Dann gab er Popov noch den Namen eines anderen deutschen Spions in London, den er im Notfall kontaktieren könne.

Popov sollte nie erfahren, dass von Karsthoffs echter Name Ludwig Kremer von Auenrode war. Er war ein hochgebildeter und weltlichen Genüssen äußerst zugewandter österreichischer Adliger aus Triest. Offiziell arbeitete er für die Deutsche Botschaft in Lissabon, in Wahrheit leitete er als Major die »Kriegsorganisation Portugal« und führte von Portugal aus eines der größten deutschen Spionagenetzwerke, das Teile Nord- und Südamerikas sowie Afrika umfasste.[4] Gleichzeitig war die Abwehr in Lissabon auch Sprungbrett und Auftraggeber der deutschen Spionage in England. In der Deutschen Botschaft gab es etwa 120 als Diplomaten getarnte Abwehr-Offiziere, rund 400 weitere waren in verschiedenen Scheinfirmen und auf anderen Posten in der Stadt verteilt.[5] Von Karsthoffs einziges Ziel war es, den Zweiten Weltkrieg mit maximalem Vergnügen und minimalem Risiko irgendwie durchzustehen. Dazu war ihm jedes Mittel recht.

Popov musste noch einige Wochen in Lissabon ausharren, denn es war schwierig, seine Reise nach London zu arrangieren. Sowohl Deutsche wie Briten waren sicher, mit ihm einen hervorragenden Fang gemacht zu haben. Der MI6 hatte ihm mitgeteilt, er solle hin und wieder im britischen Büro für Passkontrolle und Immigration in der Rua da Emenda Nummer 17 nachfragen, wann er auf einen Linienflug gebucht sei. Bis vor kurzem war das heruntergekommene Haus, dessen Fassade durch die hartnäckige Feuchtigkeit des nahegelegenen Tejo-Flusses von Schimmel überwuchert war, genauso unscheinbar wie die anderen Häuser in der schmalen Straße mit ihren Gehwegen aus kleinen weißen Pflastersteinen. Das änderte sich schlagartig, jetzt standen immer mehr Menschen davor Schlange, um hier im kürzlich eröffneten britischen Büro für Passkontrolle und Immigration ihre Anliegen vorzubringen und verzweifelt zu versuchen, ein Visum für Großbritannien oder das Commonwealth zu erhalten. Eine Handvoll britischer Beamter versuchte täglich, hunderte Wartende im Zaum zu halten, die sich schon im Morgengrauen draußen anstellten. Häufig kam es zu Schlägereien und wüsten Streitereien, unablässig drängte ein Menschenstrom durch die Flure des Hauses. Mit Ausnahme des obersten Stockwerks, in dem bis auf das pausenlose Klacken der Schreibmaschinen und das seltene Klingeln einiger Telefone Stille herrschte. Denn die Antragsteller der Konsularabteilung hatten dort keinen Zutritt. Niemand wartete in den oberen Fluren, niemand zog an den Ärmeln der britischen Konsularbeamten. Wer ganz oben saß, hatte andere Aufgaben, die nicht bekannt werden durften. Die Beamten im dritten Stock arbeiteten für den Auslandsgeheimdienst MI6, und sie warteten bereits darauf, dass Popov mit ihnen endlich Kontakt aufnahm.

Verdacht konnte Popov mit seinen Besuchen in der Rua da Emenda nicht erregen, denn es war völlig normal, dass Geschäftsleute öfter für das nötige Visum vorsprechen mussten, und dass er unauffällig in den oberen Stock geleitet wurde, bekam niemand mit. Das Warten auf seinen Abflug nach London erschien Popov endlos und frustrierte ihn zusehends. Immer wieder bekam er zu hören, dass keine Plätze auf den Flügen frei seien, und so zog er ein ums andere Mal und voller Ungeduld wieder ab.

Lissabon war zum Flaschenhals Europas geworden. Die Stadt war der letzte Fluchtpunkt, von dem aus die Verzweifelten den Kontinent noch verlassen konnten. Die Straßen waren voll von Kriegsflüchtlingen, Spekulanten, Schmugglern und Waffenhändlern. In den Cafés und Bars der Stadt unterhielten sich die Ankömmlinge meist nur flüsternd und lehnten sich an ihren Tischen nach vorne, in stetiger Angst, belauscht zu werden. Die gefürchtete portugiesische Geheimpolizei beschattete viele von ihnen auf Schritt und Tritt, genauso wie ausländische Geheimdienste. Emigranten, die noch viel Geld besaßen, mieteten Suiten in den Luxushotels. Die Armen verkauften alles, manchmal auch ihre Körper, um nicht zu verhungern. Jeder Kojenplatz auf den Schiffen war Monate im Voraus vergeben, Flugzeugtickets waren ohne Kontakte kaum noch zu bekommen, und die jüdischen Flüchtlinge mussten besonders geduldig sein. Viele waren aus Paris geflohen und mühten sich, unzählige Dokumente für ihre Weiterreise in die USA, nach Südamerika, Schanghai oder Palästina zusammenzutragen. Was die Fremden in der Stadt einte, war das Warten. Nichts geschah schnell in Lissabon.

Endlich kam in Popovs Angelegenheit Bewegung. London hatte sich direkt eingeschaltet und dem Bürochef des MI6 in Lissabon befohlen, ihn ohne Verzögerung auszufliegen. Der KLM-Clipper startete am Spätnachmittag des 20. Dezember 1940. Um deutschen Jagdflugzeugen auszuweichen, nahm der Pilot erst Kurs nach Westen, zog weit hinaus über den Atlantik und flog dann nordwärts Richtung England. Unter großen Umwegen und nach einem zehnstündigen Flug näherte sich die Maschine der englischen Küste. Popov beobachtete, wie die Besatzung Holzverschalungen vor alle Fenster des Flugzeugs schob. Die Passagiere sollten nichts von den britischen Verteidigungsanlagen entdecken können. In der Abenddämmerung landete er auf dem Flughafen Whitchurch in der Nähe von Bristol. Ein Mann namens Jock Horsfall begrüßte ihn. Er war vor dem Krieg Rennfahrer gewesen und nun zum vertrauenswürdigsten und unbestreitbar rasantesten Chauffeur des britischen Geheimdienstes geworden. Dass er an einer Hornhautverkrümmung litt und sich trotz Kurzsichtigkeit weigerte, eine Brille zu tragen, behielt er stets für sich.[6] Er verlud Popovs Gepäck und brachte den künftigen Agenten mit Vollgas und quietschenden Reifen nach London. Als beide den Stadtrand erreichten, konnte Popov noch ein rötliches Leuchten über der Silhouette der Stadt erkennen. Die Bomber der Luftwaffe waren schon längst zu ihren Stützpunkten zurückgekehrt, aber die Feuer in den zerbombten Häusern schwelten tagelang weiter. Ab jetzt gab es für Popov kein Zurück mehr.

Kapitel 4

Im goldenen Käfig

London, Dezember 1940

Der Wagen erreichte sein Ziel in Westminster, in der Nähe der Themse. Popov sollte es an nichts fehlen. In der Lobby des Londoner Luxushotels Savoy wurde er von einem athletischen Mann begrüßt, der auch dadurch auffiel, dass er Schottenhosen mit Karomuster trug. »Hallo Popov, ich bin Robertson«, stellte er sich mit einem schmalen Lächeln vor. »Heute wollen wir uns erst einmal kennenlernen. Morgen können wir dann mit der Arbeit beginnen.«[1] Der höfliche Brite mit den scharf geschnittenen Gesichtszügen führte seinen Gast direkt zur Bar. Auf den ersten Blick schien es, als ob er ein neues Mitglied in einem der exklusiven Londoner Herrenclubs begrüßte – was er in gewisser Weise auch tat.

Thomas Argyll Robertson, der wegen seiner Initialen nur »Tar« genannt wurde, war einer der fähigsten Geheimdienstkoordinatoren des MI5. Geboren 1909 auf Sumatra, begann er nach seiner Ausbildung an der Militärakademie Sandhurst eine Laufbahn im Regiment der schottischen Seaforth Highlanders. Was Popov noch nicht wusste: Ihre Interessen glichen sich in vieler Hinsicht. Nicht nur professionell, sondern auch, was die Freizeit betraf. Wie Popov hatte Robertson als junger Mann ein luxuriöses Leben mit exzessiven Partys und schönen Frauen geführt, sich einen Sportwagen, einen MG Midget, gekauft und ein lockeres Verhältnis zum Geld seines Vaters entwickelt. Die Mitglieder des Regiments taten damals nur wenige Stunden am Morgen Dienst. Die Zeit im Dienst war kurz, die Abende umso länger. Robertson trug die feinsten Schuhe und Anzüge und »lebte stratosphärisch über seine Verhältnisse«.[2] Robertsons Vater, ein schottischer Bankier, hatte es schließlich satt, ständig die gewaltigen Rechnungen seines Sohnes begleichen zu müssen, und sorgte mit seinen persönlichen Kontakten dafür, dass dieser in den MI5 aufgenommen wurde.[3]

Auch im Dienst für den MI5 trug Robertson weiter die eng geschnittenen Wollhosen seines früheren Regiments, die im grünblauen Schottenkaro gewebt waren. Das hatte ihm noch einen zweiten Spitznamen eingebracht. War er nicht im Büro, nannten ihn alle nur »Die heiße Hose«, was seiner natürlichen Autorität aber nicht abträglich war.[4] Robertsons Aufgabe war es, deutsche Agenten zu enttarnen und, falls möglich, sie zu Doppelagenten für britische Dienste umzudrehen.

Mit Ausbruch des Zweiten Weltkriegs und dem Beginn der Luftschlacht um England hatte sich im ganzen Land eine Paranoia ausgebreitet. Überall vermuteten die Bewohner, dass sich deutsche Spione bereithielten, die nur darauf warteten, aus ihren Verstecken aufzutauchen, sobald Hitler die Invasion der Britischen Inseln befehlen würde. Der MI5 erhielt eine Flut von Berichten über die angeblichen Vorbereitungen der feindlichen Agenten. Kein Verdacht war abwegig genug, um ihn nicht zu melden. Gerüchteweise vergifteten ausländische Spione Eiscreme, sie hinterließen an Laternenpfählen geheime Zeichen für die bald anrollende deutsche Invasionsarmee oder trainierten die Insassen von Nervenheilanstalten, damit diese bald als Selbstmordattentäter den Deutschen beim Umsturz helfen könnten. Als sechs Kühe auf der entlegenen schottischen Hebrideninsel Eilean Mòr von ihrer Weide ausbrachen, wurde selbst das ausländischen Agenten zugeschrieben. Ein Imker wurde festgenommen, als die Behörden bei ihm ein Notizbuch entdeckt hatten, in dem stand: »Tausche die britische Königin gegen die italienische Königin.« Ein Kunsthistoriker wurde von seinem Nachbarn angeschwärzt, der verdächtige Klopfgeräusche gehört hatte. Er hatte vermutet, dass der Mann eine geheime Botschaft abschickte. Später ermittelte die Polizei, dass er sich nur mit seiner Verlobten vergnügt hatte.

Beweise für die vielen Gerüchte gab es nie. Aber war nicht genau die Unsichtbarkeit der Beweis, wie raffiniert die Nazi-Spione vorgingen? Sogar Tauben wurden der Spionage verdächtigt. Die Furcht ging um, dass die feindlichen Agenten in ihren Verstecken Taubenschläge einrichteten und die Tiere geheime Botschaften nach Berlin überbringen ließen.[5] All das war grober Unsinn, aber in einem hatten die aufgeschreckten Briten recht: Das Dritte Reich versuchte alles, um in Großbritannien seine Agenten zu platzieren.

In Belgrad hatte Major Müntzinger gegenüber Popov noch geprahlt, dass Deutschland »viele Agenten in Großbritannien« besitze. Das war halbwegs korrekt. Dass sie »exzellent« waren, wie Müntzinger behauptet hatte, eine gewaltige Lüge. Die meisten, die im Auftrag der Abwehr die Britischen Inseln erreicht hatten, waren hoffnungslose Amateure, inkompetent und meist von Beginn an illoyal. Wenn sie nicht sofort hingerichtet oder eingesperrt worden waren, arbeiteten einige bereits als Doppelagenten für die Briten – auch dank Tar Robertsons psychologischem Gespür, seiner Urteilskraft und seinen unmissverständlichen Drohungen, ihnen sofort ihr Leben zu nehmen, sollten sie nicht kooperieren.

Entdeckt wurden die meisten deutschen Agenten, weil die Abhörspezialisten in Bletchley Park in der Grafschaft Buckinghamshire schon früh den Code der Abwehr geknackt hatten und den gesamten deutschen Funkverkehr mithören konnten. Die Entschlüsselung der Enigma-Maschine, mit der die deutschen Meldungen codiert wurden, war der größte Erfolg der Mitarbeiter von Bletchley Park, unter ihnen waren mehrere hundert Wissenschaftler aus den nahegelegenen Universitäten Oxford und Cambridge – Mathematiker, Ägyptologen und auch einige Schachgroßmeister. Dreimal mehr Frauen als Männer arbeiteten dort. Aber nur eine Handvoll Frauen waren als Kryptoanalytikerinnen beschäftigt. Bis zum Kriegsende arbeiteten hier bis zu 14 000 Frauen und Männer, das Gelände barst aus allen Nähten, weshalb die meisten Codebrecher in eilig aus groben Brettern zusammengezimmerten Hütten auf dem Parkgeländer untergebracht wurden. Lange standen sie vor einem scheinbar unüberwindbaren Rätsel und waren der Ansicht, dass die deutschen Codes nicht zu brechen waren.[6] Mit 100 Quadrilliarden möglichen Kombinationen für die Geheimbotschaften, die die verschiedenen Zahnräder der Verschlüsselungsmaschine Enigma, die auf den ersten Blick einer leicht überdimensionierten Schreibmaschine ähnelte, in einen verwirrenden Buchstabencode verwandelte, schien diese Ansicht plausibel zu sein.

Der Colossus Mark II in Bletchley Park, ein Röhrencomputer zur Dechiffrierung von Geheimnachrichten

Bletchley Park gelang es Ende 1940 schließlich doch, da die deutsche Seite in ihren morgendlichen Wettermeldungen zu Beginn stets dieselben Wörter sendete. Mit dem Zugang zum gesamten Funkverkehr zwischen Berlin und allen Abwehrposten waren die Briten ihren Gegnern ab jetzt immer einen Schritt voraus. Die eingeschleusten deutschen Agenten wurden zur leichten Beute.

Zwischen dem 3. September und dem 12. November 1940 waren 24 deutsche Spione auf Mission nach Großbritannien entsendet worden. Alle wurden schnell geschnappt, bis auf einen, der sich aus Furcht erschoss. Fünf wurden hingerichtet, fünfzehn inhaftiert und vier wurden Doppelagenten.[7] Es waren die ersten Rekruten einer schnell wachsenden Armee der Täuschung. Tar Robertson wurde im MI5 zum Leiter der neuen Abteilung B1a, die für Gegenspionage zuständig war und die Doppelagenten steuerte.

Er war von Beginn an der Meinung, dass es wenig sinnvoll war, die gegnerischen Agenten sofort hinzurichten. Das hatte nichts mit Milde zu tun, sondern entstammte kühler Kalkulation. Die Informationen, die die Agenten nach Berlin liefern sollten, gaben den Briten klare Hinweise darauf, was die Deutschen bereits wussten – und was nicht. Glaubte die Abwehr, ein funktionierendes Netzwerk in Großbritannien etabliert zu haben, würde sie keine weiteren Spione mehr entsenden. Und wenn sie glaubte, dass ihre Mitarbeiter frei operieren konnten und verlässlich Informationen lieferten, konnte das für britische Täuschungsmanöver genutzt worden. Ein lebendiger Spion in britischen Diensten war also erheblich nützlicher als ein toter – auch wenn das, wie im Fall Popov, enormen Aufwand bedeutete.

Die Doppelagenten sinnvoll zu nutzen, war sich Tar Robertson sicher, erforderte besonderes Feingefühl. Viele galten als unberechenbar und blieben ein Risiko: »Der Doppelagent ist ein schwieriger Kunde und bedarf der sorgfältigsten Kontrolle. Jede seiner Stimmungslagen muss genau beobachtet werden.«[8] Sollte einer seiner Doppelagenten doch wieder die Seiten wechseln, könnte das »unsere ganze Show vermasseln«. Robertson blieb stets misstrauisch gegenüber seinen neuen Mitarbeitern, und er zeigte niemals Mitleid. Sollten seine Doppelagenten in gegnerische Hände fallen, enttarnt werden oder doch wieder für die Gegenseite arbeiten, »werden sie gewaltsam liquidiert«.[9]

Das war der neugegründete Klub, dem Popov nun beigetreten war. Zwar wurde ihm das Gefühl gegeben, sich in London frei bewegen zu können, aber vertraut wurde ihm keine Sekunde. Wo immer es den jungen Serben hinzog, waren die Mitarbeiter des MI5 nicht weit. Schon bald beschrieb er das luxuriöse Savoy als »goldenen Käfig« und beschwerte sich wiederholt über die »Schatten«, die Tag und Nacht in der Lobby saßen und ihm, sobald er das Hotel verließ, oft zu dritt oder viert durch die gesamte Stadt folgten.

MI5, MI6 und die Geheimdienstmitarbeiter der britischen Luftwaffe und Marine nahmen ihren neuen potenziellen Mitarbeiter Popov in den nächsten Tagen immer wieder ins Kreuzverhör. Sie wollten sicher sein, dass er tatsächlich für sie arbeiten wollte und nicht eine besonders perfide Methode gewählt hatte, um als Agent in deutschen Diensten nach Großbritannien zu gelangen. In allen Gesprächen schlug sich Popov hervorragend. Er berichtete freimütig von seinen Treffen mit Major Müntzinger und Johnny Jebsen sowie seinen Tagen und Nächten mit dem scheinbar so freundlichen Ludovico von Karsthoff in Lissabon. Seine Erzählungen deckten sich mit dem, was die B1a aus den von Bletchley Park abgefangenen Meldungen ohnehin längst über ihn wusste. Popov schien von einer Mischung aus ultimativer Abscheu gegen die Nazis und Abenteuerlust getrieben zu sein und verlangte auch kein Geld vom MI5. Robertson war von dem neuen Bewerber sofort beeindruckt. »Ich habe das Gefühl, dass wir an etwas Gutem dran sind.«[10]

Die Voraussetzungen waren ideal. Popov konnte als Geschäftsmann, der aus einem neutralen Land stammte, frei zwischen London und Lissabon reisen und seinen deutschen Kontrolleur von Karsthoff stets persönlich treffen. Alles Weitere, um Popovs Position zu stärken, ließ sich einrichten. Tar Robertson und die anderen Mitarbeiter der B1a waren zunehmend begeistert von diesem Überläufer. »Die Deutschen scheinen absolut besessen von der Vorstellung zu sein, dass er einen riesigen Freundeskreis besitzt und Geschäftsbeziehungen in England unterhält, obwohl Popov hier niemanden kennt. Es wird nötig sein, ihn mit den Namen einer Reihe angeblicher Freunde zu versorgen.«[11] Nach vier Tagen in Popovs Hotelsuite war Robertson überzeugt, dass der potenzielle Doppelagent kein falsches Spiel mit ihnen trieb. »Er hinterließ einen immer besseren Eindruck auf uns und war absolut offen und ehrlich. Wir alle hatten keinen Zweifel, dass er uns die Wahrheit erzählte.«[12]

Es war Zeit, Popov eine Auszeit zu gönnen und für seine Offenheit zu belohnen, und Tar Robertson wusste genau, was dazu nötig war. An Heiligabend 1940 startete er zusammen mit Popov in eine Folge rauschender Feiern. Die B1a bot alles auf, was im von Bomben getroffenen London noch möglich war. Auf dem Programm stand ein Truthahnessen in Robertsons Lieblingsrestaurant Quaglino's, am Nachmittag spielten sie Billard im Lansdowne Club und tranken viel Bier. Am frühen Abend ging man im Universities' Club zum Sherry über und endete bei Champagner in einem Nachtclub im Londoner Westend.

Zu Silvester wurde Popov in den Landsitz von Stewart Menzies eingeladen, dem Leiter des MI6, der nur als »C« bekannt war. Dort wurde ihm Friedl Gärtner vorgestellt, eine gutaussehende, aus Österreich stammende Sängerin und MI5-Informantin. Augenblicklich erwachten Popovs Jagdinstinkte. Das war ganz im Sinn des MI5, und das Aufeinandertreffen mit Gärtner keinesfalls zufällig, denn die blonde und langbeinige Gärtner sollte Popov künftig in die höheren Kreise der Londoner Gesellschaft einführen und ihn Kontakte knüpfen lassen, von denen die Abwehr erwartete, dass er sie längst besaß.

Während Popov sofort hartnäckig und beständig mit Friedl Gärtner zu flirten begann, beobachtete ihn »C« ebenso ausdauernd. Schließlich winkte er Popov zu sich, bat ihn, ihm zu folgen, und führte ihn in die Bibliothek seines Hauses. In Geheimdienstkreisen war »C« eine Legende. Die Abkürzung hatte er von seinem Vorgänger Sir Mansfield Cumming übernommen, der alle Akten mit seiner letzten Initiale unterschrieben hatte. Menzies war einer der mächtigsten Männer Großbritanniens. Er berichtete direkt und ausschließlich an Premierminister Winston Churchill. Während der 2064 Tage des Zweiten Weltkriegs trafen sie sich 1500-mal, oft wenn der Premier mit stets brennender Zigarre in der Badewanne oder in seinem Bett lag. »C« war wahrscheinlich der einzige Regierungsbeamte, der jederzeit Zugang zu König, Premier und Außenminister besaß, und viele ausländische Mächte glaubten, dass »C« die eigentliche Macht hinter dem Thron darstellte. Nach dem Krieg berichtete Menzies seinem Biografen, dass Ian Fleming, der damals für den Marinegeheimdienst tätig war und später die James-Bond-Romane schrieb, ihn, Menzies, als Vorbild für Bonds Vorgesetzten »M« genutzt habe.[13]

In seiner Bibliothek begann »C« einen langen Monolog, wollte Popov, dem neuen Doppelagenten der B1a, Mut zusprechen, erzählte aber auch freimütig, wie er seinen Charakter einschätzte. Popov sei ambitioniert und skrupellos, urteilte »C«, und jederzeit zu instinktiver Grausamkeit fähig. Bevor er ihn zurück zur Partygesellschaft führte, sah er Popov streng an und gab ihm einen letzten Ratschlag: »Sie haben die Eigenschaften eines sehr guten Agenten. Außer, dass Sie keine Befehle befolgen wollen. Das sollten Sie besser noch lernen. Ansonsten werden Sie sehr bald ein sehr toter Agent sein.«[14]

Bevor Popov am 3. Januar 1941 zurück nach Portugal flog, stand ein letzter Termin an. In der Bar des Savoy wurde ihm Ewen Montagu vorgestellt, ein Offizier des Marine-Geheimdienstes und Kollege von Ian Fleming. Montagu versorgte Popov noch mit dem nötigen »Hühnerfutter«. So nannten die Geheimdienstler die detaillierten und wahren, aber letztlich für die Gegenseite meist unbrauchbaren Informationen, die die Doppelagenten der Gegenseite zuspielten, um so ihre Glaubwürdigkeit zu erhöhen. Montagu war reich, gut vernetzt und ein begeisterter Segler – genau der Mensch, von dem die Deutschen vermuteten, dass Popov in London mit ihm Freundschaft geschlossen hatte. Der Offizier übergab am Bartresen einen Stapel echter und mäßig wichtiger Informationen zur britischen Marine und dem Kriegsverlauf, ebenso wie eine Reihe kleinerer Unwahrheiten und Details, wie die Information, dass die britischen Konvois mit Handelsschiffen künftig immer von mindestens einem U-Boot begleitet würden. Zum Abschluss steckte Montagu Popov noch einen handgeschriebenen Zettel zu, auf dem er ihm für ihre vielen Treffen in den letzten Wochen dankte und ihn einlud, nach Kriegsende gemeinsam an der Südküste Englands segeln zu gehen. Das sollte als Beweis dienen, dass Popov den freundlichen und scheinbar indiskreten Marineoffizier tatsächlich getroffen hatte.

An Popovs letztem Tag in London fiel noch eine wichtige Entscheidung im Regierungsviertel Whitehall. Ein Regierungsausschuss übernahm die Aufsicht über die Führung der Doppelagenten, das sogenannte Komitee 20. Es wurde auch das Doppelkreuz-Komitee genannt, abgeleitet von der römischen Ziffer XX (das Englische »to double-cross someone« bedeutet: jemanden betrügen, Anm. d. Verf.). Die Mitglieder des Gremiums kamen aus dem Verteidigungsministerium, dem Außenministerium, den Streitkräften und den Geheimdiensten. Mit Kriegseintritt der USA stießen noch Vertreter der US-Dienste hinzu.

Unter Vorsitz des Oxforder Historikers John Cecil Masterman tagte das XX-Komitee erstmals am 2. Januar 1941 und traf sich dann ohne Unterbrechung jeden Donnerstagnachmittag wieder, insgesamt 226-mal bis zum 10. Mai 1945.[15] Insgesamt steuerte das Komitee während des Zweiten Weltkriegs 120 Doppelagenten im »XX-System«. Einige nur für sehr kurze Zeit, andere bis Kriegsende. Neben Popov waren die wichtigsten der Spanier Joan Pujol (»Agent Garbo«), der Däne Wulf Schmidt (»Agent Tate«) und der britische Kleinkriminelle und Safeknacker Eddie Chapman (»Agent Zigzag«). Nur sechs der Doppelagenten waren Deutsche.[16] Masterman wollte, dass sich die Mitglieder des XX-Komitees stets wohlfühlten, und so traf er vor der ersten Sitzung »eine kleine, aber bedeutende Entscheidung«. Für die Teilnehmer sollten stets unbegrenzt Tee und Rosinenbrötchen bereitstehen.

»In Tagen des akuten Mangels und der Rationierungen war die Beschaffung von Rosinenbrötchen keine leichte Aufgabe, aber auf Biegen und Brechen (meist Brechen) haben wir während der Kriegsjahre immer welche auftreiben können. War das ein Grund dafür, dass die Anwesenheit im Komitee fast immer bei einhundert Prozent lag?«, fragte sich Masterman nach der letzten Sitzung.[17] Mastermans Aufgabe war gewaltig. Die Militärs weigerten sich oft, den Führungsoffizieren und ihren Doppelagenten echte Informationen aus ihrem Bereich zu überlassen. Die wichtigste Aufgabe des XX-Vorsitzenden war es deshalb, zwischen beiden Seiten zu vermitteln. »Das XX-Komitee muss möglichst viele genaue und echte Informationen einer möglichst großen Zahl von Doppelagenten zur Verfügung stellen. Nur so können wir die Gegenseite tatsächlich täuschen«, forderte er immer wieder.[18]

Am Tag, als Masterman die erste Sitzung des XX-Komitees leitete, lud Tar Robertson seinen Doppelagenten Popov noch zu einem letzten Lunch und einer Art Generalprobe ein. Punkt für Punkt gingen sie durch, was Popov den Deutschen von seiner ersten Mission berichten sollte. Wenige Stunden später saß er bereits wieder im Flugzeug nach Lissabon. »Wir haben in ihm einen neuen Agenten hoher Qualität«, schrieb Tar Robertson in einem Bericht.[19] Er war sicher, dass Popov alle Eigenschaften besaß, um erfolgreich zu sein. Sollte Robertsons Urteil zutreffen, könnte Popov helfen, den Krieg zu gewinnen. Wenn nicht, war sein Schicksal bereits besiegelt.

Kapitel 5

Agent Tricycle

Lissabon, 3. Januar 1941

Der junge Mann, der in der Abenddämmerung die Gangway des silbern glänzenden KLM-Flugzeugs herunterstieg, einen teuren, maßgefertigten Anzug trug und dann zur Ankunftshalle des Flughafens von Sintra lief, sah wie einer der vielen Geschäftsmänner auf einer seiner üblichen Reisen aus. Dass dieser Mann nun seinen ersten Einsatz als britischer Doppelagent begann und alles riskierte, war ihm nicht anzumerken. Viele Male kehrte Popov in den folgenden Monaten nach Lissabon zurück, um von Karsthoff zu treffen. Niemals wusste er, ob er bereits aufgeflogen war. Eine falsche Entscheidung, eine nicht plausible Halbwahrheit oder ein Versprecher konnten sein Schicksal besiegeln und ihn direkt in die Hände der Gestapo bringen.

An all das verschwendete Popov an diesem kalten Januartag keine Gedanken, er blieb ruhig und bedacht und lief weiter zur Passkontrolle. Ein mürrischer Grenzkontrolleur in blauer Uniform mit goldenen Epauletten nahm seinen Pass, öffnete ihn und blätterte ungewöhnlich lang durch die Seiten. Dann – noch sorgfältiger – verglich er immer wieder das Foto im Pass mit dem Gesicht des Mannes, der vor ihm stand, um nochmals das Visum zu prüfen. Jetzt wurde Popov doch unruhig. »Ihr Visum ist nicht in Ordnung«, sagte der Passbeamte schließlich in gebrochenem Französisch.

Es schien, als ob er nicht einreisen dürfe. Doch der Zufall wollte es, dass Popov in der Warteschlange hinter sich einen alten Freund aus Jugoslawien entdeckte, der als Diplomat in Madrid stationiert war. Der Diplomat begrüßte Popov freundlich, Popov erklärte ihm seine Lage, und der Landsmann handelte kurzentschlossen.

Er flüsterte dem Grenzer ein paar Worte ins Ohr, es folgte ein Handschlag, und das Problem hatte sich mit der dabei erfolgten diskreten Übergabe einiger Geldscheine gelöst. Popov passierte Pass- und Zollkontrolle und nahm ein Taxi zum Palácio Hotel in Estoril, wo ihn der Hoteldirektor wie einen alten Freund begrüßte und ihn zu seiner Suite führte, im dritten Stock mit Blick auf die prächtigen Gärten voller Palmen, Zypressen und Oleander.

In den Hotels von Lissabon und Estoril drängten sich immer mehr Flüchtlinge, Diplomaten, Adelige und Agenten beider Seiten, die sich gegenseitig belauerten. Auf den Gästelisten standen viele prominente Namen. Im Palácio kamen auf ihren Fluchtrouten der zur Abdankung gezwungene rumänische König Karl II. und der französische Schriftsteller Antoine de Saint-Exupéry unter. In anderen Luxushotels, direkt in der Nähe, der Maler Max Ernst, der Regisseur Max Ophüls, der Schriftsteller Franz Werfel mit seiner Frau Alma Mahler-Werfel und die amerikanische Kunstsammlerin Peggy Guggenheim sowie viele andere Mitglieder der inzwischen gefallenen europäischen Monarchien. Um den steigenden Bedarf an Zimmern zu decken, begannen etliche Hotels, neue Stockwerke oder Seitenflügel zu bauen. Seit 1940 war es fast unmöglich, ein Hotelzimmer zu finden. In Estoril bildeten sich zwei Lager, auch weil Lissabon und die umliegende Region zu wahren Nestern der Spionage geworden waren. Im Hotel Palácio und dem Inglaterra stiegen vor allem diejenigen ab, die für die Alliierten arbeiteten. Das nahegelegene Atlântico wurde zum Versteck und Stützpunkt der Deutschen.

Trotz des Versuchs strikter Aufteilung geschah es häufig, dass beim Frühstück der Feind am Nachbartisch saß. Als das Hotel Palácio in den 1980er Jahren renoviert wurde und zwei weitere Stockwerke erhielt, wurde klar, dass das gegenseitige Interesse im Zwei-

Hotel Palácio, Estoril

ten Weltkrieg grenzenlos gewesen war. Die Bauarbeiter entdeckten unter den Fußböden, in den Sockelleisten und hinter den Tapeten unzählige Kilometer Kabel, die ausgereicht hätten, einmal die ganze Welt zu umspannen. Niemand konnte sagen, wer sie installiert hatte, wann oder für welchen Zweck. Aber es lag nahe, dass es sich um die Reste von Abhöranlagen aus dem Zweiten Weltkrieg handeln musste, die zurückgelassen und schon lange vergessen worden waren.[1]

Am Abend zog sich Popov sein Dinnerjacket an und betrat das Kasino von Estoril, den letzten großen Glückspielpalast in Europa während des Zweiten Weltkriegs. Wie jeden Abend waren die Spieltische voll besetzt mit den Mondänen und Reichen, die ihre Villen an der Riviera für einige Partien Roulette, Poker oder Black Jack verlassen hatten, aber auch mit Spionen, Schmugglern und Diamantenhändlern. Zuvor hatte er von einem Münztelefon die Lissaboner Telefonnummer 52346 gewählt und beim britischen Büro für Passkontrolle und Immigration eine Nachricht hinterlassen: »Ich genieße den Sonnenschein.«[2] Vom dritten Stock der Rua da Emenda aus meldeten die MI6-Mitarbeiter darauf umgehend London seine sichere Ankunft.

Seine Leidenschaft für das Glücksspiel musste Popov an diesem Abend unterdrücken. Im Kasino jagten die Spieler das Glück, selbst so kurz nach dem rauschenden Silvesterball floss schon wieder viel Champagner, die Einsätze waren hoch und die Stimmung vibrierte. Der Einzige, der gezwungen worden war, dort aufzutauchen, war Popov. Wieder hatte von Karsthoff sich etwas Neues zur Kontaktaufnahme mit seinem Agenten Iwan einfallen lassen. An der Rezeption erhielt Popov die Nachricht, um genau 22 Uhr am Roulettetisch zu erscheinen. Pünktlichkeit wurde auch in deutschen Agentenkreisen vorausgesetzt.

Im Spielsaal war es stickig. In der Luft hing eine Mischung aus Alkohol, Zigarrenrauch, allmählich versagendem Parfum und menschlichen Ausdünstungen, getragen von der nervösen Anspannung der Spieler. Als er vor dem schweren, mit grünem Filz bespannten Tisch stand, stach sie ihm in ihrem engen, schulterfreien Kleid sofort ins Auge. Wie er, beobachtete auch Elisabeth Sahrbach zunächst nur die anderen Spieler. Hin und wieder sah sie zum Baccaratisch, ging dann noch einmal kurz an die Bar, um schließlich doch am Roulettetisch Platz zu nehmen. Jetzt musste sich Popov, ein Glas in der Hand, konzentrieren, um von Karsthoffs vorab erhaltene Absprachen zu dechiffrieren. Er versuchte, keine Aufmerksamkeit zu erregen, und gab sich betont zwanglos, wie alle anderen Gäste im Saal auch. Der Croupier mit seinen weißen Handschuhen forderte zum nächsten Spiel auf, die Roulettekugel bereits in den Fingern. Für eine Sekunde traf Popovs Blick den von Elisabeth, dann machte sie ihren Einsatz, und das Spiel begann. Sie ließ einen Jeton auf Rot platzieren – also die zuvor vereinbarte Rua João da Lisboa – und verlor. Sie ließ eine Runde verstreichen und setzte dann einen Jeton auf die Zahl 4 – morgen, 4. Januar. Wieder verlor sie. Schließlich wählte sie die Zahl 21. Das bedeutete: 21 Uhr morgen Abend. Und noch einmal verlor sie. Nach drei verlorenen Runden verschwand die schöne Elisabeth Sahrbach blitzschnell, in ihrem Gesicht den Ausdruck herber Enttäuschung. Iwan hatte die Botschaft verstanden: Der Wagen für das Treffen mit von Karsthoff würde morgen um 21 Uhr am vereinbarten Ort bereitstehen.

Am nächsten Abend startete seine ausdauernde Befragung in der Villa Toki-Ana. Ludovico gab sich freundschaftlich, klopfte ihm auf die Schulter. »Ich will alles wissen, über die Feuertaufe in London«, begrüßte er ihn enthusiastisch.[3] Auch Elisabeth Sahrbach schien ihm ein wenig zugeneigter als bisher. Daran hatte die große Schachtel Pralinen aus London, die Popov ihr überreichte, einen gewissen Anteil. Eine kleine Geste, aber ein großer Luxus in Kriegszeiten, der für ihr erstes Lächeln sorgte.

Dann wurde die Stimmung deutlich kühler. »Seien Sie vorsichtig, Iwan. Lassen Sie sich jetzt nicht von Ihren Emotionen tragen«, sagte von Karsthoff, als er abrupt zum eigentlichen Grund von Popovs Besuch überging. »Erzählen Sie uns nicht, was Sie wünschen, was in England geschieht. Erzählen Sie uns, wie es wirklich ist. Sie sind kein Romanautor, also erfinden Sie nichts, verstanden?«[4] Von Karsthoff hörte auf zu reden und überließ Popov das Feld. Elisabeth Sahrbach hörte auf zu lächeln und schrieb pedantisch jedes seiner Worte mit. Nur manchmal unterbrach sie in den kommenden Stunden die beiden Männer und wies darauf hin, dass es Zeit für einen Imbiss oder eine Erfrischung sei. Popov reizte es, mit Elisabeth zu flirten, aber schnell merkte er, dass sie nicht nur von Karsthoffs Sekretärin, sondern auch seine Geliebte sein musste – so vertraut, wie die beiden miteinander umgingen und sich scheinbar zufällig immer wieder berührten. Alles, was von Karsthoff verärgern könnte, musste Popov unterlassen, auch wenn es ihm mehr als schwerfiel.

In den folgenden eineinhalb Tagen und Nächten wollte von Karsthoff so viel wie möglich über Popovs Erlebnisse in Großbritannien wissen. Kein Detail schien ihm zu unbedeutend. Wo er überall gewesen war. Mit wem er gesprochen hatte. Was sie ihm verraten hatten. Unentwegt verlangte von Karsthoff Namen, Titel, Beschreibungen, Orte, Zahlen und Fakten. Er verstand es, Fragen zu stellen, ohne sie wie ein Verhör klingen zu lassen. Unter seiner Anleitung musste Iwan einen chronologischen Ablauf seiner Zeit in London liefern – vom Moment, als er das Flugzeug in Bristol verlassen hatte, bis zur Landung in Lissabon. Popov war froh, Ewen Montagu als einen seiner wichtigsten Informanten zitieren und seine Notiz vorzeigen zu können, die »bewies«, dass er und Popov nun enge Freunde waren.

Als die ermüdende Prozedur endlich vorüber war, hatte von Karsthoff noch eine kleine Bosheit auf Lager. Er wollte sicher sein, dass sein Agent ihn nicht belog. »Unser Gespräch auf Deutsch muss Sie doch sicher sehr erschöpft haben, Iwan. Bitte fangen Sie doch noch einmal von vorne an. Aber dieses Mal auf Italienisch.« Und so musste Agent Iwan den Marathon seiner Erlebnisse in London von neuem beginnen.

Trotz dieser Quälereien hatte Popov nie das Gefühl, dass ihn von Karsthoff in eine Falle locken wollte. Stunde um Stunde spulte er seinen zuvor mit Tar Robertson einstudierten Vortrag ab, es bedurfte großer Konzentration und starker Nerven, sich durch das komplizierte Gestrüpp von Wahrheit und Lüge zu bewegen. Aber genau wie der Flug von London nach Lissabon wurde auch das bald zu Popovs Routine.

Am nächsten Tag machte sich von Karsthoff nach Paris auf, um seinen Vorgesetzten in der Abwehr-Zentrale Bericht zu erstatten. Das Urteil war eindeutig. Obwohl sie »nicht sehr beeindruckt waren und meinten, dass die Antworten zu allgemein waren«, betrachteten sie Popov als exzellenten Agenten. Tatsächlich schienen sie »blindes Vertrauen« in Agent Iwan zu besitzen und wollten, dass er so schnell wie möglich nach Großbritannien zurückkehrte.[5] Noch am Abend versorgte von Karsthoff Popov mit frischer Geheimtinte, einem neuen und noch längeren Fragebogen, mit hunderten von Unterpunkten zur Moral im Land und Details über Militär und Politik sowie drei neuen Tarnadressen in Lissabon. Popov sah von Karsthoff entgeistert an. »Bald wollen Sie wissen, was Churchill zum Abendessen hatte«, bemerkte Popov trocken, nachdem er die Fragen studiert hatte.[6] Von Karsthoff war nicht zum Scherzen aufgelegt. »Das ist für heute alles«, antwortete er knapp. »Wann planen Sie, wieder nach London zu fliegen?« Popov versprach, sein Möglichstes zu tun, und verließ erschöpft gegen Mitternacht die Villa Toki-Ana. »Die Abwehr erwartet sehr viel von seinem zweiten Einsatz in England«, meldete von Karsthoff in einem codierten Funkspruch nach Berlin, er lobte Iwan überschwänglich und schlug sogar einen künftigen Einsatz in den USA vor.[7] In London sorgte all das für zustimmendes Kopfnicken. Tar Robertson, der auch diese abgefangene Meldung mitlas, war genauso zufrieden wie sein Gegenspieler in Lissabon.

Nach seiner ersten Bewährungsprobe drängte es Popov nach einer Pause, er täuschte Probleme bei der Ticketvergabe für seinen Flug nach London vor und ließ es sich noch einige Zeit in Portugal gutgehen. Er knüpfte neue Geschäftskontakte, suchte sein Glück am Kasinotisch, in teuren Restaurants und in seiner erneut aufflammenden Affäre mit Pinta de la Rocque, die er aus Paris anreisen ließ. Was immer er wünschte – von Karsthoff beglich ab sofort alle seine Rechnungen, und Popov war sicher: Die Deutschen vertrauten ihm von nun an grenzenlos.

London, 4. Februar 1941

Bei seiner Rückkehr ins winterliche London war Popovs Stimmung am Tiefpunkt. Hatte sein erster Besuch noch einem triumphalen Empfang geglichen, fühlte er sich nun missachtet. »London ist ein ziemlich öder Ort«, schrieb er in Geheimtinte an seinen Freund Johnny Jebsen. »Die meisten netten Mädchen sind nun aufs Land gezogen, und der Whisky kostet 16 Schillinge pro Flasche. Das alles hier würde dich sehr unglücklich machen.«[8] Popov verlangte von den Briten weiterhin kein Geld für seine Dienste. Aber er machte immer wieder unmissverständlich klar, dass er drei Dinge für unverzichtbar hielt: Alkohol, Unterhaltung und weibliche Begleitung. Zur Frage, ob für alle drei Elemente am vergangenen Abend genug gesorgt worden war, hatten die B1a-Mitarbeiter inzwischen ein zuverlässiges Messinstrument entwickelt. Es galt, Popov am nächsten Morgen einfach ins Gesicht zu blicken. »Die Gesichtsfarbe hängt von den Aktivitäten der letzten Nacht ab«, schrieb Robertson. »Wenn er aus seiner Sicht einen guten Abend verbracht hat, dann ist sein Teint immer ziemlich blass und fleckig.«[9]

Tar Robertson, ein Mann, der auch nichts anbrennen ließ, war leicht verwundert, als Popov »klar forderte, dass etwas hochklassige weibliche Bekanntschaft absolut willkommen sei«. Die B1a machte sich für ihn auf die Suche, wollte aber auf keinen Fall in das Geschäft der Zuhälterei einsteigen und einfach eine Prostituierte anwerben. Diskret wandten sich die Geheimdienstler an die Kollegen von Scotland Yard und baten um »Vorschläge zu weiblichen Bekanntschaften, die auch als Agentinnen eingesetzt werden können«. Robertson erklärte, er suche »eine Frau, die ganz einfach und ausschließlich Popov unterhalten kann, ihn von Unsinn abhält und uns gleichzeitig über mögliche, seltsame Schlussfolgerungen informiert, die er in unserem Land entwickelt«.[10] Die Polizei fahndete nach einer passenden Kandidatin, wurde zur Erleichterung Robertsons schnell fündig, und Popovs Winterdepression besserte sich schlagartig.

Briten wie Deutsche hielten ihn für einen hervorragenden Agenten. Vielleicht zu hervorragend, um wahr zu sein? Erst hatte ihm die eine Seite rasch vertraut, dann die andere. Und beide begannen sich allmählich zu fragen, ob das wirklich eine gute Idee war. Der Erste, der ernsthafte Zweifel hegte, war Robertsons Kollege William »Billy« Luke, der inzwischen als Popovs Führungsoffizier bestimmt worden war und ihm den vorläufigen Agentennamen »Skoot« (englisch: to scoot = abhauen, Anm. d. Verf.) gegeben hatte.

Luke, ein grimmiger und Schnauzbart tragender Offizier, der eigentlich als Industrieller in Glasgow eine Fabrik für Leinenschnüre führte, stellte sich zusammen mit Tar Robertson einige Fragen. Wenn Popov die Deutschen überzeugt hatte, dass er so gut vernetzt in England sei, obwohl er dort niemand kannte, würde er nicht auch die B1a ebenso professionell belügen?

Beide beschlossen, Popov einem letzten Test zu unterziehen. Von Karsthoffs neue Liste enthielt auffallend viele Fragen zur Küstenbefestigung in Schottland. Auch deshalb wurde entschieden, dass William Luke ihn auf eine mehrtägige Reise in seine Heimat mitnehmen sollte. Danach könnte Popov in der Lage sein, von Karsthoff zu beschreiben, was er gesehen hatte (während Luke stets darauf achtete, dass Popov nur sah, was er sehen sollte). Vor allem aber bot dieser Ausflug Luke die Gelegenheit, seinen Zögling nochmals ausgiebig zu testen und zugleich Popovs Stimmung durch einen Ausflug ins malerische Schottland zu heben.

Popov erhielt ein Zugticket nach Glasgow, wo er Luke und dessen Bruder traf, einen Sprachwissenschaftler, der nach einigen Pints Bier Popovs angeblich fließende Französisch-, Deutsch- und Italienischkenntnisse überprüfte. Es folgten ausgiebige Besichtigungen touristischer Ziele, Lachsangeln am Loch Lomond, dem größten See Schottlands, die Besichtigung des Schlosses von Edinburgh und zahlreiche Besuche der Whiskydestillerien, wo Popov den Brüdern Luke mit seinem ausdauernden Durst und größter Standhaftigkeit imponierte. Hin und wieder ließ William Luke seinen Agenten auch ein wenig Spionage für von Karsthoff betreiben, der ihm dafür eine Leica-Kamera mitgegeben hatte, danach folgten wieder deutlich ausgedehntere Pub-Besuche.

Ob Popov merkte, dass er bei seiner Schottlandreise einer letzten großen Prüfung unterzogen worden war, blieb unklar. In jedem Fall sorgte William Luke bei der letzten Fahrt von Glasgow nach

Edinburgh dafür, dass dem außergewöhnlichen Touristen seine schottische Rundreise für immer im Gedächtnis blieb. »Zu dieser Zeit gab es ein Gesetz, dass man nur dann einen Drink bekam, wenn man fünf Meilen gefahren war. Mein Führungsoffizier, ein echter Schotte, interpretierte das aber so, dass man alle fünf Meilen anhalten *musste*, um einen Drink zu nehmen. Die letzten Meilen auf meiner Reise nach Edinburgh waren wahrscheinlich die gefährlichste Zeit während des gesamten Krieges.«[11]

Nach drei Tagen kehrte auch Luke mit blassem Gesicht nach London zurück, ebenso beeindruckt von Popovs Charisma wie von seiner Kondition am Tresen. In seinem Abschlussbericht vom 23. Februar 1941 kam er zu einem klaren Urteil. »Er arbeitet ganz eindeutig für uns und nicht für die Deutschen. Er ist klug, vielseitig und zielstrebig, hat Persönlichkeit und Charme und würde sich in den gesellschaftlichen Kreisen jeder europäischen oder amerikanischen Hauptstadt wohlfühlen, da er dem üblichen Typus eines internationalen Playboys entspricht. Er lässt keine Gelegenheit aus, die Deutschen und die Naziführer zu verunglimpfen. (...) Er ist ein genialer, fröhlicher und amüsanter Gefährte, von dessen Aufrichtigkeit und Loyalität ich persönlich überzeugt bin.«[12]

Bei einer ihrer abendlichen Kneipentouren hatte Popov aus Lukes Sicht eine erstaunliche Bemerkung über seinen Freund Johnny Jebsen gemacht. »Er meinte, es sei nicht schwierig, Jebsen davon zu überzeugen, dass er auf der falschen Seite kämpft. Jebsen ist von Herzen aus pro-britisch.«[13] In weiteren Gesprächen mit Luke und Robertson schlug Popov sogar vor, dass er selbst den Mann für den MI5 anwerben könne, der ihn für die Abwehr rekrutiert hatte, »besonders, wenn ich ihn persönlich treffen könnte, ihm lebhafte und wunderschöne weibliche Begleitung zur Seite stellen und beim Pokern viel Geld gegen ihn verlieren würde«. Die B1a-Mitarbeiter hörten gespannt zu, denn der Preis war verlockend: ein Mitarbeiter der Abwehr, der zum britischen Team der Doppelagenten überlaufen würde, wäre ein unermesslicher Fang. »Es wäre wünschenswert, dieses Thema weiterzuverfolgen«, schrieb Luke.[14] Noch blieb es bei dieser Notiz.

Die Aussichten für Popovs künftige Einsätze waren vielversprechend. Ihm wurde von deutscher Seite so sehr vertraut, dass er die Täuschungsoperation, die die B1a mit ihm vorhatte, mit großem Erfolg umsetzen konnte. Um seine Glaubwürdigkeit weiter zu steigern, schlug Tar Robertson Popov vor, seine Tarnung als ausländischer Geschäftsmann wirklich werden zu lassen. Er sollte ein Konsortium jugoslawischer Banken vertreten und sich um Im- und Exporte kümmern, die nicht kriegsentscheidend waren. Popov, den in London stets die Langweile umwehte, stimmte freudig zu, er mietete ein Büro im Imperial House in der Regent Street im Londoner Westend, gründete eine neue Firma und stürzte sich in seine neuen Geschäfte. Das fiel nicht weiter auf, denn im Imperial House residierten mehr als sechzig weitere Kleinunternehmen, und das Büro war ein idealer Ort für künftige, diskrete Treffen mit dem MI5. Der Firmenname, den Popov wählte, konnte die Wahrheit nicht besser treffen und war zugleich eine Referenz an seinen Kontrolleur Tar Robertson. Als Firmennamen ließ Popov eintragen: »Tarlair« Limited (auf Deutsch etwa: »Das Versteck von Tar« GmbH).

Als Popovs Aufpasserin in seiner neuen Firma setzte Tar Robertson eine ganz besondere Mitarbeiterin ins Vorzimmer. Gisela Ashley, die unter dem Tarnnamen »Susan Barton« operierte, war die einzige Frau in der B1a zu dieser Zeit. Nun sollte sie ein scharfes Auge auf Popovs Geschäfte und mögliche neue Gespielinnen behalten und sein Büro leiten. Ashley, die in Deutschland geboren worden war, war eine vehemente Gegnerin der Nationalsozialisten und hatte ihre Heimat bereits in den 1920ern verlassen. Sie heiratete einen Briten, ließ sich von ihm scheiden, als er ihr unter Tränen gestanden hatte, homosexuell zu sein, und schloss sich dann dem MI5 an. Später heiratete sie einen britischen Geheimdienstoffizier, mit dem sie eine Reihe erfolgreicher Theaterstücke verfasste.

Ashleys Bruder kommandierte in Deutschland mittlerweile ein U-Boot, aber ihre Loyalität zu Großbritannien war unzweifelhaft. Sie besaß zwei Qualitäten, die sie für die B1a wertvoll machten. In der von Männern dominierten Geheimdienstwelt war sie oft die einzige Stimme, die eine andere Perspektive einnahm, außerdem besaß sie einzigartige Fähigkeiten, die deutsche Mentalität und die Denkweise der Nationalsozialisten treffend einschätzen zu können.[15]

Von Karsthoff hatte Popov inzwischen vorgeschlagen, weitere Agenten in Großbritannien zu rekrutieren, und Tar Robertson kam dieser Idee nur allzu gerne nach. Als Erste kam die 34-jährige Friedl Gärtner als angebliche Hilfsagentin ins Spiel, mit der Popov bereits in der Silvesternacht vertraut geworden war. Er hatte keine Probleme, ihre Beziehung auch in professioneller Hinsicht auszubauen. Gärtner war intelligent, besaß viele Kontakte in der Londoner High Society, und ihre Mutter und Schwester lebten beide noch in Deutschland, was – zumindest aus Sicht der Abwehr – zu belegen schien, dass sie für das Dritte Reich spionieren wollte. Tatsächlich hatte Gärtner bereits vor dem Krieg für den MI5 gearbeitet, sich als Nazi-Sympathisantin ausgegeben und faschistische Organisationen in Großbritannien unterwandert. Nach dem Anschluss Österreichs 1938 hatte sie bei der Deutschen Botschaft in London angerufen und ihre Glückwünsche ausgesprochen, um so ihre angebliche Sympathie für Hitler deutlich zu machen.

Gärtner erhielt den Codenamen »Gelatine«, sie agierte als »sein Bindeglied zu Menschen in höheren Gesellschaftskreisen« und war »in der Lage, gute Informationen und Indiskretionen von ranghohen Freunden in Regierungs- und Diplomatenkreisen zu sammeln«.[16] Der zweite Unterstützer Popovs wurde Richard »Dickie« Metcalfe, ein ehemaliger Mitarbeiter des Militärgeheimdienstes. Von Karsthoff sollte er als frustrierter, rachsüchtiger und hochverschuldeter Spieler geschildert werden, der gefälschte Schecks eingelöst hatte und bereit war, sich jederzeit an seinen früheren Kollegen in der Armee zu rächen, »weil er sie alle hasst«.[17] In Wahrheit war der gutmütige Metcalfe ein ebenso loyaler wie beleibter Regierungsbeamter. Auch deshalb erhielt er den Tarnnamen »Balloon«.

Als Leiter des nun dreiköpfigen Agententeams erhielt Popov von der B1a schließlich den neuen Codenamen »Tricycle« (Dreirad). Popov, als erfolgversprechendster Doppelagent, galt als das große Rad, das von zwei kleineren Rädern – Balloon und Gelatine – unterstützt wurde.[18] Im Lauf seiner Agententätigkeit stießen später noch zwei weitere Agenten hinzu, die Tricycle unterstützten: Stefan Zeis, ein 27-jähriger Tscheche, alias »The Worm«, und Eugen Šoštarić, ein früherer Freund von Johnny Jebsen, der Adjutant des jugoslawischen Königs gewesen war und es nicht geschafft hatte, schon zu Beginn der deutschen Besatzung aus Belgrad zu fliehen.[19]

Mit neuen Agenten an seiner Seite und genügend Informationen war es für Popov wieder Zeit, nach Portugal aufzubrechen. Zuvor machte Tricycle gegenüber William Luke noch ein Geständnis. Er befand sich in einer prekären, für ihn ungewohnten Lage und konnte seine gewaltige Hotelrechnung nicht bezahlen. Als Luke einen Blick darauf warf, traute er seinen Augen nicht. Popov hatte ausgedehnte Einkaufstouren unternommen und manchmal die Schneider der Londoner Savile Row gleich direkt ins Hotel bestellt. Auf seiner Abschlussrechnung standen zahlreiche offene Forderungen für Seidenhemden, Anzüge und Schuhe. Alles auf Maß hergestellt. Alles von königlichen Hoflieferanten.

Tar Robertson ließ Geld ins Hotel liefern. Popov war wieder liquide, doch das Hin und Her am Abreisetag hatte viel Zeit gekostet. Um 16.15 Uhr stieg Popov überstürzt in den Zug von Paddington nach Bristol. In der Eile hatte er noch seine kleine Reisetasche im Wagen liegen lassen. Panisch rief er nochmals Luke an und bat darum, alles zu tun, damit die Tasche, in der sein Schlafanzug und seine Kulturtasche waren, noch zum Flugzeug geliefert würde. Das war nur die halbe Wahrheit, wie William Luke umgehend herausfand. Denn in der Tasche befand sich auch all das, worauf von Karsthoff schon begierig wartete. Fast hätte Popov die Notizen in Geheimtinte mit all seinen gesammelten Informationen vergessen, inklusive der Berichte seiner neuen Mitagenten Gelatine und Balloon. Luke versprach, ihn aus der Bredouille zu befreien, und bat Jock Horsfall um schnelle Hilfe. Der bewies einmal mehr seine Künste als Rallyefahrer, erzielte einen neuen Streckenrekord von London nach Bristol und lieferte den Koffer ans Rollfeld. Mit vollem Reisegepäck und einiger Erleichterung ließ Popov England hinter sich.[20]

Kapitel 6

Alice im Wunderland

Lissabon, 15. März 1941

Wieder war es für ihn an der Zeit, in sein anderes Ich zu schlüpfen. Später beschrieb Popov sein Dasein als eine »Alice-im-Wunderland-Erfahrung, mit dem ständigen Wechsel von einer Welt in die andere – mit der Besonderheit, dass in diesem Fall beide Welten anormal waren.«[1] Jedes Mal, bevor Popov nach Lissabon zurückkehrte, um der Abwehr zu berichten, wurde er von der B1a noch gewarnt, dass sein Leben in den Händen der Deutschen läge und London nichts für ihn tun könnte, sollte etwas schiefgehen. Ständig musste er überlegen, wo er sich befand und welche Rolle er gerade spielte. Seine psychische Stärke ließ ihn dieses gefährliche und schizophrene Dasein bislang gut aushalten.

Als er am Abend im Palácio Hotel eintraf, übergab ihm der Concierge an der Rezeption eine Nachricht. Darin stand, dass er ohne das bisherige Rätselraten sofort zur Villa Toki-Ana kommen solle. Das war für von Karsthoff ungewöhnlich. Ein erster Schauer durchzog Popov, und er fürchtete, in Gefahr zu sein. Tatsächlich aber stellte sich bei seiner Ankunft heraus, dass von Karsthoff schlicht zu neugierig gewesen war und sofort wissen wollte, wie es Popov in England ergangen war. Der Abwehr-Offizier gab sich beeindruckt von Popovs Erzählungen. Nachdem er wie gewohnt Bericht erstattet hatte, schlug Popov noch Gelatine und Balloon als seine neuen Agenten vor, was von Karsthoff ohne Zögern überschwänglich begrüßte.

Doch Popov quälten zunehmend Sorgen. Inzwischen hatte Hitler am 6. April 1941 begonnen, auch seine Heimat Jugoslawien anzugreifen. Halb wahnsinnig vor Angst um seine Familie, erreichte ihn schließlich eine Nachricht seines Freundes Johnny Jebsen, dass es allen gutging. Das beruhigte ihn nur kurzzeitig, denn der Einsatz als Doppelagent gefährdete seine gesamte Familie – seine Eltern, zwei Brüder und die Schwägerin sowie zahlreiche Cousins und Cousinen. Er hatte keine Zweifel, dass sich die Gestapo an seiner gesamten Familie rächen würde, sollte er auffliegen. Duško Popov hatte keine Ahnung, dass diese Gefahr inzwischen sogar noch realer geworden war, als er sich das vorstellen konnte. Denn auch sein älterer Bruder Ivo, der als Arzt in Belgrad arbeitete, hatte inzwischen den MI6 kontaktiert und ihm seine Dienste im Kampf gegen die Deutschen angeboten. Spionage war zum Familiengeschäft der Popovs geworden.

Lissabon, 28. Juni 1941

Bis zum Sommer 1941 lieferte Popov den Deutschen eine Vielzahl an Informationen, manche wahr, manche verwirrend oder falsch, aber alle vollkommen harmlos. Er war zum produktivsten und wichtigsten Mitarbeiter des XX-Komitees aufgestiegen. Agent Tricycle war der Einzige, dem es gelungen war, in direktem und persönlichem Kontakt mit seinem deutschen Agentenführer zu stehen und dazu noch in Johnny Jebsen einen Freund zu besitzen, der eine ranghohe Position in der Abwehr besetzte. Lief alles zu gut, um wahr zu sein? Wieder befielen die B1a Zweifel. Wieder war es William Luke, der auf die alarmierende Möglichkeit hinwies, dass die Deutschen bereits wussten, dass Popov für beide Seiten arbeitete. »Sie könnten ihn einfach weitermachen lassen, weil sie dann mehr Informationen bekommen, anstatt ihn schlicht verschwinden zu lassen. Ich glaube nicht, dass Tricycle eine Ahnung davon hat, dass sie in ihm einen Doppelagenten vermuten könnten.«[2]

Popov gab sich alle Mühe, seine deutschen Auftraggeber zufriedenzustellen. Er schuf einen nie versiegenden Strom aus Falschnachrichten und Täuschungen, berichtete über die angeblich riesigen Zerstörungen in der Londoner Innenstadt und die sinkende Moral der Bevölkerung, aber auch über einen neuen Anzug, der vor Giftgas schützte, einen lautlosen Flugzeugmotor und neue Schnellfeuermunition. Er meldete die geplanten Routen britischer Armeekonvois, die in den Nahen Osten verlegt würden, schrieb von Plänen britischer Werften für neue Kriegsschiffe und angeblichen unterirdischen Fabriken für neue Wellington-Bomber.

Den einen oder anderen Scherz über die deutschen Feinde konnten sich seine Kontrolleure nicht verkneifen. Und so ließen sie Popovs Mitagenten Balloon, alias Dickie Metcalfe, melden, dass schon bald ein britisches Gewehr mit einem neuen Bajonett entwickelt werden würde, »das sich viel leichter aus den Hunnen wieder herausziehen lassen wird«.[3] All das mischte Agent Tricycle mit seinen Analysen zu aktuellen politischen Entwicklungen.

Von Lissabon aus hielt Popov im Gegenzug die B1a stets auf dem Laufenden – zum Leid der Briten auch über Dinge, die diese gar nicht wissen wollte. Detailliert berichtete er, nun mit der 22-jährigen brasilianischen Journalistin Maria Elera ein Verhältnis begonnen zu haben. Ludovico von Karsthoff hatte ihm ihre Wohnung als eine seiner Tarnadressen genannt, und Popov hatte nicht widerstehen können und einen Hausbesuch unternommen. Popov schickte Fotos nach London, auf denen die blonde Maria Elera, luxuriös gekleidet, vor einem Flugzeug posierte. In seiner Akte wurde das nur unter dem Titel: »Seine momentane Geliebte« abgeheftet.[4] Doch auch an anderer Gesellschaft blieb er stets interessiert und unterhielt ausdauernde Kontakte zu einer Senhora Marta Castello, die, so vermerkten die Mitarbeiter der B1a in ihrer leicht säuerlichen Analyse, »nichts anderes als eine hochklassige Kupplerin ist«.[5] All das hielt Popov freilich nicht davon ab, trotz seiner Abwesenheit auch in England nichts anbrennen zu lassen. Der MI5 fing ein

Telegramm ab, das aus dem Palácio Hotel nach London an eine junge Frau in London gesendet worden war: »Ich vermisse dich schrecklich, mein Liebling. Ich bete dich an. Hoffe, ich bin bald zurück. D.« Agent Tricycle schien hin- und hergerissen zwischen seinen vielfältigen Aufgaben in London und Lissabon und sah seine Agententätigkeit in dieser Phase vor allem als ein großes Abenteuer an. Luke und Robertson begannen sich zu fragen, ob jemand, der in seinem Liebesleben so treulos war, sich bei seiner Arbeit tatsächlich einer einzigen Sache und mit dem nötigen Ernst verschreiben konnte.

Von Karsthoff war frei von derlei Zweifeln. Stets äußerte er, dass er »extrem zufrieden war mit den zur Verfügung gestellten Informationen« seines Spions.[6] Ludovico nahm seine Aufgabe, Popov anzuleiten, leicht, und sein Vergnügen ernst, er stand selten vor Mittag auf, verbrachte viel Zeit mit seinen beiden Dackeln Iwan 1 und Iwan 2 im Garten und hoffte, vom immer heller strahlenden Glanz seines Spions, der in Berlin inzwischen höchstes Ansehen genoss, möglichst viel abzubekommen.

Dann fand Popov in seinem Hotelzimmer eine Nachricht. Aus dem Nichts tauchte plötzlich wieder Johnny Jebsen in seinem Leben auf, viele Monate hatte er nichts von sich hören lassen. Johnny schlug für den nächsten Tag ein Treffen am Atlantik vor, in der Nähe des Badeorts Cascais, gut dreißig Kilometer von Lissabon entfernt am Boca do Inferno (deutsch: Schlund der Hölle) an der wild zerklüfteten Felsenküste.

Rhythmisch schossen die Wellen durch den gigantischen Felsbogen, in der Abgeschiedenheit konnten beide sicher sein, dass niemand sie belauschen oder beobachten konnte. Jebsen berichtete, dass er inzwischen in Leipzig geheiratet hatte. Seine Frau, Eleonore »Lore« Bothilde Petersen, war Schauspielerin mit einem Theaterengagement in Frankfurt an der Oder, »mit dunklem Haar, schlanker Figur und von außerordentlicher Schönheit«.[7] Ehelicher Treue hatte Johnny noch vor dem Ja-Wort für immer abgeschworen. Nebenher hatte er noch eine Geliebte in Paris und eine andere in Dublin. Was er seinem Freund Popov über die letzten Wochen und Monate berichtete, klang so geheimnisvoll wie merkwürdig. Jebsen hatte Reisen nach Finnland, Schweden, Griechenland und Persien unternommen und erzählte, wie er an der italienischen Küste für den japanischen Geheimdienst Befestigungsanlagen ausgekundschaftet hatte. Noch war Japan nicht in den Krieg eingetreten, aber das Interesse des asiatischen Inselreiches an Küstenbefestigungen ließ sich nach dem Angriff auf den US-Flottenstützpunkt Pearl Harbor auf Hawaii im Nachhinein eindeutiger erklären.

Jebsen sollte eigentlich Spione anwerben, aber er gab offen zu, dass Popovs Rekrutierung für die Abwehr bisher sein einziger Erfolg »in diesem Geschäftsfeld« geblieben war.[8] Später, in einem Fischrestaurant mit Blick über die Küste, wurde Popov immer klarer, dass sein Freund Johnny einige Macht im deutschen Geheimdienst erlangt haben musste. Als sie sich über einen Professor Müller unterhielten, der einer ihrer Hochschullehrer in Freiburg gewesen war und den beide wegen seiner Sympathien für die Nazis verabscheut hatten, sagte Jebsen: »Ich bin nicht grausam genug, aber jetzt bin ich in einer Position, in der ich jeden loswerden kann, den ich hasse. Wenn ich einen Mann beseitigen lassen will, muss ich nur sagen: Professor Müller hat dies oder jenes gesagt, und dann werden sie ihn töten, keine Frage.« Dann sah er Popov in die Augen: »Wenn du jemand Bestimmten im Sinn hast, kann ich das arrangieren.«[9] Popov stockte der Atem, Jebsen schien ihm auf einmal zu allem fähig zu sein.

Jebsen schilderte auch die sich verschärfende Situation in Deutschland. Das Dritte Reich schaffte es nicht mehr, genug Flugzeuge zu produzieren, Lebensmittel waren genauso knapp wie Kleidung. Der stets adrette Dandy aus Hamburg hatte bei diesem Thema seine eigenen Sorgen: »Ich würde ein Vermögen für einen Anzug aus englischem Stoff bezahlen. Aber man bekommt sie einfach nicht mehr.«[10] Jebsen wechselte die Themen schnell und ohne

Ankündigung, während Popov versuchte, sich so gut es ging möglichst viele Details zu merken. Besonders, als Johnny ausdauernd über die politische Situation im Dritten Reich referierte. Er erzählte von den Machtkämpfen, die zwischen der Abwehr und dem Sicherheitsdienst (dem Geheimdienst von SS und NSDAP) tobten. »Sie streiten sich wie Katze und Hund miteinander«,[11] um schließlich zu erwähnen, dass es innerhalb der Abwehr geheime Umsturzpläne gegen Hitler gab. Popov war in höchster Anspannung, während sein Freund ein Detail nach dem anderen ausplauderte. All das erschien wie eine geheimdienstliche Goldmine, und diese Nachrichten würden von der B1a in London begierig aufgesogen werden. Entweder war Johnny außerordentlich indiskret oder er führte etwas im Schilde.

Wie früher machte er bissige Bemerkungen über Hitler, die ihn sofort den Kopf kosten konnten. Seine abfälligen Kommentare über die Nationalsozialisten und seine Bereitschaft, Geheimnisse über die Abwehr und den SD auszuplaudern, konnten nur eines bedeuten: Jebsen war sich längst sicher, dass Popov für die Briten arbeitete, und er wollte, in einer Art indirekter, aber unmissverständlicher Bewerbung, dass diese Informationen über seinen Freund London erreichen würden – was sie bereits am nächsten Tag und Wort für Wort auch taten.

Und nachdem Popov und er einige Gläser getrunken hatten, offenbarte ihm Jebsen seine größte Angst, ohne den wahren Grund zu nennen: »Wann immer ich nach Deutschland reise, kann ich niemals sicher sein, ob ich noch lebend wieder herauskomme.«[12]

Jebsen schien dünner und verlebter als je zuvor auszusehen, und er hatte viele Gründe, äußerst nervös zu sein. Verraten wollte er Popov davon nichts und beließ es bei vagen Andeutungen über seine ganz eigene Form der Lebensversicherung: »Ich weiß zu viel über die dreckigen Dinge, die ablaufen. Ich habe Papiere in einer Bank im Ausland deponiert, die ich jederzeit ins Ausland versenden kann«, sagte er und ließ sich von Popov Feuer geben.[13] Längst hatte die Gestapo ihn in ihr Visier genommen hatte, und Jebsen kannte den Grund nur allzu gut.

Ein knappes Jahr zuvor war Jebsen von Heinz Jost, einem deutschen Offizier des Sicherheitsdienstes, gefragt worden, ob er für ihn gefälschte britische Pfundnoten in US-Dollar tauschen könne. Zunächst hatte er sich geweigert, doch als Jost wenig später mit weiteren Geldbündeln auftauchte und ihm versicherte, dass er diesmal keine Blüten dabeihabe, ging Jebsen schließlich darauf ein und begann, in der Schweiz, in einer Dependance der Bank von Griechenland, das Geld zu tauschen. Auch Gestapo-Offiziere begannen nun, Jebsen britisches Geld zuzustecken, um es für sie zu tauschen. Neun Monate ging alles gut, die Summen, die Jebsen verwaltete, wurden immer größer, genauso wie sein Anteil an den illegalen Geschäften. Aber auf einmal steckte Jebsen in Schwierigkeiten. Eine Schweizer Bank hatte die Blüten erkannt, und Jebsens Mittelsmann bei der Bank von Griechenland wollte ihn nicht mehr decken. Das gesamte Geschäft flog auf, Jebsen behauptete seinen Vorgesetzten gegenüber, alles getan zu haben, um die Umtauschaktionen zu stoppen, nachdem er herausgefunden hatte, dass die Offiziere ihm Blüten gegeben hatten. Nach einer Untersuchung des Falls wurde Heinz Jost als Schuldiger ausgemacht. Er verlor seinen bequemen Posten in der Auslandsabteilung des Sicherheitsdienstes und wurde an die Ostfront versetzt, und zwar in die Einsatzgruppe A, eine der »Sondereinheiten«, die für den Massenmord an Juden, Roma, Kommunisten und psychisch Kranken verantwortlich und wesentlich am Holocaust beteiligt waren. Auf einen Schlag hatte sich Jebsen viele mächtige Feinde geschaffen, und Josts Kameraden »waren entschlossen in seinem Namen Rache zu üben«.[14]

Allmählich versank die Sonne dunkelrot am Meereshorizont. Jebsen leerte ein letztes Glas, als Popovs restliche Zweifel über die wahren Absichten seines Freundes endgültig verschwanden. »Wenn du von den Briten erwischt und gefangengenommen wirst, kannst du ihnen sagen, dass ich zur britischen Seite überlaufen und alles erzählen werde, damit sie dein Leben verschonen«, sagte Johnny mit einem Zwinkern und blickte sich immer wieder um, ob beide beobachtet würden.[15] Längst war Jebsen kein loyaler Offizier der Abwehr mehr, genauso wenig wie Popov ein echter deutscher Agent war.

Popov richtete zum Abschied noch eine letzte Bitte an Jebsen und fragte ihn, ob er bei einem ihrer nächsten Treffen ein detailliertes Organigramm der deutschen Geheimdienste liefern könne. Popov belog ihn bewusst und behauptete, er wolle den Plan dann auswendig lernen, um etwas in der Hand zu haben, falls er in Großbritannien verhaftet werden würde und um sein Leben fürchten müsse. Jebsen zögerte ein wenig, sagte ihm das schließlich doch zu und drängte zum Aufbruch. »Wann werden wir uns wiedersehen, Johnny?«, fragte Popov seinen Freund. Jebsen zuckte nur mit den Schultern. »Das weiß niemand je genau«, antwortete er lakonisch, drückte seine Zigarette aus und umarmte ihn zum Abschied. Popov sah ihm noch lange hinterher, die dürre Gestalt warf einen weiten Schatten in der Abendsonne und zog mit schnellen Schritten wieder in Richtung der Felsklippen. Dann verschwand er im Zwielicht.

Am Tag nach dem Treffen in Cascais kontaktierte Popov London und drängte Robertson, seinen Freund in einem neutralen Land zu treffen und ihn unmittelbar zu rekrutieren. »Ich glaube, wenn er sicher sein könnte, dass er Schutz bekommt, würde er überwechseln. In seinem Herzen ist er ein Gegner der Nazis und steckt beständig in Schwierigkeiten mit seinen Vorgesetzten wegen seiner extravaganten Gewohnheiten.«[16] Würde Jebsen nach Großbritannien gebracht, war sich Popov sicher, würde er alles verraten, was er wusste, und könnte dann »an einem unbekannten Ort untertauchen«.[17]

William Luke glaubte nicht an Popovs Analyse. »Ich bin nicht so sicher wie er, ob Jebsen wirklich ein Anti-Nazi ist.«[18] Aber mit all seinen Andeutungen war Johnny unwillkürlich ins Zentrum britischer Aufmerksamkeit gerückt. Interesse, ihm Schutz in Großbritannien zu bieten, besaß der MI5 zu diesem Zeitpunkt nicht, doch die Freundschaft zwischen Popov und Jebsen sollte unbedingt weiter ausgebeutet werden. In London wartete die B1a immer begieriger darauf, ob und wann Johnny weitere Details enthüllen würde.

Popovs kommende Tage hielten einige Überraschungen bereit. Das lag vor allem an Ludovico von Karsthoff, der ihn immer wieder in die Villa Toki-Ana bat und ihm versicherte, wie sehr er mit den Informationen zufrieden sei, die ihm sein Agent aus London geliefert habe. Von Karsthoff hatte, so glaubte er, in Popov einen Mann entdeckt, der so sehr das Leben und den Luxus liebte wie er selbst, und der seinen Ruf in der Abwehr weiter stärken und ihm möglicherweise zu ungeahntem Reichtum verhelfen konnte. Wie das geschehen sollte, offenbarte von Karsthoff seinem Agenten an einem weiteren Abend in seiner Villa, nachdem beide mehrere Gläser Cognac geleert hatten. »Berlin plant, Sie als Agent in die USA zu entsenden. Dort sollen Sie ein neues Netzwerk aufbauen und das Dritte Reich rechtzeitig warnen, sollten die USA in den Krieg eintreten«, berichtete von Karsthoff. »Und dann ist da noch etwas.« Karsthoff legte bewusst eine längere Pause ein. »All Ihre Dienste sind mit großen Geldzahlungen verbunden.«

Popov traute seinen Ohren nicht, schlug aber, ganz Geschäftsmann, wenig später seinem Agentenführer einen Plan vor, wie alle künftigen Zahlungen an ihn und seine Mitagenten ablaufen sollten. Popov nannte ihn »Plan Midas«, er hatte zuvor alles mit Tar Robertson und der B1a abgestimmt. Und so wie es in der griechischen Mythologie König Midas gelungen war, alles, was er berührte, in Gold zu verwandeln, so schaffte es auch Popov bald, mit seinem Plan den Deutschen riesige Summen zu entlocken. Um unauffälliger operieren zu können, sollte die Abwehr fortan Geld an einen Mittelsmann in London senden, der dann die fiktiven deutschen Agenten und auch Popov auszahlte. Die Abwehr ahnte nicht, dass damit das gesamte Geld direkt in den Taschen des britischen

Geheimdienstes landete. Der Feind, der glaubte, seine eigenen Agenten zu bezahlen, finanzierte in Wahrheit also alle Doppelagenten des MI5. Der oberste Finanzkontrolleuer der Abwehr in Berlin stimmte dem »Plan Midas« schließlich zu. Von Karsthoff war begeistert, auch weil er ab jetzt von jedem Transfer eine Kommission erhielt. Popov behielt weitere zehn Prozent für sich, und »Midas« wurde zu einer der profitabelsten und unbekanntesten Operationen des gesamten Kriegs.

Das gesamte System der Doppelagenten finanzierte sich von nun an nicht nur selbst – es warf sogar Profit ab, wie John Masterman, der Vorsitzende des XX-Komitees schwärmte: »Die Geldsumme, die die Deutschen bereitstellten, um ihr und unser System zwischen 1940 und 1945 aufrechtzuerhalten, belief sich auf etwa 85 000 Pfund.«[19] (Das wären heute umgerechnet über fünf Millionen Euro, Anm. d. Verf.) Einmal mehr hatte sich Popov als raffinierter Vermittler erwiesen.

Es blieb nur wenig Zeit, bis zu Popovs geplanter USA-Mission. Von Karsthoff übergab seinem Agenten Iwan noch 40 000 US-Dollar – abzüglich seiner Kommission – und befahl ihm, das Geld direkt nach seiner Ankunft auf ein Konto in New York einzuzahlen, das einem Mittelsmann gehörte. Hätten von Karsthoff oder die Mitarbeiter des MI5 erfahren, was Popov am Abend nach der Übergabe mit diesem Geld anstellte, wäre allen das Herz stehengeblieben.

Wie so oft verbrachte Popov auch diesen Abend im Spielcasino. In seiner Jackettasche steckten knapp 38 000 US-Dollar (heute wären das über 700 000 US-Dollar, Anm. D. Verf.). Er dachte, es sei weniger auffällig, das Geld direkt bei sich zu tragen, als es im Hotelsafe deponieren zu lassen und so beim Hotelpersonal für Aufsehen zu sorgen.

Am Baccaratisch beobachtete Popov einen Mann, den er dort schon öfter hatte spielen sehen, ein kleiner, dicker und offenbar extrem reicher Mann aus Litauen. Er sorgte für Verärgerung bei allen Mitspielern, denn jedes Mal, wenn er die Bank hielt, rief er laut »banque ouverte«, was bedeutete, dass ohne Limit gespielt wurde. Normalerweise gab es bestimmte Höchsteinsätze im Spiel, weshalb das Verhalten des kleinen, schwitzenden Mannes als äußerst ungehobelt angesehen wurde, der so alle Spieler einzuschüchtern versuchte. Als sich Popov dem Tisch näherte, war wieder der Litauer mit der Bank an der Reihe. Wieder rief er laut »banque ouverte«, der Croupier ließ sich nichts anmerken und erwiderte nur: »Les messieurs debouts peuvent jouer«, was bedeutete, dass die Herren, die am Tisch standen, ebenfalls ihre Einsätze machen konnten. Popov konnte der gewaltigen Versuchung nicht widerstehen. Er kramte in der Innentasche seines Jacketts herum, ließ die Hand ganz hineingleiten und zog ein dickes Bündel Geldscheine heraus – das ihm nicht gehörte. Langsam legte er 30 000 US-Dollar auf den Spieltisch. Die Spieler und Zuschauer hielten den Atem an, während der kleine Litauer um Fassung rang angesichts dieses gewaltigen Einsatzes. Er schien für einen Moment den Mut zu verlieren. Popov gab sich bewusst unbeeindruckt und erkundigte sich beim Croupier lediglich, ob das Casino den Einsatz des Litauers absichern würde. Der Croupier antwortete – was Popov ohnehin wusste –, dass man nie die Einsätze eines Spielers absicherte. Popov schüttelte daraufhin theatralisch den Kopf, nahm das Geld wieder vom Tuch des Spieltisches und steckte es in seine Innentasche – nicht ohne sich laut darüber zu beschweren, wie unverantwortlich es vom Casino sei, Spieler wie den Litauer gewähren zu lassen. Schließlich sei all das eine »Schande und ein Ärgernis« für alle ernsthaften Spieler. Nach seinem Bluff verließ Popov scheinbar verärgert das Casino, und der von ihm blamierte Litauer sah ihm mit offenem Mund nach.

Die Szene wurde Teil der Legende um Duško Popov. Im Saal des Casinos gab es angeblich einen Zeugen, der die Szene zwischen Popov und dem Litauer später als Inspiration genutzt haben könnte. Sein Name war Fleming. Commander Ian Fleming.

Er arbeitete für den britischen Marinenachrichtendienst und war seit 1940 unter anderem dafür zuständig, Gibraltar und Südspanien vor der Radarüberwachung durch die Deutschen zu schützen. Dieser Auftrag hatte den Codenamen »Operation Goldeneye«. Wenn er in Lissabon war, hielt sich Fleming häufig im Casino von Estoril auf. Von Mitte Juli bis Anfang August 1941 waren Popov und Fleming nachweislich zeitgleich in Lissabon und Estoril. Fleming galt als bestens unterrichtet über Popovs Aktivitäten, aber dass die beiden sich jemals persönlich getroffen haben, gilt als sehr unwahrscheinlich.[20]

Ian Fleming, der Schöpfer von James Bond, in einer Aufnahme von 1958

Einige Jahre nach Kriegsende erfuhr Popov, dass der junge britische Marineoffizier Fleming das gesamte Baccaraspiel zwischen ihm und dem Litauer beobachtet haben und als eine Vorlage für sein erstes Buch *Casino Royale* verwendet haben soll.[21] Darin gewinnt Flemings Romanfigur James Bond gegen den Bösewicht Le Chiffre in einem Baccaraspiel mit gewaltigen Einsätzen.

Die Nachricht, dass die Abwehr Popov bald in die USA schicken wollte, stieß in London auf wenig Begeisterung. Seit dem Sommer 1941 war Tricycle der produktivste Agent des XX-Komitees geworden. Er war nicht nur der Agent, dem die Deutschen uneingeschränkt vertrauten, sondern auch der Einzige, der mit seinem Agentenführer Ludovico von Karsthoff von Angesicht zu Angesicht agierte und inzwischen von ihm wie ein enger Freund behandelt wurde. Der MI5 versprach sich nicht viel von Popovs Einsatz in den USA, wollte aber mit seiner Skepsis den großen amerikanischen Bruder, die US-amerikanische Bundespolizei, das Federal Bureau of Investigation (FBI), nicht verärgern.

Insgesamt hatte sich der Fall Popov aus der Sicht Londons bestens entwickelt. Die Deutschen schienen alles, was Popov ihnen lieferte, ohne Argwohn zu glauben.

Während er auf einen freien Platz für seinen Flug in die USA wartete und der MI5 die bevorstehende Übergabe seines Agenten an die amerikanischen Kollegen des FBI regelte, erhielt Popov ein letztes Mal den Befehl, bei von Karsthoff zu erscheinen. Wie so oft saß der Österreicher mit offenem Hemd und kurzen Hosen unter einem Baum in seinem Garten, dieses Mal schien er ganz besonders guter Stimmung zu sein. »Ich habe etwas für dich«, duzte er Popov von nun an ungefragt und blickte ihn mit einem diebischen Grinsen an.

Neben ihm auf einer Gartenbank lag eine Aktenmappe, er öffnete sie und übergab Popov einen neuen Fragebogen. Popov überflog die Fragen, sah, dass all das für seinen Einsatz in den USA bestimmt war, ächzte kurz, weil die Liste kaum aufzuhören schien, und versprach, alles wie immer auswendig zu lernen.

Von Karsthoffs Lächeln wurde nun noch breiter. »Nein, nein. Kein Auswendiglernen mehr. Komm mit.« Er führte ihn in sein Arbeitszimmer, auf dem Schreibtisch stand ein Mikroskop. Von Karsthoff zog Popov näher zum Tisch. »Hier! Sieh!« Popov kniff sein Auge zusammen, sah durch das Mikroskop und stellte das Objektiv schärfer. Dann sah er die erste Seite seines Fragebogens. Von Karsthoff zog vom Mikroskophalter ein Glasplättchen und zeigte Popov, was dieser durch das Mikroskop gesehen hatte. Auf dem Glas war nur ein winziger Punkt zu sehen, kleiner als der Punkt, den eine Schreibmaschine erzeugte. Stolz verkündete von Karsthoff, dass es sich um einen sogenannten »Mikropunkt« handelte, die neueste Erfindung deutscher Wissenschaftler. »Wenn der auf einem Brief angebracht wird, ist er nicht zu sehen. Es wird das deutsche Spionagesystem revolutionieren«, schwärmte von Karsthoff. Ab jetzt konnte die Abwehr noch gefahrloser mit ihren Agenten kommunizieren und bedeutend mehr Material versenden. Das Risiko, dass die Mikropunkte entdeckt würden, schien minimal. Er war so enthusiastisch, dass er Elisabeth von Sahrbach zurief, sie solle Champagner servieren. Nach der Vorführung am Mikroskop standen die drei kurze Zeit später im Garten und stießen auf Popovs künftige Erfolge in den USA an. Später gingen die beiden Männer den Fragebogen noch einmal Punkt für Punkt durch. Popov merkte sehr schnell, dass sich viele Fragen um eine US-Marine-Basis drehten. Sie lag auf der Insel O'ahu, die zu Hawaii gehört, und ihr Name war Pearl Harbor. Wie viele Ankerplätze gibt es dort? Existiert ein schwimmendes Dock? Wie und wo wird der Treibstoff gelagert? Von Karsthoff drängte ihn, möglichst schnell auch nach Hawaii zu reisen. Popov warf ein, dass dies nicht leicht werden würde, doch von Karsthoff ließ nicht locker. Schon am nächsten Tag übergab Popov den Mikropunkt mit den Fragebogen zu Pearl Harbor auf einem Tennisplatz seinem britischen Mittelsmann. Es schien, als erhalte er in den USA die Chance, den Verlauf der Geschichte zu verändern.

Kapitel 7

Tod am Times Square

New York City, 18. März 1941

Im Nachhinein waren sich die Zeugen einig: Die beiden Männer, die an diesem Abend etwas nördlich des Times Square standen, schienen darüber zu streiten, wo und an welcher Kreuzung sie die Straße überqueren sollten, als einer der beiden vorpreschte und eine fatale Entscheidung traf. Der Mann, der eine Hornbrille und eine braune Aktentasche trug, versuchte zu fliehen und rannte an der Kreuzung von 7. Avenue und 45. Straße plötzlich bei Rot auf die Fahrbahn. Der Taxifahrer, vor dessen Windschutzscheibe der Mann plötzlich auftauchte, trat mit voller Kraft aufs Bremspedal und versuchte noch, den Aufprall zu verhindern, doch das Taxi streifte ihn, der Mann taumelte, ging zu Boden und geriet unter die Räder eines dahinterfahrenden Autos. Schreie des Entsetzens hallten durch die Straßen von Manhattan, schnell bildete sich am Unfallort eine Menschenmenge. Das nutzte der zweite Mann, er kämpfte sich im dichten Gewühl an den Passanten vorbei, die bestürzt den regungslosen Körper des Mannes umringten und aus dessen offenem Schädel das Blut rann. Schnell schnappte sich der andere Mann die Aktentasche auf dem Boden und rannte davon.

Das Unfallopfer wurde ins St. Vincent's Krankenhaus gebracht, verstarb aber nach 24 Stunden. Anfangs kam der New Yorker Polizei nur der zweite Mann verdächtig vor, der weggerannt war. Dann aber gab es weitere verdächtige Anzeichen, dass dies kein gewöhnlicher Verkehrsunfall gewesen war. Der Tote wurde zunächst als Don

Julio Lopez Lido identifiziert, der als Kurier für das spanische Konsulat arbeitete. Doch »Senor Lido« trug nicht nur einen spanischen Pass bei sich, sondern auch einen deutschen. Dann wurde alles noch mysteriöser, in seinem Notizbuch befanden sich Namen und mögliche Einsatzorte von US-Soldaten. Und noch etwas war außergewöhnlich: Aus all seinen Kleidungsstücken waren die Etiketten entfernt worden. Als schließlich ein Unbekannter im Taft Hotel anrief, wo der Tote zuvor residiert hatte, und mit hektischer Stimme den Hotelbesitzer aufforderte, das Gepäck des Gastes »Don Julio« zur Abholung durch einen Fahrer bereitzuhalten, schöpfte der Hotelbesitzer Verdacht. Vor allem, nachdem er den anonymen Anrufer nach seinem Namen gefragt und dieser in offensichtlicher Panik nichts mehr sagte und aufgelegt hatte. Wenig später stürmten Polizisten in das Zimmer des Toten, wo sie Lagepläne von Kasernen und Flugplätzen entdeckten sowie zahlreiche Notizen und Berichte zu US-Militärflugzeugen. Es war Zeit, die Ermittlungen dem FBI zu überlassen.

Sowohl die britischen wie auch die US-amerikanischen Behörden wussten seit einiger Zeit, dass im Zentrum von New York City ein deutscher Spionagering operierte. Schon länger schickte ein Unbekannter Briefe an die deutsche Seite, die mit dem Namen »Joe K« unterschrieben waren. Geschickt wurden sie an einen »Lothar Frederick«, meist an Adressen in Spanien, Portugal oder Argentinien. Der endgültige Empfänger – »Lothar Frederick« –, so viel hatten die US-Behörden und Briten schon herausgefunden, war niemand geringerer als der Chef des Reichssicherheitshauptamts, SS-Obergruppenführer Reinhard Heydrich, der den Sicherheitsdienst und die Sicherheitspolizei befehligte.

Die ersten Briefe von »Joe K« waren auf Bermuda abgefangen worden und hatten Botschaften mit Geheimtinte enthalten. Bisher wusste niemand, wer dahintersteckte. Als nach dem Unfall am Times Square nun eine weitere Botschaft von »Joe K« einging, in der dieser seinen Vorgesetzten vom Todesfall des »Senor Lido« berichtete, gab es endlich eine erste Spur, und die Jagd nach dem Unbekannten hatte begonnen. Aus den Notizen des Toten und weiteren Botschaften wurde schnell klar, dass es sich um den Deutschen Ulrich von der Osten, einen Hauptmann der Abwehr handeln musste. Von der Osten war in die USA eingeschleust worden, um den Spionagering fortan zu leiten. Sein Begleiter, der als »Joe K« operierte, war der in den USA geborene Kurt Frederick Ludwig. Ludwig war noch vor Kriegsbeginn nach Deutschland, in das Heimatland seiner Eltern, zurückgezogen. Der deutsche Geheimdienst warb ihn begeistert an und schickte ihn im März 1940 in die USA zurück. In der ersten Zeit nach dem Taxiunfall wurde Ludwig nur beschattet, vor allem, um mehr über seine Kontakte herauszufinden, schließlich folgte eine Welle von Verhaftungen, und der »Ludwig Spionage Ring« flog im August 1941 vollständig auf. Ludwig verbrachte die kommenden Jahre auf der Gefängnisinsel Alcatraz und wurde 1952 nach Deutschland ausgewiesen.

Lissabon/New York, 10. August 1941

Als Duško Popov an diesem schwülen Augustnachmittag in das gewaltige, viermotorige Flugboot der Pan American am Cabo Ruivo Dock an der Mündung des Tejo einstieg und sich für den 24-stündigen Flug nach New York über die Azoren und Bermuda bereit machte, war er für seinen Einsatz voll ausgestattet. Er hatte knapp 60 000 US-Dollar in bar bei sich – von Karsthoffs Geld und noch eigenes – sowie vier Telegramme, auf denen insgesamt elf Mikropunkte mit allen Fragen der Abwehr enthalten waren. Im Gepäck steckte außerdem eine gebundene Ausgabe des Romans *Nacht und Tag* von Virginia Woolf. Mit bestimmten Textpassagen sollte er seine Funkmeldungen verschlüsseln. Die Abwehr hatte ihn auch mit einem reichen Vorrat an Kristallen versorgt, um Geheimtinte herstellen zu können, sowie einer Liste mit elf Tarnadressen (acht in Lissabon, eine in Italien und zwei in Südamerika), an die er seine

Informationen aus den USA schicken sollte. Ohne von Karsthoffs Erlaubnis hatte Agent Iwan in sein Gepäck auch noch eine mit Schreibmaschine getippte Fassung des Fragebogens zu Pearl Harbor eingepackt.

Mit dem Flug in die USA wurde seine Arbeit deutlich komplizierter. Hatte er in seiner Anfangszeit als Agent nur eine Doppelexistenz in britischen und deutschen Diensten geführt, kam nun eine neue, dritte Dimension hinzu. Denn fortan musste er auch vor den US-Amerikanern bestehen. Popov versuchte, sich all das auch immer wieder selbst klarzumachen: Er war nun im Auftrag der Deutschen entsendet worden, um die USA auszuspionieren, sollte aber alles, was ihm widerfuhr, letztendlich den Briten und Amerikanern verraten.

Ursprünglich war die Idee des MI5, Popov in den USA, wie schon in Großbritannien, ein fiktives Netz von Doppelagenten aufbauen zu lassen. Tar Robertson hatte die Kollegen des FBI vor Arbeitsstart des Neuankömmlings in alle Pläne eingeweiht und ein glühendes Empfehlungsschreiben verfasst, allerdings wurden darin sicherheitshalber bereits bestimmte Eigenheiten und Präferenzen des Agenten erwähnt: »Popov ist ein kluger, aufmerksamer und couragierter junger Mann, von dessen Aufrichtigkeit und Loyalität wir überzeugt sind. Er hat einen ausgezeichneten Verstand, aber er arbeitet nicht gern. Er liebt die Frauen, und seine Hauptbeschäftigung ist das Segeln. Er hat Persönlichkeit und Charme und würde sich in jeder Gesellschaft zu Hause fühlen. Er hat jede Art von Bezahlung von uns abgelehnt, da er vom deutschen Geheimdienst eine angemessene Bezahlung erhalten hat, und wir hoffen, dass dieser glückliche Zustand anhalten wird.«[1]

Tar Robertson ließ Popov nur äußerst widerwillig ziehen. Doch er wusste, dass die Gelegenheit, in den USA ein weiteres fiktives Netz von Doppelagenten aufzuziehen, zu viele Chancen bot, um sie ungenutzt zu lassen. Popovs US-Mission war als ein Triumph geplant. Sie wurde zum ultimativen Desaster.

Der Flug zum ersten Zwischenstopp verlief ruhig, auf den Azoren aßen die Passagiere frischen Fisch zum Abendessen, während das Flugzeug aufgetankt wurde. Dann richteten die Stewards in den Kabinen die Kojen her. Popov hörte nur noch kurz das sonore Brummen der vier Flugzeugmotoren, fiel dann in einen tiefen Schlaf und wachte erst kurz vor einer weiteren Zwischenlandung auf Bermuda wieder auf.

In der Karibik erwartete ihn bereits Hamish Mitchell, ein zuvorkommender Mitarbeiter des britischen Geheimdienstes, der ihn auf dem letzten Teil der Reise nach New York begleitete. Der Pan Am Clipper hatte eine eigene Bar, und Mitchell sorgte dafür, dass Popov mit einem großen Klassiker der amerikanischen Barkultur ausgiebig Bekanntschaft machte: dem trockenen Martini.

Am 12. August setzte das Flugboot zur Landung an und machte am Terminal in Port Washington an der Nordküste von Long Island fest. Mitchell brachte Popovs Gepäck unauffällig durch den Zoll, während Popov auf die Passkontrolle wartete. Gemeinsam nahmen sie ein Taxi und fuhren zum Waldorf Astoria Hotel an der Park Avenue, wo für Popov ein Zimmer reserviert worden war. Mitchell machte sich zu Fuß direkt auf den Weg zu seinem Büro im nur wenige hundert Meter entfernten Rockefeller Center, um alles, was sich in Popovs Aktentasche befunden hatte, dem FBI zu überlassen.

Popov entschloss sich, nachdem er geduscht und einen doppelten Cheeseburger mit Pommes frites verspeist hatte, Manhattan zu erkunden. Eher aus Gewohnheit merkte er sich die genaue Stelle, wo seine Koffer standen, und positionierte ein Haar im Schloss seiner großen Ledertasche. Dann lief er los, reckte den Hals in die Sonne und hinauf zu den Wolkenkratzern, er überquerte die 5th Avenue an der Ecke 42. Straße und entdeckte am Broadway ein Autohaus, in dessen Schaufenster ein gewaltiges, chromblitzendes, braunes Buick Phaeton Cabrio ausgestellt war, mit beigefarbenem Verdeck und glänzenden Weißwandreifen. Eine halbe Stunde später kehrte Popov fröhlich ins Waldorf Astoria zurück, in bester Stimmung und mit einem Kaufvertrag für das Auto in der Tasche. Schnell verschwand seine Fröhlichkeit, denn er merkte, dass seine Koffer bewegt worden waren und das Haar aus dem Schloss seiner Ledertasche verschwunden war.

Popov hatte erwartet, in New York durch das FBI genauso willkommen geheißen zu werden, wie er es in London durch den MI5 und Tar Robertsons Herzlichkeit erfahren hatte. Doch von Beginn an stieß er auf eiserne Abneigung und tiefstes Misstrauen. Trotz aller Versicherungen Londons, wie loyal Popov sei: Das FBI traute Popov keine Sekunde, er wurde lückenlos beschattet, auch weil befürchtet wurde, dass deutsche Spione ihm bereits folgten und sofort in den USA mit ihm Kontakt aufnehmen würden. Jedes Telegramm, das er sendete oder empfing, wurde dem FBI zugeleitet, über jedes seiner Telefonate Bericht erstattet. Der Plan des FBI war, Popov für einige Zeit, so hieß es in den Akten, »in Quarantäne« zu halten. Tricycles Aufenthalt bedeutete in den Augen des FBI ein Risiko für die nationale Sicherheit.

Das FBI, unter seinem launenhaften und hinterhältigen Direktor J. Edgar Hoover, pflegte einen ganz anderen Umgang mit Doppelagenten. Hoover, der das FBI beinahe fünfzig Jahre lang leitete, war ein Fanatiker und Rassist, der die Rechte seiner Mitbürger gezielt verletzte und geheime Dossiers über diejenigen anlegte, die er als seine Feinde betrachtete. Er sah in den ausländischen Doppelagenten meist nichts anderes als gewöhnliche Kriminelle, die gefangen, verurteilt und hingerichtet werden sollten.

Alles, was Popov verkörperte und wie er lebte, sorgte bei Hoover für Ablehnung. Als Spion war Popov in seinen Augen von vornherein nicht zu trauen. Dass Hoover alle Ausländer verabscheute, schwächte Popovs Lage weiter. Und dass Popov sein Ruf als Frauenheld und Playboy vorausgeeilt war, sorgte beim FBI-Direktor für weitere Aufregung, stellte er sich selbst doch als prinzipienfesten Mann mit eiserner puritanischer Moral dar.

J. Edgar Hoover, Direktor des FBI, in seinem Büro im April 1940

Auch der MI5 kam schon bald zu der Ansicht: »Hoover sieht Tricycle nur als potenziellen Fliegenfänger.«[2] Popov hatte aus FBI-Sicht nur eine Aufgabe. Durch seine Anwesenheit sollte er bisher verdeckt operierende deutsche Agenten anlocken, die das FBI dann festnehmen könnte.

Tatsächliches Interesse, Popov als Doppelagenten in den USA arbeiten zu lassen und ihm zum Erfolg zu verhelfen, besaß das FBI nie. Hoover wollte Spione und Agentenringe aufspüren und sie zerschlagen. Nichts fürchtete er mehr, als durch ausländische Agenten wie Popov neue entstehen zu lassen. Hoover sonnte sich nach Auffliegen des Ludwig-Spionage-Rings in seinem Ruhm. Er genoss es, als der einzige Mann portraitiert zu werden, der die USA mit ganzer Kraft vor ausländischen Spionen zu schützten vermochte.

Nach 48 Stunden in »Quarantäne« wurde Popov zu einem ersten Gespräch mit dem FBI im Rockefeller Center geladen. Es war ein vorsichtiges Abtasten. Popov verließ das Treffen mit der Zusage, dass Hoover persönlich entscheiden werde, wie und wo Popov eingesetzt würde. Bis dahin sollte er sich weiter eingewöhnen.

Ab Ende August ließ das FBI Popov seine Doppelagententätigkeit in bescheidenem Maß wiederaufnehmen. Er durfte die ersten Briefe an von Karsthoff senden, aber das US-Militär weigerte sich strikt, dafür echte Details zur Verfügung zu stellen Genauso wurde es Popov verboten, nach Hawaii zu reisen. Von Karsthoff hatte ihm auch noch befohlen, eine Funkstation in den USA aufzubauen, um so mit einem Agentenring in Rio de Janeiro kommunizieren zu können. Das FBI errichtete tatsächlich eine solche Station an der Nordküste von Long Island, aber Popov erfuhr niemals, welche Informationen von dort aus unter seinem Namen gesendet oder welche Nachrichten empfangen worden waren.

Popovs Agententätigkeit für das FBI war nicht mal ein Teilzeitjob, die Amerikaner ließen ihn am ausgestreckten Arm verhungern. Doch bevor er sich allzu sehr langweilte, wollte er in anderen Feldern aktiv werden und beschloss, sich weiter an den amerikanischen Way of Life zu gewöhnen – auf seine Weise.

Er kümmerte sich um die ordnungsgemäße Anlieferung seines Buicks, buchte Flugstunden und bezog in der Nähe des Rockefeller Centers, nur ein paar Gehminuten vom Central Park entfernt, ein Penthouse in den Waldorf Towers an der mondänen Park Avenue. Die Jahresmiete von 3600 Dollar beglich er im Voraus und bar, da er keine Bürgen vorweisen konnte. Hinzu kamen noch ein Sommerhaus auf Long Island und eine weitere Geliebte. Popov reaktivierte seine Beziehung zum französischen Filmstar Simone Simon, die er schon vor dem Krieg kennengelernt hatte und die jetzt in Hollywood drehte. Gemeinsam wurden sie durch ihre zahlreichen Auftritte bei Empfängen, Galas und Partys zu den neuen Lieblingen der New Yorker High Society. Hoover kochte derweilen vor

Wut und ärgerte sich über Popovs Lebensstil als Playboy, der mit Bildern von sich und seiner schönen Geliebten im Arm die Titelseiten der New Yorker Boulevardpresse eroberte.

Simone Simon, Aufnahme aus dem Film Cat People von 1942

Popov, der in den USA keinen schillernden Tarnnamen erhalten hatte, sondern nur die Bezeichnung »Vertraulicher Informant ND 63«, trieb es immer wilder. Er gab 12 000 US-Dollar für Möbel aus, engagierte einen Innenarchitekten, leistete sich eine Stereoanlage und kaufte mehrere hundert Schallplatten. Am 2. September zog er erwartungsfroh in sein frisch dekoriertes Appartement, beschäftigte einen Butler namens Brooks, einen halbtauben chinesischen Diener namens Chen-Yen, den er durch eine Stellenanzeige in der *New York Times* rekrutiert hatte, sowie eine Reihe von Gärtnern und Hausangestellten, die sein Sommerhaus pflegten.

Popov entdeckte den Stork Club für sich, einen der berühmtesten Nachtclubs der Welt, zu dessen Stammgästen die Kennedys,

Charlie Chaplin, Ernest Hemingway und Judy Garland gehörten. Er fuhr Ski in Sun Valley, im US-Bundesstaat Idaho, und machte Ferien in Florida. Doch das schlechte Gewissen wurde immer größer. Er fühlte sich nutzlos. Seine Familie lebte unter der brutalen Herrschaft der Nationalsozialisten, seine Geheimdienstkollegen in London durchlitten Nacht für Nacht die deutschen Luftangriffe, und sein bester Freund Johnny riskierte sein Leben in den Reihen der Abwehr, während er in den USA die Zeit totschlug und mit Dollars um sich warf.

Dass Popov die Mikropunkt-Technologie enthüllt hatte, sorgte für deutlich mehr Aufregung bei der US-Regierung als seine mitgebrachten Fragebögen. Am 3. September 1941 verständigte Hoover das Weiße Haus und Präsident Roosevelt.

Popov selbst stellte es später so dar, dass er, wie auch sein Freund Jebsen, von Beginn an gewusst hätte, dass sein Fragebogen zu Pearl Harbor direkt auf einen bevorstehenden Angriff der Japaner hingedeutet hatte. Doch das ist sehr unwahrscheinlich. Denn nichts in Popovs Akten belegt, dass er selbst die Bedeutung der Fragen zu Pearl Harbor durchschaut hatte. Er ahnte auch nicht, dass dort ein japanischer Angriff bevorstand, und er hatte niemanden explizit vor einer geplanten Bombardierung gewarnt. Vier Monate nach Popovs Ankunft in den USA griffen die Japaner die US-Pazifikflotte schließlich am 7. Dezember 1941 an und zerstörten die US-Militärbasis im Pazifik fast vollständig. Mehr als 2400 Amerikaner verloren ihr Leben.

Am nächsten Tag bat US-Präsident Franklin D. Roosevelt in einer gemeinsamen Sitzung des Kongresses um eine offizielle Kriegserklärung gegen Japan. Stahlstreben fixierten seine Knie, so dass er die Rede im Stehen halten konnte. Meistens war der Präsident auf einen Rollstuhl angewiesen, wollte aber nie darin gesehen werden. Roosevelt hielt sich am Rednerpult fest, um sich zu stützen. Alle neun Richter des Obersten Gerichtshofs saßen zu seiner Linken, alle zehn Minister seines Kabinetts zu seiner Rechten. Im

Sommer 1921 war Roosevelt schwer erkrankt. Sein Leiden wurde seinerzeit als Kinderlähmung angesehen.

Roosevelt begann seine historische Rede: »Gestern, am 7. Dezember 1941, an einem Tag voller Schande – wurden die Vereinigten Staaten unangekündigt und vorsätzlich attackiert von See- und Luftstreitkräften des japanischen Kaiserreichs.«[3] In seiner mitreißendsten Rede schwor Roosevelt in klangvollem Tonfall: »Wie lange wir auch brauchen mögen, um diese vorbereitete Invasion zu überwinden, die amerikanische Bevölkerung wird in ihrer gerechten Macht den absoluten Sieg davontragen.« Noch bevor er die letzten Worte beenden konnte, erfüllte ohrenbetäubender Jubel den Saal. Der Kongress verabschiedete die Kriegserklärung innerhalb einer Stunde. Die Vereinigten Staaten waren in den Zweiten Weltkrieg eingetreten.

Der Fragebogen der Abwehr, den Popov präsentierte, belegte nirgends, dass ein Luftangriff auf Pearl Harbor geplant war, und auch nicht, dass ein japanischer Angriff unmittelbar bevorstand. Er belegte allein, dass die Deutschen (und ihre Verbündeten, die Japaner) ein Interesse an Pearl Harbor besaßen, was wenig überraschend war, da hier die Pazifikflotte der USA vor Anker lag. Weder Popov noch Jebsen noch die MI5 oder das FBI sahen den Fragebogen als klares Vorzeichen für den japanischen Angriff auf Pearl Harbor.[4]

Popovs Plan Midas hatte große Summen Geld eingebracht, aber das FBI beobachtete seinen Umgang mit Geld mit größtem Widerwillen. Auch der MI5 zeigte sich immer besorgter, als Popov pro Woche mehr als 5000 Dollar verprasste. »Sein finanzielles Verhalten in den USA lässt sich nicht rechtfertigen. Man kann die Art, wie er mit Geld umgeht, nicht mehr von Veruntreuung unterscheiden.«[5] Tar Robertson wurde vom XX-Komitee aufgefordert, einzuschreiten. »Jemand sollte mit ihm reden, damit er seine Ausgaben auf eine vernünftigere Grundlage stellt.«[6] Natürlich führte Robertsons Versuch zu nichts, und Popovs Guthaben schmolz weiter.

Angriff auf Pearl Harbor, Dezember 1941

Noch einmal schickte die Abwehr weitere 10 000 US-Dollar, nachdem Popov von Karsthoff sein Leid geklagt hatte, wie teuer das Leben in den USA doch sei. Plötzlich aber stockte der deutsche Geldstrom, und Popov drohte der Bankrott. Er verlangte einen Kredit vom FBI, um seinen Schneider, den Floristen und seine sonstigen Bediensteten bezahlen zu können. Unter Protest stimmte das FBI schließlich zu. Popov entkam vorerst der Schuldenfalle, doch seine Laune war endgültig dahin.

Ewen Montagu, der britische Offizier des Marinegeheimdienstes, der Popov bei seiner Rekrutierung in London mit den ersten Informationen versorgt hatte, hielt sich in New York auf und berichtete: »Ich fand ihn depressiv und grübelnd vor, und all die Fröhlichkeit, die von ihm ausgeht, ist vollständig verschwunden.«[7]

Popov machte sich zu Recht Sorgen, dass er bei der Abwehr an Ansehen verloren hatte. Er lieferte nicht genug Material und wusste

selbst, dass er sich in den USA zwangsweise unter Wert verkaufte.
Am 22. März 1942 fing Bletchley Park den Beweis dafür ab, wie
sehr Popovs Ruf gelitten hatte. »Berlin verdächtigt Tricycle, für
beide Seiten zu arbeiten, und empfiehlt besondere Vorsicht im Umgang mit ihm.«[8] Die abgefangenen Meldungen schienen aber auch
zu belegen, »dass große Summen von US-Dollars an ihn gezahlt
worden waren, diese ihn in den USA aber nie erreicht hatten«.[9] Es
schien, als ob Ludovico von Karsthoff das Geld, das für Popov in
den USA bestimmt war, einfach unterschlug und die Abwehr in
Berlin hinterging. Im abgehörten Funkverkehr kam der Verdacht
auf, dass auch Johnny Jebsen oder andere Abwehroffiziere stets darauf bedacht schienen, einen Anteil von Popovs Abwehr-Zahlungen
für sich abzuschöpfen.

Bis Juli hatte Popov beim FBI seinen Schuldenberg weiter er-
höht und stand mit 17 500 Dollar in der Kreide. Die Behörde
wollte den ausländischen Schuldner schleunigst loswerden und
erklärte, »ihn nicht länger in seinem gegenwärtigen Lebensstil zu
unterstützen«.[10] In einem FBI-Bericht hieß es: »Popov war völlig
unproduktiv, was die Entwicklung deutscher Spionagearbeit oder
anderer subversiver Aktivitäten in den Vereinigten Staaten betrifft, und eine ständige Quelle des Ärgernisses im Zusammenhang
mit seinen verschwenderischen Ausgaben und den Schwierigkeiten, Geld von seinen Auftraggebern zu erhalten. (...) Es wird daher
empfohlen (...), ihn an die Briten zurückzugeben, damit sie ihn in
London einsetzen.«[11]

Am 24. Juli stimmte J. Edgar Hoover dieser Empfehlung leichten Herzens zu und überließ alles Weitere London. Tar Robertson war darüber sehr glücklich, aber die entscheidende Frage blieb
natürlich: Könnte Popov wieder als Doppelagent eingesetzt werden? War sein Ruf durch sein Nichtstun in den USA zu sehr be-
schädigt worden? Oder war sogar sein Leben in Gefahr, wenn er
zurückkehrte? Die Deutschen schienen voller Misstrauen gegenüber ihrem Agenten Iwan zu sein. Nicht nur er schwebte in Ge-

fahr, sondern mit ihm auch alle anderen Doppelagenten. »Ich muss nicht wiederholen, wie wichtig es ist, dass die Deutschen Tricycle vertrauen wegen seiner Verbindungen zu anderen B1a-Agenten«, schrieb Robertson.[12] Letztendlich wollte er aber Popov die Entscheidung selbst überlassen, endgültig abzutauchen oder sein Spiel wieder aufzunehmen. »Er könnte seine Arbeit als Doppelagent mit unserer Dankbarkeit beenden, oder er könnte über Lissabon zurückkehren und versuchen, sein Versagen in Amerika zu erklären und sich bei seinen Abwehroffizieren zu rehabilitieren.«

Tar Robertson warnte Popov noch, dass seine Chancen nicht annähernd gleich groß waren. Sein Kollege Ewan Montagu hielt eine mögliche Rückkehr Popovs als Doppelagent für zu risikoreich: »Wie sollte er sein völliges Versagen in Amerika erklären, obwohl er die großen Summen, die sie ihm zukommen ließen, ausgegeben hatte? Die Chancen stehen 2:1, dass er auffliegt. Und wenn das geschieht, dann ist es ziemlich sicher, dass er gefoltert wird, um ihm Informationen über unser System zu entlocken, und am Ende der Tod auf ihn wartet.« Popov setzte auf Risiko und seine Rückkehr nach Lissabon. Ewen Montagu notierte in einer Mischung aus Erstaunen und Bewunderung: »Das bleibt für mich der größte Fall von kaltblütigem Mut, mit dem ich je in Berührung gekommen bin.«[13]

Kapitel 8

Zwischen Hoffen und Bangen

New York, September 1942

Die B1a bereitete hektisch die Rückkehr von Tricycle vor. Ian Wilson, ein 38-jähriger Rechtsanwalt, der inzwischen in Tar Robertsons Team aufgenommen worden war, flog nach New York und versuchte, alle Scherben wieder zu kitten. Er regelte Popovs schnelle Abreise und übernahm ab jetzt auch die Rolle als neuer Führungsoffizier. Unterstützt wurde der als ruhig und bedacht geltende Jurist dabei von seinem Kollegen Walter Wren, der für den MI6 das Büro auf Trinidad leitete und mit ihm nach New York gekommen war. Wren und Wilson waren entsetzt, als sie bei ihrer Ankunft merkten, dass das FBI keinerlei Bereitschaft zeigte, an Popovs erneutem Wechsel in irgendeiner Weise mitzuarbeiten und nichts für die Rücknahme durch die Briten vorbereitet hatte. Ob Popov überleben oder auffliegen würde, war Hoover und seinen Kollegen schlicht gleichgültig.

In den folgenden Tagen versuchten Wren und Wilson ihren Schützling auf seine größte Prüfung vorzubereiten. Denn von jetzt an wurde Popovs Fall deutlich schwieriger. Um sich zu retten, musste er der Abwehr erfundene Informationen verkaufen – von Menschen, die er nie getroffen hatte. Dieses Geschäft kannte Popov bereits. Schlimmer war jedoch: Der MI5 hatte keine Ahnung, welche Falschmeldungen das FBI den Deutschen während der letzten Monate in Popovs Namen übermittelt hatte, und Hoover und seine Mitarbeiter dachten nicht einmal daran, ihren britischen Kollegen davon irgendetwas zu verraten.

Wilson, Wren und Popov versuchten gemeinsam Ruhe zu bewahren und wählten eine Reihe angeblicher Informanten aus, die tatsächlich existierten. So hofften sie, dass Popov in den kommenden Abwehr-Verhören bestehen könnte. Unter seinen Quellen waren ein russischer Journalist, ein pro-britischer Kongressabgeordneter und der Vorsitzende des Auswärtigen Ausschusses. Keinen davon hatte Popov je getroffen, aber die Informationen mussten so interessant sein, dass von Karsthoff wieder Vertrauen in Popov fassen konnte. Gleichzeitig suchten Wren und Wilson noch nach einer überzeugenden Begründung, weshalb sich Popov so lange nicht gemeldet hatte.

Ein dicker Brocken, den es noch zu beseitigen galt, war Popovs finanzielles Desaster. Der MI5 errechnete, dass Popov in seinen elf Monaten in den USA 86 000 US-Dollar ausgegeben hatte, einschließlich 26 000 Dollar für »Unterhaltung und sein gesellschaftliches Leben«.[1]

Am 29. September 1942 gab Popov sein Appartement an der Park Avenue auf und zog zurück ins Waldorf Astoria, da seine Abreise immer näher rückte. Tag und Nacht probten Wilson und Wren mit Popov seinen bevorstehenden Auftritt in Lissabon. Da er nun wieder zurück in seiner alten Rolle und in den Händen des MI5 war, kehrte auch Popovs alte Überschwänglichkeit zurück. Er war sicher, von Karsthoff überzeugen zu können. Der MI5 teilte diese Sicht keinesfalls und schätzte seine Chancen auf maximal 50:50 ein, doch das erzählten Wilson und Wren ihrem Schützling nicht. Der neue Führungsoffizier und sein MI6-Kollege hatten wenige Tage vor Popovs Abflug noch eine Art Drehbuch geschrieben – eine knapp zehnseitige Zusammenfassung dessen, was Popov Punkt für Punkt berichten sollte. Der Text war bewusst kurzgehalten worden, enthielt aber Antworten auf die wahrscheinlichsten Fragen, die die Deutschen Popov stellen könnten. So sollte vermieden werden, dass er sich in allzu große Widersprüche verstrickte. Und die Deutschen sollten erst gar nicht auf die Idee kommen, ihn ausführlich zu verhören. Am Inhalt hatte Popov hochmotiviert mitgearbeitet, mit voller Zustimmung des MI5, denn schließlich wusste Popov selbst am besten, mit welchen Geschichten er die bevorstehenden Befragungen am besten überstehen würde.

Sein langes Schweigen und den Mangel an brisanten Informationen sollte Popov ganz einfach erklären: Er habe der Abwehr immer klargemacht, dass er nur für Geld gearbeitet habe. Da die Abwehr ihm aber ab einem bestimmten Zeitpunkt kein Geld mehr in die USA geschickt hatte, habe er auch nicht mehr gearbeitet, sondern nur einige Unterhaltungen oder Indiskretionen gesammelt, die er hier und da aufgeschnappt hatte.

Wenn Popov tatsächlich Angst vor seiner Rückkehr nach Lissabon besaß, zeigte er es nicht. »Tricycle demonstriert großes Selbstvertrauen in seine Fähigkeit, die Treffen in Lissabon zu überleben«, notierte Wilson, der sich aller Schwächen der Vorbereitung voll bewusst war. »Seine Geschichte ist dünn, und es kann nicht erwartet werden, dass sie einem Verhör standhält, aber er ist überzeugt, dass seine persönlichen Beziehungen zu Johnny Jebsen und von Karsthoff ihn durchbringen werden.«[2]

Ohne Zweifel war es von Karsthoff, der über Popovs Überleben entscheiden würde. Aber genau deshalb war Tar Robertson halbwegs optimistisch. Denn von Karsthoff und Popov hatten sich immer bestens verstanden, und der deutsche Agentenführer hatte weiter allen Grund, seinen Staragenten erfolgreich aussehen zu lassen. Alles andere würde auch ihn in größte Schwierigkeiten bringen, möglicherweise sogar an die Ostfront nach Russland oder vor ein Kriegsgericht. Und letztlich ging es auch für von Karsthoff weiter um enorme Geldsummen, die er durch den Plan Midas für sich abzweigte. Würde sich Popov allerdings zu oft widersprechen oder würden die Deutschen einen routinierten Verhörspezialisten nach Lissabon entsenden, stünden die Karten für Popov sehr schlecht.

Wilson und Wren hatten Popov während ihrer Vorbereitungen einiges verschwiegen. London hatte zahlreiche deutsche Funksprüche abgefangen, in denen deutlich geworden war, dass die Deutschen Popov schon lange misstrauten. Die Fähigkeit, alle deutschen Funksprüche zu entschlüsseln, musste vor Popov verborgen bleiben – auch wenn es ihn womöglich bald sein Leben kosten konnte. Der MI5 rechnete mit großer Wahrscheinlichkeit damit, dass er verhaftet und auch gefoltert werden würde. Wenn er dann der Gestapo preisgeben würde, dass die Briten den deutschen Enigma-Code kannten und alles mitlasen, wäre eines der entscheidenden Kriegsgeheimnisse preisgegeben worden.

Popov wollte nur noch eines: die USA so schnell wie möglich verlassen. Das Einzige, was er bedauerte, war, Simone Simon hinter sich lassen zu müssen und sich nicht mehr persönlich von ihr verabschieden zu können. Sie drehte wieder in Hollywood, und Popov schickte am 9. Oktober ein letztes Telegramm an sie ins Beverly Hills Hotel:

»Liebling, ich vermisse dich.

Mehr, als ich je gedacht hatte.

In Liebe, Duško.«

Popov hinterließ in den USA ein weiteres gebrochenes Herz, »eine enorme Anzahl von Schallplatten«[3] und einen gewaltigen Stapel unbezahlter Rechnungen, die ihn noch bis weit nach Kriegsende verfolgten.

Vor dem Abflug schaltete sich Tar Robertson nochmals ein und gab ihm einen letzten Rat: »Konzentriere dich darauf, die Dinge der Vergangenheit so klar und einfach wie möglich hinter dich zu bringen. Und überlass es den Deutschen, Vorschläge zu künftigen Aktivitäten zu machen.«[4] Popov sollte seinen Aufenthalt in Lissabon so kurz wie möglich halten. Am 12. Oktober 1942, dem Tag seines Abflugs, kündigte er der Abwehr per Telegramm seine Rückkehr an:

»ICH WERDE WOHL NUR ZWISCHEN ZWEI FLÜGEN BLEIBEN KÖNNEN.

BITTE ARRANGIEREN SIE, DASS ELISABETHS CHEF (von Karsthoff, Anm. d. Verf.) BEREIT IST.

ICH RUFE DAS BÜRO NACH MEINER ANKUNFT AN.
HOFFE, JOHNNY WIRD AUF MICH WARTEN.
WERDE MATERIAL DABEIHABEN.«[5]

Am nächsten Tag hob ein Flugzeug mit Popov an Bord aus New York City ab. Wilson und Wren blieben zurück, um noch einige seiner Angelegenheiten zu regeln. Beide überkamen nach der Verabschiedung von Popov erhebliche Schuldgefühle. Hatten sie ihn unwiderruflich in Todesgefahr gebracht? Kurz überlegten sie, ihn bei der Zwischenlandung auf Bermuda von der lokalen Polizei festnehmen zu lassen. So könnten die Deutschen glauben, dass er doch als Spion enttarnt worden war. Es war ein Gedanke, den sie schnell wieder verwarfen. Denn würden sie ohne die Zustimmung Londons seine angebliche Festnahme inszenieren, wäre nicht nur Popov endgültig verbrannt, sondern auch das gesamte XX-System. Würde er hingegen Lissabon erreichen und sein Lügengebäude halten, könnte die Täuschung zumindest weitergehen. Raum für Sentimentalitäten oder freundschaftliche Gefühle konnte sich niemand im Geschäft mit den Doppelagenten leisten, und so lief Popovs Reise ohne größere Unterbrechungen ab – auch wenn an seinem endgültigen Ziel der Tod auf ihn wartete.

Kurz nachdem Popov in der Luft war, setzten Wilson und Wren eine letzte Meldung nach London ab:

»POPOV WAR GUTEN MUTES, ALS ER ABFLOG, UND MIT EINIGEM GLÜCK HAT ER WOHL EINE GUTE CHANCE, GLAUBEN WIR.

DAS SCHLIMMSTE, WAS ZU BEFÜRCHTEN IST, IST, DASS DIE DEUTSCHEN JEMANDEN AUS BERLIN SENDEN, DER IHN IN EIN HARTES KREUZVERHÖR NEHMEN WIRD.«[6]

Was den beiden britischen Geheimdienstmitarbeitern die größte Sorge bereitete, geschah schließlich in Lissabon. Neben Ludovico von Karsthoff wartete bereits ein weiterer Mann ungeduldig auf Popovs Ankunft, und es war nicht sein Freund Johnny Jebsen.

Kapitel 9

Zurück im Spiel

Lissabon, 14. Oktober 1942

Am frühen Abend des 14. Oktober 1942 war Popov wieder in Portugal – ohne wirklich zu ahnen, wie viel Nervosität und Ärger er bei US-Amerikanern, Briten und Deutschen mit seinem Aufenthalt in New York verursacht hatte. Auf seinem Flug hatte er mit drei freundlichen Beamten des US-Außenministeriums Bekanntschaft gemacht, zu viert teilten sie sich ein Taxi zum Palácio Hotel. Am nächsten Tag wurde er zu einem geräumigen Appartement in der Avenida de Berna gefahren und traf im riesigen Salon der Wohnung auf einen überaus zuvorkommenden Ludovico von Karsthoff. Von Johnny fehlte jede Spur. Stattdessen stand hinter von Karsthoff ein glattrasierter, dunkelhaariger Mann.

Für einen Moment überlegte Popov, ob dieser fremde Mann im Hintergrund von der Gestapo sein könnte, verwarf diesen Gedanken aber sofort wieder. Sollte die Gestapo ihn hier in einen Hinterhalt locken wollen, würde nicht nur ein unbekannter Mann hier auf ihn warten. Popov wusste, dass es für ihn gleich um alles gehen würde. Wieder einmal. Sollte er jetzt und hier auffliegen, wäre dies sein Ende. Im neutralen Portugal könnte ihn niemand schützen. Sie könnten ihn niederschlagen oder betäuben und in einem Flugzeug nach Berlin entführen.

Der Fremde stellte sich ihm als Leutnant Kammler vor, der »äußerst steif in seiner Art agierte« und »Englisch sprach, als ob er es aus einem Schulbuch gelernt hätte«. Sein echter Name war Otto

Kürer, und er war Abwehr-Offizier der Abteilung I, die für Spionageabwehr zuständig war. Berlin hatte ihm befohlen, bei Popovs Verhör die Fäden in der Hand zu halten.

Von Karsthoff und Kammler behandelten Popov anfangs freundlich, aber auch sehr geschäftsmäßig, und Popov spürte, »dass er mit einigem Misstrauen beäugt wurde.«[1] Popov versuchte die Stimmung zu lockern und überreichte Elisabeth von Sahrbach, die wie stets das Protokoll führte, eine Schachtel mit Seidenstrümpfen. Eine seltene Ware in Europa, die die sonst so streng dreinblickende Assistentin umgehend erröten ließ.

Dann begann von Karsthoff ohne Umschweife, und Popov fühlte sich wie ein Erstklässler bei der Zeugnisvergabe. Von Karsthoff las seinem Agenten Iwan ein Telegramm aus Berlin vor, das Popovs Arbeit beurteilte: »Exzellent« in England. Anfangs »Gut« in den Vereinigten Staaten, in den kommenden drei Monaten »Befriedigend« und danach ein klares »Ungenügend«.

»Jetzt weißt du wenigstens, was Berlin von dir hält«, sagte von Karsthoff, holte kurz Luft, sah für eine Sekunde seinen Kollegen Kammler an und kam zur Sache: »Manche Leute vermuten, du seist übergelaufen.« Ob von Karsthoff selbst das auch glaubte, ließ er bewusst offen. Im Raum herrschte Stille. Popov versuchte seine rasende Unruhe nach diesem Vorwurf zu verbergen und flüchtete sich in ein breites Lächeln. Kammler starrte ihn weiter unentwegt an, und Elisabeth von Sahrbach hatte ihren Stift beiseitegelegt und wartete, dass einer der drei etwas sagte. Popov nahm alle Kraft zusammen für die jetzt nötige Erwiderung. Er hielt sich genau an das, was er mit Wren und Wilson in New York einstudiert hatte und schaltete auf Attacke. »Ihr habt mich hinübergeschickt ohne jegliche Hilfe, ohne Kontakte, mit ein paar schäbigen Dollars in der Tasche, obwohl Berlin glaubte, dass das ein Haufen Geld sei. O Gott – und dann erwartet ihr, dass ich sofort Ergebnisse erziele!« An seiner misslichen Lage sei allein Berlin schuld, beschwerte er sich.

Von Karsthoff sah ihn beschwichtigend an. »Aber dein Einsatz in den USA zeigte doch, dass wir dir vertrauen.« Popov hatte von Karsthoff da, wo er ihn haben wollte, in der Defensive, und er setzte theatralisch hinzu: »Vertrauen! Mit Vertrauen allein richtet man nichts aus. Ich brauchte Unterstützung, sehr viel Unterstützung sogar. Und ungefähr das Zehnfache der Summe, über die ich verfügte. Während der letzten Monate hatte ich kaum genug Geld für eine U-Bahn-Karte.«[2]

Popov schauspielerte perfekt, und von Karsthoff entgegnete nur noch: »Wir haben alles getan, was wir konnten. Es war Berlins Fehler.«[3]

Plötzlich mischte sich Kammler ein. »Karsthoff ist einer Ihrer guten Freunde«, wandte er sich an Popov. »Die in Berlin sind Idioten. Die sitzen an ihren Schreibtischen, kümmern sich um irgendwelche Statistiken und wissen gar nicht, in welchen Schwierigkeiten man steckt, wenn man kein Geld hat. Bitte arbeiten Sie auch in Zukunft hart, sonst kommen wir alle hier in Schwierigkeiten. Wir werden Ihnen schon bald wieder einen Bonus zahlen können.«[4]

Popov merkte, dass er von den beiden nichts zu befürchten hatte. Von Karsthoff und Kammler zeigten wenig Interesse an den Dokumenten, Fotos oder Zeitungsausschnitten aus den USA, die Popov ihnen während des Verhörs vorlegte.

Für sie blieb Popov ihre Quelle für lukrative Einnahmen und ihr Garant, am Leben zu bleiben. Nichts schien sie mehr in Furcht zu versetzen, als wenn er – abweichend von seinem New Yorker Drehbuch – noch damit drohte, eine äußerst unhöfliche Nachricht nach Berlin zu senden und eine »Szene verursachen zu wollen«.[5] Kammler verriet zum Schluss noch ein Geheimnis und behauptete, dass Popov auch deswegen nicht genug Geld in den USA bekommen hatte, weil Johnny Jebsen mindestens 10 000 Dollar »veruntreut« habe.[6] Alle drei schienen mit Popovs Arbeit als deutscher Agent Geld zu verdienen. Von Karsthoff, Jebsen und offenbar auch Kammler.

Popov spürte, dass er wieder die Oberhand in diesem Spiel besaß. Er verlangte von ihnen, alle noch offenen Rechnungen zu bezahlen, und das Feilschen um Geld ging noch lange hin und her. Plötzlich brach es aus Kammler heraus: »Um Himmels willen, machen Sie keine Schwierigkeiten wegen dieser Geldangelegenheiten. Wenn das hier nicht gut läuft, dann werde ich von hier aus direkt an die Front in Russland geschickt.«[7] Würde Popov einfach weitermachen, wären alle zufriedengestellt. Niemand konnte es riskieren, Agent Iwans Karriere zu beenden. Gegen 15 Uhr war das Verhör zu Ende, und Popov berichtete nach London: »Es ist absolut sicher, dass von Karsthoff nicht denkt, ich habe etwas in der Organisation falsch gemacht.« Und er hatte recht mit seiner Analyse. Drei Tage später, am 17. Oktober, fing London eine Nachricht ab, die von Karsthoff nach Berlin geschickt hatte. Darin berichtete er, dass Popov einem »strengen Verhör« unterzogen worden sei und es keine Beweise gebe, dass er »für die andere Seite« arbeite. Die Nachricht löste Jubel und Erstaunen in London aus. »Lissabon scheint sich selbst davon überzeugt zu haben, dass Tricycle sie nicht hintergangen hat«, schrieb Tar Robertson und war mit dem Ergebnis ebenso zufrieden wie sein Gegenspieler von Karsthoff.[8] Wäre Popov von den Deutschen gefangengenommen worden und verschwunden, hätte das niemand in London überrascht. Dass er so schnell seine deutschen Führungsoffiziere mit Charme, schauspielerischem Talent und viel Mut wieder einwickeln konnte, sorgte für Bewunderung.

Gegen alle Absprachen mit London, blieb Popov fast eine ganze Woche in Lissabon. Meist stritt er sich mit Kammler und von Karsthoff über Geld. Bei ihrem letzten Treffen kam es noch zu einer heftigen Auseinandersetzung, als Kammler behauptete, die Abwehr habe 10 000 Dollar an eine Tarnadresse in Massachusetts gesendet, was ihm, obwohl er das Geld nie erhalten habe, von künftigen Zahlungen abgezogen werde. Im Gegenzug schwor Popov, Lissabon nicht eher zu verlassen, bis er angemessen für seine künftige

Arbeit bezahlt würde. Dann einigten sie sich endlich. Die Deutschen zahlten ihm 25 000 US-Dollar, 6000 portugiesische Escudos und einen monatlichen Bonus von 2500 US-Dollar, abhängig von seinen Leistungen. Es war ein bemerkenswertes Geschäft für die B1a und Popov. Er war nun der einzige Doppelagent, der für den Betrug an den Deutschen eine Erfolgsprämie einstreichen konnte – für Leistungen, die entweder falsch, nutzlos, oder meist beides zugleich waren. In seinem Bericht für den MI5 betonte Popov, dass er den klaren Eindruck habe, dass »Berlin ihnen mehr Geld sendet, als sie mir geben«. Woher all das Geld stammte und welche Rolle Johnny dabei spielte, war ihm noch immer unklar. Aber sein Freund agierte auf irgendeine Weise im Hintergrund und füllte sich die eigenen Taschen, davon war Popov fest überzeugt.

Von Karsthoff schärfte Popov noch ein, was Berlin künftig von ihm erwarte. »Wir sind weniger an Berichten zu öffentlicher Moral, Industrieproduktion oder politischem Tratsch und Klatsch interessiert. Das war alles sehr gut, aber uns interessieren mehr die reinen militärischen Fakten.« Er wurde noch detaillierter in seinen Forderungen. Berlin wollte klare Vorauswarnungen, welche militärischen Pläne die Alliierten entwickelten. »Wie steht es um Pläne für eine Landung – in Nordafrika, Frankreich, Norwegen oder irgendwo anders? Finde heraus, wie das Militär übt, an welchen Stränden sie trainieren, oder ob sie irgendwelche Sprachen lernen. Wir ziehen daraus dann unsere eigenen Schlüsse.«[9]

Popov hatte von den Deutschen nach seinem ausführlichen Verhör nicht viel zu befürchten. Der abgehörte Funkverkehr, den Bletchley Park sammelte, war Beweis genug, »dass die Deutschen ihm zum großen Teil weiter vertrauten, und dass die Mitglieder der Abwehr, die Grund hatten, ihm zu misstrauen, so korrupt waren oder so viel Angst hatten, ihre Posten zu verlieren, wenn sie Ungereimtheiten offenlegten, dass sie alles taten, um ihn weiter zu unterstützen«.[10] Tricycle war zurück im Spiel.

Kapitel 10

Agent Freak

London, 21. Oktober 1942

Bei seiner Rückkehr nach London fiel Popov auf, dass alles anders war. Als er das erste Mal im Dezember 1940 dort gewesen war, hatte eine bedrückte Stimmung geherrscht. Die Menschen hatten gefürchtet, dass die Deutschen jeden Moment mit der Invasion der Britischen Inseln beginnen könnten. Jetzt, knapp zwei Jahre später, fühlte Popov sofort, dass sich eine neue Leichtigkeit in der Stadt breitgemacht hatte – trotz aller Verwüstungen des Kriegs. Überall waren die Spuren sichtbar – die Menschen konnten sich keine neue Kleidung leisten, weil es sie schlicht nicht gab. Restaurants, wenn sie geöffnet hatten, boten ein einziges Gericht an, und Stromversorgung und Zugverkehr kamen immer wieder zum Erliegen. Und dennoch war nach den vielen Monaten des Bangens ein neuer Optimismus spürbar.

Die Sorge, dass deutsche Soldaten doch noch Großbritannien besetzen könnten, hatte sich aufgelöst. Britische Bomber flogen Tag und Nacht Angriffe auf deutsche Großstädte. Bei der »Operation Millennium«, dem Decknamen für die Bombardierung Kölns in der Nacht vom 30. auf den 31. Mai 1942, hatte die Royal Air Force erstmals über 1000 Bomber gleichzeitig eingesetzt, weshalb sie auch als »1000-Bomber-Angriff« bekannt wurde. Ursprünglich war Hamburg als Ziel gewählt worden, was aber aufgrund der schwierigen Wetterbedingungen nicht möglich war. Der deutsche Vormarsch auf die Stadt Stalingrad, der im August 1942 begonnen hatte, stockte inzwischen und sollte später nach hohen Verlusten durch Einkesselung, Kälte mit bis zu minus 30 Grad und Hunger zur Kapitulation der übriggebliebenen deutschen 6. Armee führen. Stalingrad wurde zum Wendepunkt des deutsch-sowjetischen Kriegs.

Auf dem nordafrikanischen Kriegsschauplatz begann Ende Oktober 1942 die zweite Schlacht von El Alamein, bei der der britische Oberbefehlshaber der 8. Armee, Bernard Montgomery, schließlich den Rückzug der deutsch-italienischen Truppen unter Generalfeldmarschall Erwin Rommel erreichte. Zum ersten Mal seit 1940 läuteten daraufhin in Großbritannien wieder die Kirchenglocken.

Popov kam in London mit 25 000 US-Dollar in der Tasche an, einem neuen Auftrag der Abwehr und fünf Streichhölzern, die mit einer neuen Art Geheimtinte getränkt worden waren und die die Abwehr in seinen Trenchcoat eingenäht hatte. Alle weiteren Anweisungen erhielt er wenig später in Briefen mit Mikropunkten, die an das Savoy-Hotel geschickt wurden.

Aber das war nicht alles. Als er London wieder erreichte, hatte er brisantes Material in seinem Gepäck. Der MI5 hatte die Kontrollbeamten des Whitchurch Flughafens bereits gebeten, ihn nicht zu genau zu kontrollieren und ihm nicht zu viele »peinliche Fragen« zu stellen. Besonders Robertson brannte darauf, Popov so schnell wie möglich wiederzusehen, »damit ich meine Neugier stillen und ihn gleichzeitig zu Hause willkommen heißen kann«.[1] Er ließ ihn direkt zu seinem Privathaus bringen und begrüßte seinen Schützling herzlich, wenig später stieß Ian Wilson zu den beiden.

Als die drei im Salon Platz genommen hatten, öffnete Popov seine Tasche. Wilson und Robertson waren unendlich gespannt, welche Informationen ihr Agent präsentieren würde. »Zuerst fielen eine große Zahl von Seidenstrümpfen heraus und ähnliche Artikel«, notierte Wilson. Dann kamen ein Funkgerät, ein Codebuch mit Übertragungszeiten, eine Leica Kamera, sechs Rollen Film, Kristalle für Geheimtinte und knapp 5000 Pfund in 5-Pfund-Noten (von denen sich die meisten als exzellente Fälschungen erwiesen) und mehrere Fragebögen zum Vorschein.

Tags darauf folgte das erste, offizielle Treffen, an dem neben Wilson und Robertson auch John C. Masterman, der Leiter des XX-Komitees, teilnahm. Masterman fragte Popov, wo er das andere mitgebrachte Geld deponiert habe. Popov kam ins Stocken und antwortete zunächst, er »glaube«, dass er es in seinem Mantel zu Hause stecken gelassen habe. Wenige Sekunden später korrigierte er sich, und sagte, er »könnte« es doch bei sich haben. Er griff in seine linke Hosentasche, dann in die rechte und zog, vor den ungläubigen Blicken der drei britischen Offiziere, ein dickes Dollarbündel nach dem anderen hervor. Die zerknitterten Geldscheine im Wert von 25 000 Dollar lagen auf dem Tisch vor den drei konsternierten Briten, die das nicht weiter kommentierten. Doch Masterman hielt in einer internen Notiz fest: »Seine außergewöhnliche Sorglosigkeit im Umgang mit Geld ist meiner Meinung nach eine Gefahr. Denn es ist ziemlich wahrscheinlich, dass er diese große Summe Geld noch verliert oder ausgeraubt wird, ohne dass es ihn groß kümmern würde.«[2]

Popov berichtete, wie tief die Moral der Deutschen gesunken war. Alle Deutschen, die er getroffen hatte, schienen kriegsmüde, frustriert und entmutigt zu sein. Von Karsthoff fürchtete sich besonders vor der angekündigten alliierten Landung in Europa, und auch das Verhältnis zwischen Abwehr und Gestapo wurde immer schlechter. Jedes Mal, wenn von Karsthoff sein Pendant bei der Gestapo erwähnte, konnte er seinen blanken Hass und Widerwillen kaum verbergen, berichtete Popov.

Noch einmal drängte er die Führungsspitze des MI5, Jebsen anzuwerben. Jebsen habe schon lange keine Zweifel mehr an der Niederlage Deutschlands und sei jederzeit bereit überzulaufen, war Popov überzeugt. »Wenn er ordentlich behandelt wird, wird Johnny jede Menge Informationen liefern.«[3] Allerdings sei Jebsen zutiefst unmoralisch und nur sich selbst gegenüber loyal.

Popov war nach seinem letzten Treffen mit Jebsen »absolut sicher«, dass sein Freund inzwischen wusste, dass er ein Doppelagent sei. »Ich habe ihm nicht erzählt, dass ich für die Briten arbeite. Aber die Art, wie er mit mir gesprochen hat und sein ganzes Verhalten zeigen das eindeutig.«[4] Jebsen hatte ihm freimütig davon erzählt, dass er Schwierigkeiten mit der Gestapo hatte, und er hatte seine Währungsschiebereien auf dem Schwarzmarkt erwähnt, ohne allerdings ins Detail zu gehen. Als er dann ganz offen über die Abwehr, ihre Führungsoffiziere und die Pläne gesprochen hatte, hatte Popov keinen Zweifel mehr, dass sein Freund Johnny von ihm erwartete, all das an den britischen Geheimdienst weiterzugeben. Der einzige Mann in Deutschland, der noch an einen Sieg glaube, sei »dieser Idiot Hitler«.

Der Teil von Popovs Bericht, der seine drei Gesprächspartner schließlich elektrisierte, war Jebsens Erwähnung »einer neuen Erfindung«, die in Berlin für riesiges Aufsehen sorgte. »Eine Mehrfach-Raketeneinrichtung, mit derselben Wirkung wie eine 2000-Kilo-Bombe.«[5] Jebsen hatte seinen Freund Popov wiederholt gewarnt, weiter im Londoner Stadtzentrum zu bleiben, weil die neue Waffe eine riesige Gefahr bedeute. Der britische Geheimdienst war seit Monaten in Sorge über Berichte, dass Hitler eine neue und zerstörerische Waffe entwickeln ließ. Jetzt veranlasste Popovs dramatischer Bericht Robertson, sofort Winston Churchill über »eine Raketenwaffe, die auf London gerichtet war«, zu informieren. Die Rede war von der sogenannten V1. Mit dieser »Vergeltungswaffe« wollte das Dritte Reich Rache für die Zerstörung deutscher Städte durch britische und amerikanische Bombergeschwader üben. Die V1, eine ballistische Rakete, wurde, wie auch die spätere V2, von der NS-Propaganda als angebliche »Wunderwaffe« bezeichnet, die eine entscheidende Wende im Zweiten Weltkrieg erzwingen sollte. Jebsens beunruhigende Informationen belegten vieles, was bereits über die neuen Waffen bekannt war. »Zum ersten Mal«, analysierte Tar Robertson, »scheint Jebsen bewusst als Informant zu agieren.«[6]

Bei ihrem Treffen in Lissabon hatten Popov und sein Freund Jebsen noch eine letzte Abmachung getroffen: Wann immer er um sein Leben fürchtete, würde er Popov ein Telegramm zusenden mit den Worten:

»WEGEN KRANKHEIT KANN ICH DIE GESCHÄFTE NICHT WEITERFÜHREN.«

Popov sollte dann versuchen, seinen Freund nach Großbritannien bringen zu lassen.

Auch diese Abmachung ließ Popov daran glauben, dass Jebsen bereit sei, die Seiten zu wechseln. »Jebsen steckt in Schwierigkeiten, vor allem wegen seiner ablehnenden Haltung den Nationalsozialisten gegenüber und weil er überall Hoffnungslosigkeit verbreitet. Er ist zu einem Deal mit den Briten bereit, wenn seine Situation nicht mehr auszuhalten ist«, war sich Popov sicher. Tar Robertson war schon lange derselben Meinung. Es war Zeit, Jebsen so bald wie möglich an Bord zu holen.

Popov machte es sich in den nächsten Wochen in London in seiner neuen Residenz bequem und lebte »in beträchtlichem Komfort« in Clock House, einem eleganten, kleinen Stadthaus im Stadtteil Knightsbridge, in der Nähe des Hyde Parks. Seine Firma Tarlair Ltd. lief bestens und warf Gewinne ab. Zu Hause lief es deutlich schlechter, die Mahnungen und offenen Rechnungen aus seinem US-Abenteuer flatterten unaufhörlich in seinen Briefkasten. Knapp 18 000 US-Dollar für das FBI, mehrere tausend Dollar für den MI6 in New York, mehrere hundert Dollar für die Long Island Telephone Company, außerdem Rechnungen für Miete, Kleidung, teure Geschenke für Simone Simon und andere Geliebte sowie Kosten für sein Hauspersonal. Er bezahlte nichts davon, sondern schickte alles an den MI5 weiter. Gisela Ashley, die Popovs Finanzgebaren beobachtete, versuchte, ihre Fassung zu bewahren.

Der Winter brach an, und Agent Tricycle schien trotz aller Erfolge in seiner Melancholie gefangen zu sein. Er selbst sah sich als »schäbigsten und kältesten Mann in London«.[7] Tatsächlich war Popov zunehmend frustriert darüber, nur hin und wieder einen Brief an von Karsthoff senden zu dürfen, dessen Inhalt die B1a ihm auch noch vorgab. Der Agent fühlte sich zunehmend unterfordert.

Bei einem Treffen mit seinem Führungsoffizier Ian Wilson im Februar 1943 zeigte Popov »seinen Wunsch, etwas Aktiveres zu tun, um die Deutschen zu überlisten«. Wilson versuchte, Verständnis zu zeigen, und sagte ihm, »dass man keinesfalls die Absicht habe, seinen Fall dahinvegetieren zu lassen«.[8] Popov schlug vor, man solle ihn mit dem Fallschirm über Jugoslawien abspringen lassen, wo er zusammen mit den Partisanen gegen die Wehrmacht kämpfen wollte. »Er war bereit, jedes Risiko einzugehen, um irgendetwas zu tun, was wirklich sinnvoll war.«[9] Ein Wunsch, dem Wilson auf keinen Fall nachkommen durfte. Die Pläne für Popov waren längst abgeschlossen, nur er selbst durfte davon noch nichts wissen.

Doch auch der Führungsoffizier und sonst so stoische Jurist Wilson verlor zunehmend die Geduld mit Tricycle. Seine amourösen Eskapaden, seine Kaufsucht, für die er weiter alle Rechnungen an die B1a schicken ließ, sowie seine offenen Forderungen aus den USA, wofür inzwischen die Keystone Debt Collection Agency, ein amerikanisches Inkassobüro, über diplomatische Kanäle versuchte, die Forderungen aller Gläubiger einzutreiben, blieben ein beständiges Ärgernis.

Die Flitterwochen waren längst vorbei, die Beziehung zwischen Agent und Führungsoffizier galt als absolut zerrüttet. »Tricycle macht weiterhin eine höllische Plage aus sich«, klagte Wilson seiner Kollegin Gisela Ashley sein Leid.[10] So konnte es nicht weitergehen. Um ihn ruhigzustellen, stellte Wilson Popov zunächst eine weitere Mission nach Lissabon in Aussicht. Doch dann kam er auf eine andere Idee, um seinen Schützling zumindest für einige Zeit mit einem neuen Aufgabenbereich beschäftigt zu halten. Aber nur so lange, bis es für Popov an der Zeit war, seine größte Aufgabe anzugehen.

Den Anstoß für Wilsons Idee hatte Popov selbst gegeben, denn während seines letzten Aufenthalts in Lissabon hatte er alles darangesetzt, einen lange gehegten Plan endlich zu realisieren. Mit Billigung des MI5 hatte er von Karsthoff überredet, wie sinnvoll es sei, neue Agenten in Großbritannien anzuwerben. Da mittlerweile viele Jugoslawen nach Großbritannien zu fliehen versuchten, schlug er vor, mithilfe seines Bruders Ivo potenzielle Kandidaten auszusuchen, die dann in Großbritannien für die Deutschen spionieren könnten. Ivo, der weiter in Belgrad lebte, genoss bei der Abwehr ebenso hohes Ansehen wie sein Bruder. Seine Aufgabe wurde es, die vermeintlichen Flüchtlinge anzuwerben, um sie dann mit deutscher Hilfe nach Großbritannien einzuschleusen. Sobald sie dort eingetroffen waren, würde der jüngere Popov-Bruder, Duško, die Flüchtlinge übernehmen und als deutsche Agenten führen.

Förmlich fragte Popov Lissabon um Erlaubnis. Die Antwort kam sofort. »Ich finde diesen Plan gut«, meldete von Karsthoff nach Berlin, der darauf hereinfiel. »Ich halte Iwan noch immer für verlässlich, wenn er unter Kontrolle bleibt.«[11]

Von Karsthoff und die Abwehr hegten auch gegenüber Ivo Popov keinen Verdacht, der bei den Briten den Codenamen »Dreadnought« (auf Deutsch etwa: Fürchtenichts, aber es existierte auch ein Schlachtschiff gleichen Namens, das von 1906 bis 1920 im Einsatz war, Anm. d. Verf.) erhalten hatte. Die neue »jugoslawische Fluchtlinie«, wie sie der MI5 von nun an bezeichnete, konnte ihre Arbeit beginnen – wie immer komplett finanziert von den Deutschen.

Als ersten der angeblichen Flüchtlinge hatten die Brüder Popov einen alten Freund der Familie ausgewählt. Der Marquis Frano de Bona entstammte einer der ältesten Adelsfamilien in Dubrovnik und war Korvettenkapitän in der jugoslawischen Marine. Ivo sorgte dafür, dass de Bona zunächst von der Abwehr angeworben wurde, dann begleitete er ihn nach Paris, wo die Abwehr im noblen Hotel Lutetia am Boulevard Raspail ihr Hauptquartier eingerichtet hatte. Der neue Rekrut sah all das als einen großen Spaß an und machte sich vor dem Hotel über die ein- und ausgehenden deutschen Offiziere und Soldaten lustig. Immer wieder streckte er seinen rechten

Arm in die Höhe, schlug mit Wucht die Hacken zusammen und rief ausdauernd: »Heil Hitler!«

Nach einem Kurzlehrgang als Funker reiste de Bona weiter, mit dem Zug ging es per Erster Klasse nach Südfrankreich. Dort wartete ein alter Bekannter, Johnny Jebsen, der de Bona im Kofferraum seines Autos mit Diplomatenkennzeichen verstaute und ihn über die französisch-spanische Grenze bis nach San Sebastián schmuggelte.

In Spanien übernahm Ivo Popov wieder, offiziell als Vertreter der jugoslawischen Regierung, tatsächlich übergab er de Bona dem MI6, der von Madrid aus die Weiterreise nach Großbritannien arrangierte. Der britische Geheimdienst wollte de Bona in einer konspirativen Wohnung in einem Madrider Außenbezirk unterbringen, aber der Adlige weigerte sich strikt und zog es vor, die kommenden vier Tage und Nächte in einem Bordell in der Innenstadt zu verbringen. Dort fühlte er sich, wie er Popov freudestrahlend erzählte, »glückselig, wie in einem Harem«.[12]

Dann ging für den Marquis die Reise in einem Zug voller Flüchtlinge weiter bis ins britische Überseegebiet Gibraltar, wo er vom lokalen MI6-Vertreter in Empfang genommen wurde. Wie alle Ankömmlinge musste de Bona vor seinem Flug nach England eine medizinische Untersuchung überstehen. Dabei wurde klar, dass der noch immer leicht erschöpfte Marquis nicht nur glückliche Erinnerungen an seine erotischen Abenteuer in Madrid, sondern wohl irgendwann davor auch die Syphilis erworben hatte. Vier Tage musste de Bona auf seinen Abflug warten, dann traf er in London ein. Wegen seiner amourösen Eskapaden erhielt er den wenig schmeichelhaften Codenamen »Agent Freak«.[13]

Popov erhielt einen neuen Mitbewohner, Freak wurde im Clock House einquartiert und agierte – mit voller Zustimmung der Abwehr – ab sofort als Funker für das Tricycle-Netzwerk. Popov und sein Netzwerk konnten ab sofort darauf verzichten, mühevoll Nachrichten mit Geheimtinte an Tarnadressen zu senden.

Jetzt konnten sie einfach Meldungen per Funk absetzen und so die Zahl der Falschinformationen weiter steigern. Die ungewöhnliche Wohngemeinschaft von de Bona und Popov in Nummer 48c Rutland Gate in London sorgte schon bald wegen ihres ausgeprägten sexuellen Appetits erst für hochgezogene Augenbrauen und dann für gewaltigen Ärger. Als bekannt wurde, dass zahlreiche Mitarbeiterinnen der Frauenabteilung des britischen Heers »in Clock House zu unmoralischen Zwecken angestiftet wurden«, was zu einer militärischen Untersuchung führte, platze Ian Wilson endgültig der Kragen, und er unternahm alles, um diese Untersuchung schnell zu beenden. Der promiskuitive Popov und sein allzeit sexuelle Signale aussendender Funker wurden strengstens ermahnt und mussten versprechen, »nicht mehr auf solche Art und Weise Aufsehen zu erregen«. Beide versicherten, künftiger enthaltsamer leben zu wollen.

Nachdem die Liebeskrise im Clock House ausgestanden war, galt Tar Robertsons Konzentration allein den bald bevorstehenden Aufgaben. Immer wieder dachte er über den Wunsch nach, den von Karsthoff gegenüber Popov erwähnt hatte. Die Deutschen waren an militärischen Informationen interessiert und forderten diese so schnell wie möglich. Vor allem wollten sie daraus ihre eigenen Schlüsse ziehen, hatte von Karsthoff Popov noch auf den Weg mitgegeben. Wie könnte es der B1a gelingen, dass sie künftig nur die Schlüsse zogen, die die Briten sie ziehen lassen wollten?

Ab 1942 konnte die britische Seite fast den gesamten Funkverkehr der Deutschen mitlesen, über 200 Nachrichten wurden jeden Tag entschlüsselt. Nicht die Abwehr unter Wilhelm Canaris kontrollierte das Netzwerk deutscher Agenten in Großbritannien, es war der MI5 selbst, und alle Doppelagenten unter britischer Kontrolle konnten eingesetzt werden, um Hitler und seine Generäle das denken zu lassen, was sie denken sollten.

Von Karsthoff hatte in seinen Gesprächen mit Popov immer wieder erkennen lassen, dass »Fragen zur Invasion ohne Zweifel das sind, woran wir interessiert sind«.[14] Deshalb, so formulierte es die

B1a, »sollte er mit vielen Dingen versorgt werden, von denen aus alle möglichen Schlüsse auf unsere künftigen Absichten gezogen werden könnten«.

Auf der Konferenz von Casablanca im Januar 1943 hatten die Alliierten die weitere Kriegsführung festgelegt. Josef Stalin war zwar eingeladen worden, sagte aber mit der Begründung ab, dass er wegen der Einkesselung der deutschen 6. Armee in der Schlacht von Stalingrad die Sowjetunion nicht verlassen könne, da seine militärische Führung unverzichtbar sei.

Zum ersten Mal seit Kriegsbeginn fühlten sich die Alliierten in der Lage, darüber entscheiden zu können, wann und wo sie den Krieg auf das europäische Festland tragen konnten. 1943 wurde dazu bestimmt, die erste Attacke auf Hitlers Armee in Sizilien zu beginnen, während Stalins Truppen den Krieg im Osten gewinnen mussten. Hitler sollte jedoch glauben, dass nicht Süditalien das Ziel sei, sondern eine Landung in Norwegen versucht werde. Unter dem Tarnnamen »Cockade« wollte man Angriffe in Norwegen und auch in Nordfrankeich vortäuschen, in der Hoffnung, so deutsche Truppen aus dem Mittelmeerraum und von der Ostfront wegzulocken. Popov meldete große Truppenansammlungen in Schottland, berichtete, dass immer mehr Landungsboote gebaut und Krankenhäuser keine neuen Patienten mehr aufnehmen würden, um Platz für Verwundete zu schaffen. Gleichzeitig informierte er Lissabon, dass die Luftangriffe der Luftwaffe auf London keinen wirklichen Effekt mehr erzielten. Die Feuerwehr und Armee würden die deutschen Brandbomben so schnell entdecken und löschen, dass solche Angriffe kaum mehr Sinn ergeben würden. »Die Luftschutzbunker sind so verbessert worden, und die Bevölkerung befolgt die Anweisungen so gründlich, dass es zweifelhaft ist, ob selbst die größten Angriffe auch nur ein Zehntel der Folgen früherer Angriffe für die Moral der Bevölkerung oder für Sachschäden haben werden.«[15] Popovs Mitagenten Gelatine und Balloon fügten stets eifrig weitere Details hinzu, so etwa, dass hohe Offiziere bei ihren Schneidern neue Kampfuniformen bestellten oder neue, schnelle Amphibienfahrzeuge getestet würden.

Cockade, die Täuschung, bei der für den Frankreich-Teil am 8. September 1943 nur dreißig Schiffe eingesetzt wurden, war ein erster Versuch, die Deutschen entsprechend zu steuern. Der große Wurf, den sich die Alliierten erhofft hatten, war dieser Versuch nicht. Tatsächlich reagierten die Deutschen einfach nicht darauf. Der Versuch, Truppenverschiebungen zu erreichen, oder die Luftwaffe in große Kämpfe zu verwickeln, scheiterte. Cockade wurde, in den Worten des britischen Befehlshabers des RAF Bomber Command, Arthur Harris, »im besten Fall zu einem harmlosen Theaterstück«.[16]

Und doch konnte einiges aus dieser geplatzten Generalprobe gelernt werden. Popov und die anderen Doppelagenten wurden von den Deutschen immer noch hoch gehandelt, für jede weitere Täuschung müssten künftig alle Waffengattungen des Militärs aktiv werden. Keine vorgetäuschte Landung würde erfolgreich sein, wenn sie nicht tatsächliches Handeln erkennen ließ.

Jeder, auch die deutsche Seite, wusste, dass eine Landung in Frankreich nur noch eine Frage der Zeit sein würde. Mit Millionen Kubikmetern Beton und 300 000 Männern, darunter zehntausende Zwangsarbeiter, ließ das NS-Regime einen gigantischen Verteidigungswall errichten. Über 8000 Bunker mit Artilleriegeschützen entstanden, Häfen wie Bordeaux, Brest und St. Malo wurden festungsartig ausgebaut. Bereits 1941 hatte Hitler an der 5000 Kilometer langen Atlantikküste einen »Gürtel von Bollwerken« gefordert. Fertiggestellt wurde sein »Atlantikwall« nie.

Es war Zeit, alle Doppelagenten für die Landungspläne noch stärker zu nutzen und davon zuerst den britischen Premiminister Winston Churchill zu überzeugen. Der erste monatliche Bericht an Churchill lieferte ihm einen Überblick: »Insgesamt sind 126 Spione in unsere Hände gefallen. Davon waren 24 zugänglich und werden nun als XX-Agenten eingesetzt. Außerdem nutzen wir noch zwölf reale und sieben imaginäre Personen.«[17] Der Bericht beschrieb vor allem die Arbeit des Spaniers Juan Pujol García, Codename Garbo, und des Briten Eddy Chapman, genannt Agent Zig-Zag. Churchill war begeistert und schrieb »Sehr interessant« an den Rand dieses ersten Berichts. Im Lauf der Zeit wurden ihm auch die Arbeit von Brutus (Roman Garby-Czerniawski), Bronx (Elvira Chaudoir) und besonders Popovs Arbeit als Tricycle nahegebracht.

»Wir hatten immer im Hinterkopf, dass irgendwann in ferner Zukunft ein großer Tag kommen würde, an dem unsere Agenten für eine große und endgültige Täuschung des Feindes eingesetzt werden würden«, stellte John Masterman klar.[18]

Doch bevor das geschehen konnte, galt es, eine Krise zu überstehen, die in der B1a für Entsetzen sorgte. Die Britische Botschaft in Madrid meldete, dass ein Unbekannter dringend um Einlass gebeten hatte. Ersten Erkenntnissen zufolge besaß er brisante Informationen.

Kapitel 11

Artist und die Angst

Madrid, 18. September 1943

Sir Samuel Hoare, der Botschafter ihrer Majestät in Spanien, war ein Mann äußerster Diskretion. Das lag nicht nur an seinem Berufsleben als ehemaliger britischer Innenminister und Diplomat, sondern auch an seinen privaten Umständen. Sir Samuel war mit einer Frau verheiratet, führte aber auch Nebenbeziehungen zu Männern. Sein Spitzname unter Kollegen lautete aus all diesen Gründen »Slippery Sam« (der aalglatte Sam, Anm. d. Verf.).

Die meisten Angestellten waren bereits im Feierabend, als der Botschafter einem seiner engsten Mitarbeiter befahl, sofort nach oben in eines der Dachzimmer der Botschaft zu kommen. Dort würde ein Mann bewacht, den er sich genau ansehen sollte. Beide könnten sich auf Deutsch unterhalten.

All das war ungewöhnlich, aber Kenneth Benton, der in der Botschaft für den MI6 als Verbindungsoffizier arbeitete, tat wie geheißen und hetzte Stockwerk für Stockwerk die Treppen hinauf. Atemlos erreichte er das Dachgeschoss und ging zu dem kleinen Zimmer, das ab und zu als Schlafzimmer für geflohene Kriegsgefangene genutzt wurde. Der Botschafter wartete draußen im Flur auf ihn und bedeutete Benton, hineinzugehen. »Kein Wort! Zu niemandem!«, sagte der Botschafter noch, ging zurück zur Treppe und ließ seinen Mitarbeiter allein. Benton trat ein und sah vor sich einen abgemagerten Mann sitzen. Er rauchte Kette und sah »verschwitzt und ziemlich verängstigt« aus.[1] Benton begrüßte ihn auf

Deutsch und gab ihm die Hand. »Ich bin ein Abwehr-Offizier und ich möchte, dass Sie mich vor der Gestapo schützen«, sagte der Mann ohne Umschweife.

Benton nickte nur und läutete eine kleine Glocke. Wenige Momente später erschien ein Diener, und Benton befahl ihm, Whisky zu servieren. Der Gast entspannte sich zusehends.

»Wo ich herkomme, lieben wir Whisky. Ich kann jetzt absolut einen vertragen.«

»Wie heißen Sie?«, wollte Benton wissen. Der Mann nahm einen Zug von seiner Zigarette, stieß den Rauch aus und antwortete mit einem feinen Lächeln: »Johann Jebsen. Und ich vermute, Sie sind Mr. Benton.« Der MI6-Offizier erschrak. Sein echter Name war sogar innerhalb der Botschaft geheim.

»Sind Sie in Schwierigkeiten?«, fragte Benton vorsichtig.

»Die Gestapo ist hinter mir her.«

Jetzt war Benton endgültig besorgt. »Sind sie Ihnen hierher gefolgt?«

»Nein, ich glaube nicht, und falls doch, habe ich sie abgeschüttelt.«

Johnny Jebsen hatte keinen anderen Ausweg mehr gesehen, als sich in die Britische Botschaft zu flüchten. Er steckte in gewaltigen Schwierigkeiten. Zunächst hatte er vermutet, dass Kammler, der Abwehr-Offizier, der wie Jebsen selbst einen Teil von Popovs Geld abzweigte, ihn in Berlin verraten hatte. Ebenso befürchtete er, dass sein Hotelzimmer in Lissabon verwanzt worden war und all seine Unterhaltungen mit Popov abgehört wurden. Was, wenn Kammler gemerkt hatte, dass Jebsen schon lange Popov mit Informationen versorgte und nun beschlossen hatte, ihn zu verraten?

Ein weiterer Grund waren seine Devisengeschäfte, wegen denen er nun ins Visier der Gestapo geraten war und die er für führende Gestapo-Mitarbeiter in der Schweiz abwickelte. Alles war stets unbemerkt abgelaufen. Jebsen war professionell genug, um auch große und schwierige Geschäfte diskret abzuschließen. Dann aber erschrak er, als er bemerkte, dass einige Offiziere ihm Blüten untergeschoben hatten und sein Geschäftsmodell daraufhin ins Stocken kam. Jebsen hatte einen schweren Fehler begangen, als er die Offiziere in einem Bericht bei ihren Vorgesetzten deshalb angeschwärzt hatte.

Lange hatte Jebsen geglaubt, einigermaßen sicher zu sein. Nun aber schienen die Offiziere, die er mit seiner offiziellen Beschwerde in Schwierigkeiten gebracht hatte, mit aller Macht zurückzuschlagen. Er wurde aufgefordert, sich in der Zentrale der Abwehr am Berliner Tirpitzufer zu melden, für weitere »Diskussionen« des brisanten Themas. Gleichzeitig erhielt er ein Telegramm eines Berliner Freundes, der ihn warnte, auf keinen Fall nach Berlin zu reisen, da die Gestapo dort an ihm Rache nehmen werde.

Einige seiner Abwehr-Kollegen, die keinerlei Absicht hatten, mit der Gestapo zusammenzuarbeiten, hatten noch versucht, Jebsen vor einem solchen Zugriff zu schützen und sogar überlegt, ihn nach Großbritannien zu entsenden, um dort das deutsche Agentennetz zu kontrollieren. Als ihm nach allen Warnungen und Andeutungen die Situation immer bedrohlicher erschien, verließ Jebsen Hals über Kopf Lissabon und floh nach Madrid.

In seiner Not wandte er sich an seinen Kollegen Hans Ruser, der als Abwehroffizier in Madrid stationiert war und inzwischen die Nationalsozialisten genauso verachtete wie er. Jebsen hatte keine Ahnung, dass Ruser sich ein Jahr zuvor selbst dem britischen Geheimdienst angeboten hatte. London hatte abgelehnt, aus Angst, Popov damit zu sehr in Gefahr zu bringen. Aber Ruser stand unter dem Tarnnamen »Junior« weiter auf der Liste potenzieller Kandidaten. Voller Angst offenbarte sich Jebsen seinem Kollegen, der ihm empfahl, sofort die Britische Botschaft in Madrid zu kontaktieren.

Im Dachzimmer der Botschaft dauerte das Gespräch zwischen Jebsen und Benton mehrere Stunden. Der Besucher schien sich immer mehr zu entspannen, was auch am unablässigen Whiskynachschub lag, und plauderte zusehends freimütiger Geheimnisse aus. Benton wusste, dass dieses Gespräch eine einzigartige Chance war, vieles von dem zu erfahren, was bisher über die deutsche Geheimdienstarbeit unbekannt war. Während sie weiter tranken und rauchten, verriet Jebsen die wahren Identitäten führender Abwehr-Offiziere in Spanien, Details über die V1-Raketen und versprach, viele weitere Informationen preisgeben zu können.

»Ich verrate Ihnen viele Geheimnisse, stimmt's?«, sagte Jebsen und sah Benton mit einem auffordernden Blick an. »Jetzt sind Sie dran, mir ebenfalls einen Gefallen zu tun.«

Jebsen war bereit für ein Geschäft auf Gegenseitigkeit. Er versprach, den Briten sein gesamtes Wissen preiszugeben. Unter einer Bedingung: Er wollte sofort nach Großbritannien gebracht werden.

Benton nickte stumm. Er wusste, dass es ein Leichtes sein würde, Jebsen nach London zu bringen. Doch die Folgen wären für das gesamte System der Doppelagenten fatal. Berlin würde sofort annehmen, dass Jebsen alles verraten hatte, was er wusste. Und das war viel. Und jeder, der mit ihm zu tun hatte, würde so zum Verdächtigen, nicht zuletzt Popov.

Doch auch daran hatte Jebsen bereits gedacht. Kurz vor seinem geplanten Verschwinden, so schlug er Benton vor, würde er an den Abwehrchef in Madrid eine Nachricht schicken, um so seinen Selbstmord vorzutäuschen. Den Textentwurf für seinen Abschiedsbrief hatte Jebsen mitgebracht und las Benton daraus vor: »Ich werde Gift nehmen und hinaus aufs hohe Meer schwimmen. Es könnte Tage dauern, bis mein Leichnam an Land gespült wird und dann nicht mehr zu identifizieren ist.«[2]

Benton, wie auch später die B1a-Kollegen in London konnten über Jebsens Idee nur den Kopf schütteln. So naiv konnte keiner ihrer deutschen Feinde sein, daran zu glauben. Im Nachhinein bezeichneten sie Jebsens Vorschlag als »eine durch übermäßige nervliche Belastung hervorgerufene Dummheit«, die er zum Glück nicht umsetzte.[3]

Trotz seines wirren Vorschlags fand Benton Jebsen äußerst sympathisch. »Er war ein interessanter, gut ausgebildeter Man, und man konnte sich gut mit ihm unterhalten.« Je später die Nacht, desto angeregter plauderten beide auch über private Dinge. Jebsen berichtete von seiner tiefen Liebe zu England und dem Plan, nach Kriegsende in Oxford studieren zu wollen. Später nahm Benton erstaunt zur Kenntnis, dass Jebsen auch bereit war, über sein teilweises dunkles Privatleben zu sprechen. Mit einem Augenzwinkern deutete er an, dass er in der Vergangenheit stets so oft es ging nach Madrid gereist war, um dort einer geheimen Leidenschaft nachzugehen. »Er liebt pornographische Filme, und zwei geheime Kinos in Madrid haben sich auf solche spezialisiert. Er nennt sie liebevoll ›Schweinekinos‹«, gab der Brite später zu Protokoll.[4]

Dann kam Jebsen wieder auf ernstere Themen und beschrieb »mit einem sichtbaren Schaudern« seine größte Furcht – die vor den sogenannten »Ablegekommandos« der Gestapo. »Das sind Entführungskommandos, die Gesuchte festnehmen und sie über alle Grenzen schmuggeln, ohne irgendwelche Spuren zu hinterlassen.«[5] Auch in Spanien konnten sie ihn jederzeit fassen und ihn einfach verschwinden lassen.

Benton riet seinem Gesprächspartner, die Nacht in der Botschaft zu verbringen. »Das ist in Ihrem Interesse«, schärfte er Jebsen ein. »Wenn Ihnen die Gestapo wirklich folgt, haben Sie wahrscheinlich nicht ausgeschlossen, dass Sie hierhergekommen sind. Ab morgen habe ich für Sie einen geheimen Unterschlupf organisiert.«[6] Jebsen willigte zögernd ein. Und dann, bei einem letzten Whisky, fragte Benton ihn, ob er noch andere Abwehr-Mitarbeiter kenne, die ebenfalls überlaufen wollten.

»Ich bin sicher, manche sind umgedreht worden«, antwortete Jebsen. »Und ich kenne einen Abwehr-Agenten, einen Mann, den ich selbst angeworben habe, der entweder bereits umgedreht worden ist oder auf Anhieb auf Ihre Seite wechseln würde.«

»Wer ist das?«

»Dušan Popov«, antwortete Jebsen. »Er ist ein äußerst produktiver Agent und wird sowohl von Berlin als auch von Lissabon geführt.«

Jebsen agierte mehr als verlogen. Er wusste längst, und wahrscheinlich von Anfang an, dass sein Freund Popov für die andere Seite arbeitete. Doch beim Gespräch in der Botschaft tat Jebsen noch so, als ob Popov von den Briten erst noch angeworben werden müsste.

Noch in der Nacht verfasste Benton mithilfe seiner Ehefrau Peggie eine lange Abschrift seiner Unterhaltung mit Jebsen. Er gab ihm, auch weil er vom Auftritt seines Gasts äußerst beeindruckt war, den Codenamen »Artist« und sendete alle Informationen nach London. Am nächsten Morgen um 10 Uhr erhielt er prompt die Antwort mit einer Warnung:

»SOFORT! DRINGEND!

ARTIST ERZÄHLT DIE WAHRHEIT.

ER IST EIN FORSCHER UND UNS WOHLBEKANNT.

DIESER KONTAKT HAT GROSSEN POTENZIELLEN WERT.

SEIEN SIE ÄUSSERST VORSICHTIG!«[7]

Der MI5 wusste von den Meldungen aus Bletchley Park, dass Jebsens Ängste größtenteils unbegründet waren. Er sollte keinesfalls in Berlin verhaftet werden. Tatsächlich ging es nur um einen Routinebesuch. Doch das konnte ihm nicht offenbart werden, ohne zu verraten, dass der gesamte Funkverkehr der Abwehr mitgehört wurde. Um Jebsen erst einmal zu beruhigen, ließ die B1a Popov ein Telegramm an seinen Freund senden, in dem er ihn zu beruhigen versuchte, dass keine ihrer Unterhaltungen bisher abgehört werden konnte.

Währenddessen unternahm Tar Robertson alles, um Jebsen davon zu überzeugen, nicht evakuiert werden zu müssen. Denn in Großbritannien nutzte er niemandem. Würde er jedoch weiter für die Abwehr und als britischer Doppelagent arbeiten, wäre Artist fortan eine unschätzbare Quelle.

In den kommenden Tagen beruhigte sich Jebsen wieder zusehends. Benton hatte ihm treuherzig weiter den Schutz der Botschaft angeboten, in der stillen Hoffnung, dass er darauf nicht eingehen würde. Nachdem sich seine Panik ein wenig gelegt hatte, lehnte Jebsen höflich ab und schaffte es auch, seinen geforderten Berlin-Besuch zu verhindern. Er bot an, Abwehr-Chef Admiral Wilhelm Canaris persönlich Bericht über alle Punkte zu erstatten, wenn dieser Anfang Oktober nach Madrid kommen wollte.

Zwar war Jebsen immer noch davon überzeugt, dass Kammler irgendetwas gegen ihn plante. Aber er war inzwischen sicher, dass die schlimmsten Vorwürfe, die ihm gemacht werden könnten, verräterischer Leichtsinn und Indiskretion waren – beides Anklagepunkte, die andere Abwehr-Offiziere vor ihm bestens überstanden hatten. Doch Jebsen wusste auch, dass er in große Gefahr geraten konnte, wenn er den Kontakt mit den Briten nicht sofort kappte. Jebsen und Benton vereinbarten, wieder Kontakt aufzunehmen, sollte sich die Lage erneut zuspitzen.

»Es tat mir sehr leid, mich von Artist zu trennen«, erinnerte sich Benton rückblickend an seinen Gast. Der hatte ihm viel über die deutsche Abwehr verraten und auch vieles über die heimtückischen Versuche der Gestapo, Jebsen mit gefälschten Banknoten zu betrügen und so zu Reichtum zu kommen. Aber Benton blieb skeptisch, was Jebsens Erzählungen über die Währungsgeschäfte betraf. »Ich bin nicht sicher, ob es nicht genau andersherum war«, schrieb er. Und in der Tat gab Jebsen schon wenige Tage später Anlass dazu, ihm niemals voll zu vertrauen.

Was Jebsen anderen sagte und was er wirklich tat, waren stets zwei unterschiedliche Dinge. Kurz nach seinem Abstecher nach Madrid bereute er, sich den Briten anvertraut zu haben. Er fühlte sich hin- und hergerissen. Einerseits schien die Bedrohung durch die Gestapo abgenommen zu haben. Andererseits blieb Kammler für ihn und auch für seinen Freund Popov noch immer gefährlich. Denn wie Jebsen von einigen Kollegen erfuhr, hatte Kammler während seiner Abwesenheit einen Bericht nach Berlin geschickt, in dem er behauptete, dass Popov ein britischer Doppelagent sein musste, da seine Berichte »sowohl in Qualität als auch in Quantität« schlechter geworden seien.[8] Was aber noch schlimmer war: Zum Schluss seines Berichtes verdächtigte Kammler seinen Kollegen Jebsen, mit der ganzen Sache etwas zu tun zu haben.

Jebsen regelte das Problem mit Kammler auf seine eigene – indirekte und heimtückische – Weise. Er wandte sich direkt an Admiral Canaris und protestierte »heftig gegen die Machenschaften Kammlers, ihn zu diskreditieren«. Gleichzeitig teilte er »seine Absicht mit, seine Arbeit hinzuwerfen und nach Berlin zurückzukehren«, sollte er sich nicht weiter persönlich um Popov kümmern dürfen. Jebsen versuchte zu testen, ob ihm noch Gefahr drohte. Würden Canaris und die Abwehr ihn weiter verdächtigen, würden sie ihn nach Berlin zurückbeordern. In diesem Fall wollte sich Jebsen sofort von den Briten evakuieren lassen. Doch nichts davon geschah, und Canaris traf eine schnelle Entscheidung, die zugunsten Jebsens ausging. Der Abwehr-Chef bezeichnete Kammlers Vorwürfe als »bösartig« und versetzte ihn an die Ostfront. Kammler überstand diesen Einsatz. In der jungen Bundesrepublik wurde er später Exportchef der Firma Bosch.

Jebsens Taktik hatte bei Canaris verfangen. Dermaßen gestärkt wandte er sich noch einmal an Kenneth Benton und forderte, jeglichen Kontakt zu ihm endgültig abzubrechen und all das, was Jebsen ihm verraten hatte, für sich zu behalten. Aber dafür war es längst zu spät. Die B1a ließ ihn über Benton unmissverständlich wissen, dass die Briten ihn notfalls auch erpressen könnten, sollte er nicht ab sofort mit ihnen zusammenarbeiten. »Wir haben ihm klargemacht, dass er bereits einen unumkehrbaren Schritt gemacht hat. Wenn er, wie er sagt, alles Mögliche tun will, um das Naziregime zu schädigen, dann darf er keine Skrupel haben, für uns zu spielen.«[9] Die britische Seite ließ Jebsen letztlich keine Wahl mehr. Agent Artist war endgültig ein Mitglied im Club der Doppelagenten geworden, und Tar Robertson hatte gute Gründe, Jebsen nicht mehr vom Haken zu lassen. Denn zum ersten Mal besaß die B1a einen Agenten in ihren Diensten, der tief im Inneren der Abwehr operierte und Zugang zu geheimsten Informationen besaß. »Die Tatsache, dass Johann Jebsen uns über Tricycle Informationen liefern kann, bietet uns enorme Möglichkeiten«, war Robertson sicher.[10]

Der neue Doppelagent Artist versuchte weiter Vorkehrungen zu treffen, um sich gegen künftige Risiken zu wappnen. Diskret testete Jebsen, ob er seine dänische Staatsbürgerschaft wiedererhalten konnte, die er im Alter von zwölf Jahren gegen die deutsche eingetauscht hatte. Davon versprach er sich vor allem einen besseren Schutz für seine Ehefrau Lore. Sie lebte inzwischen wieder bei ihren Eltern in Leipzig. Von ihrem Ehemann bekam sie nie viel mit, weil Jebsen fast immer auf Reisen war und auch Station bei seinen verschiedenen Geliebten machte. Doch Jebsen empfand ihr gegenüber nach wie vor eine starke Loyalität. Sollte er auffliegen, könnte sie später immer noch behaupten, er habe all das nur für sein dänisches Vaterland getan, und so das Risiko für sich selbst mindern. Schließlich wandte er sich an seine neuen Arbeitgeber beim MI5, um seinen dänischen Pass über die Exilregierung in London zurückzuerhalten: »Artist betont, dass er, wenn er die dänische Staatsangehörigkeit hätte, bereit wäre, größere Risiken für uns einzugehen. Er ist sich darüber im Klaren, dass seine dänische Staatsangehörigkeit ihm im Falle einer Verhaftung durch die Abwehr nicht das Leben retten würde. Aber er ist wirklich besorgt um die Stellung seiner Frau im Fall seiner Hinrichtung und möchte den aus seiner Sicht bestehenden Makel des Verrats loswerden.«[11]

Zum Wechsel seiner Nationalität kam es nicht mehr, den MI5 beschäftigten durch die Rekrutierung von Artist plötzlich ganz andere Sorgen. Innerhalb des Geheimdienstes kam es zu einem erbitterten Streit unter Kollegen, inwieweit Jebsen nun auch die anderen Doppelagenten gefährden könnte. Eines nämlich ließ sich nicht bestreiten: In einer Phase, in der die Alliierten mit immer größerer Anstrengung die sogenannte »Operation Fortitude«, den

Täuschungsplan für die geplante Landung in der Normandie, vorantrieben, bedeutete die Rekrutierung von Artist ein extremes Risiko, da er in seinem Gespräch mit Kenneth Benton bewiesen hatte, viele Details über das System der Doppelagenten zu kennen. Nicht nur das Tricycle-Netzwerk geriet durch ihn in Gefahr. Artist wusste auch, welche anderen Agenten die Abwehr in Großbritannien einsetzte. Wenn er all seine Informationen über die deutschen Agenten den Briten verriet, diese daraufhin aber nicht festgenommen werden würden, musste er schließlich selbst darauf kommen, dass sie alle von den Briten kontrolliert wurden. Das größte Risiko aber war: Sollte Artist doch von der Abwehr festgesetzt werden, könnte er unter Folter das gesamte Netz der Doppelagenten verraten und kollabieren lassen.

Die Führungsoffiziere von Bronx, Treasure, aber auch von Garbo, der inzwischen das größte fiktive Netzwerk angeblicher Spione in Großbritannien führte und bei den Deutschen hohes Ansehen genoss, waren alarmiert. Unter seinem Decknamen Garbo hatte der Spanier Juan Pujol García schon mehrere hundert geheime Briefe nach Deutschland gesendet und tausende Meldungen per Funk nach Berlin abgesetzt. Die Abwehr vertraute ihm vollkommen und glaubte, dass er ein Netzwerk von vierzehn Mitagenten führte. Für dieses Netzwerk bezahlten sie ihm 31 000 Pfund (heute umgerechnet über zwei Millionen Euro) und verliehen ihm später aus Dankbarkeit das Eiserne Kreuz.[12]

Hugh Astor, einer der Führungsoffiziere, der Bronx steuerte, ging als Erster auf die Barrikaden: »Das Schicksal einiger unserer wertvollsten Agenten wird gänzlich von den Launen eines Deutschen abhängen, von dem wir wissen, dass er zwar brillant klug, aber skrupellos und unehrlich ist, und der sein Wissen entweder aus eigenem Willen oder aufgrund der Kraft der Umstände an Deutschland weitergeben könnte. Artist hat nie aus Loyalität zur Nazi-Partei gehandelt. Sein einziger Wunsch war stets, seinen eigenen Interessen zu dienen.«[13]

Thomas Harris, der Führungsoffizier von Garbo, kam zur selben Einschätzung. »Ich stimmte in allen Punkten zu. Entweder stoppen wir alle Kontakte zu Artist, oder wir evakuieren ihn aus Spanien. Ansonsten besteht die große Gefahr, dass der Garbo-Fall auffliegt.«

Besonders Garbos Leistungen waren zu wertvoll, um ihn durch Jebsen in Gefahr zu bringen. Einige Mitglieder des XX-Komitees sahen genau das als zu großes Risiko an, da man Jebsen nicht vertrauen konnte. Kurz wurde sogar überlegt, Jebsen ermorden zu lassen.[14]

Schließlich wagte Ian Wilson, Popovs Führungsoffizier, einen Vorstoß und sprach sich vehement dafür aus, Jebsen am Leben zu lassen und ihn anzuwerben. »Ich bin ganz und gar nicht der Meinung, dass er zu Recht als skrupellos und unehrlich bezeichnet wird. Ich bin davon überzeugt, dass Jebsen im Großen und Ganzen immer bestrebt war, Tricycle die Wahrheit zu sagen, und dass er dies in dem Wissen tat, dass Tricycle die Informationen an die Briten weitergeben würde.«[15]

Schließlich schloss der stets kühle und analytische Rechtsanwalt sein Plädoyer nicht mit nüchternen Argumenten, sondern mit zwei Hoffnungen, die Jebsen aus seiner Sicht so wertvoll machten: Jebsen hatte Popov längst noch nicht alles verraten, was er wusste. Und das, was er noch nicht preisgegeben hatte, könnte ihn unermesslich wertvoll für die kommenden Aufgaben machen.

Die Skeptiker wurden schließlich überstimmt. Das Schicksal des Systems der Doppelagenten hing ab jetzt von Johnny Jebsen ab. Wilson sah in ihm einen neuen Agenten mit unschätzbaren Qualitäten, für seine Kollegen der B1a blieb er eine zwielichtige Figur, der nicht zu trauen war.

Wilson und Tar Robertson entschieden, Jebsen zurück nach Lissabon zu beordern – auch, »weil dort die Gefahr einer Überwachung durch die Gestapo viel geringer, und die portugiesische Geheimpolizei vergleichsweise freundlich ist«.[16]

Lissabon, 16. Oktober 1943

Als Artist wieder in Lissabon eintraf, hatte die B1a bereits einen speziellen Aufpasser für ihn ausgesucht. Der 33-jährige MI6-Mitarbeiter Charles de Salis, ein Linguist und Dichter, der zuvor viele Jahre in Spanien verbracht hatte, sollte Jebsen keine Sekunde mehr aus den Augen lassen und hatte strikte Anweisungen bekommen:

»ARTIST IST NUN ENTSCHLOSSEN, BIS ZUM LETZTEN MOMENT WEITERZUMACHEN, ABER WENN KLAR WIRD, DASS DAS SPIEL VORBEI IST, SOLLTEN WIR IHN NACH GIBRALTAR BRINGEN, UM ZU VERHINDERN, DASS ER GEGRILLT WIRD.

SIE HABEN DIE VOLLE BEFUGNIS, ARTIST DORT HINZUBRINGEN, WENN SIE DER MEINUNG SIND, DASS DAS SPIEL AUS IST.

SEINE KOLLEGEN SOLLEN IM UNKLAREN ÜBER SEIN SCHICKSAL UND SEIN ZIEL BLEIBEN.«[17]

Zum ersten Mal trafen sich Jebsen und de Salis in Estoril, in einem tropischen Garten namens Montserrat. In der Mitte des Gartens stand ein kleines Haus im maurischen Stil mit einer gotischen Bibliothek, eine architektonische Verrücktheit des 19. Jahrhunderts.

»Wir wussten beide nicht, wie der andere aussah, und so sagten wir, wir würden uns unter einem bestimmten Baum treffen. Zu meinem Erstaunen war er, als er auftauchte, wie Anthony Eden (der damalige britische Außenminister, Anm. d. Verf.) gekleidet, komplett mit Nadelstreifenhose und Hut«, erinnerte sich de Salis an das Kennenlernen.[18]

Trotz Jebsens Allüren – er trug auch ein Monokel – war de Salis sofort von Jebsens weitreichenden Kontakten beeindruckt. Ein Freund in der Wehrmacht war einer der jungen Stabsoffiziere, die Hitler unterstellt waren. Eine Reihe anderer Freunde waren hochrangige Berater von Hermann Göring und Joseph Goebbels und konnten brisante und aktuelle politische Informationen aus ihren konkurrierenden Kreisen liefern.

Mit de Salis verstand sich Jebsen von Anfang an bestens, und im Büro der Abwehr hatte sich alle Aufregung gelegt. Von Karsthoff war bester Laune, auch weil er seinen Konkurrenten Kammler losgeworden war, ohne selbst etwas dafür tun zu müssen. So hatte er sich wieder ganz auf die Annehmlichkeiten seines Lebens konzentrieren können. Mit dem Geld, das er Popov weiter vorenthielt, hatte er sich einen neuen Cadillac gekauft, außerdem ein Landgut in Colares, in der Nähe von Sintra, und ein zweites Äffchen. Zunehmend fiel Jebsen auf, dass seine Kollegen in Lissabon mit Geld nur so um sich warfen, die neuesten Autos fuhren, häufig auf ausgedehnte Reisen gingen, abends große Summen im Casino von Estoril setzten und sich nur noch wenig um das Geschäft der Spionage kümmerten. Jebsen beschloss, es seinen deutschen Kollegen gleichzutun. Von Karsthoff schien keine Gefahr mehr zu bedeuten, er war zu abhängig von Popov geworden. Was sollte ihm nun noch passieren? Seine Freunde in Berlin würden ihn rechtzeitig warnen, sollte ihn die Gestapo doch noch jagen. Und selbst, falls das geschehen sollte, würde die B1a sein stilles Verschwinden nach Großbritannien organisieren. Johnny Jebsen fühlte sich endlich wieder unbeschwert. Aber nicht alles in seinem Leben war planbar.

Kapitel 12

Düstere Stimmung

Lissabon, 10. November 1943

Ein Agentenduo von MI5 und MI6 wurde nach Lissabon entsendet, um mit Jebsen seinen künftigen Einsatz zu planen. An Bord der DC-3 von Bristol nach Lissabon waren Ian Wilson und Major Frank Foley, die Jebsens Moral stärken wollten, »um ihm das Gefühl zu geben, dass wir ihn als sehr wertvoll für uns betrachten, ihn davor zu bewahren, dass er das Gefühl hat, sein eigenes Land zu verraten, und ihn als einen weitsichtigen und international anerkannten Mann zu behandeln, der weiß, dass der Krieg von den Alliierten gewonnen wird und die Nazi-Partei und die militärische Macht in Deutschland beseitigt werden«.[1]

Mit an Bord war noch ein Mann, der die beiden anderen keines Blickes würdigte und demonstrativ so tat, als ob er sie nicht kannte. Duško Popov sollte noch einmal in Portugal einen guten Eindruck hinterlassen, auch als Vorbereitung für den größten Einsatz seines Lebens.

Die drei Passagiere gingen getrennt durch die Passkontrolle, die beiden Geheimdienstoffiziere fuhren zur Britischen Botschaft, Duško Popov nahm einen anderen Weg und hatte durch von Karsthoff entsprechende Instruktionen erhalten. Popov hatte dieses Mal viel scheinbar hochwertiges, aber wie immer tatsächlich nutzloses Material für seinen Abwehroffizier mitgebracht: einen ganzen Koffer voller Notizen, Fotos und Dokumente mit etlichen Details. Das XX-Komitee tat alles, um Tricycles Ruf wieder aufzupolieren. Wenn alles nach Plan verlief, so hatte ihm Tar Robertson in Aussicht gestellt, sollte er schon bald nach Weihnachten wieder in Großbritannien sein, »rechtzeitig, um an einer größeren Täuschung« teilzunehmen.

Popov hatte gegen alle Vorschriften eine Luger-Pistole mitgenommen. Er hatte nach den letzten Funksprüchen und Briefwechseln mit von Karsthoff ein beständig ungutes Gefühl. Am Abend seiner Ankunft hatte Popov alle Anweisungen befolgt, war von einem Wagen zu von Karsthoffs Villa gebracht worden und wartete nun auf den Abwehroffizier im Salon, den Blick in den Garten gerichtet. Ohne dass Popov es bemerkt hatte, war sein Führungsoffizier in den Salon gekommen.

»Dreh dich ganz langsam um, Duško, und mach keine schnellen Bewegungen«, sagte er leise. Popov erstarrte für einen Moment. Nun war er sich doch sicher, verraten worden zu sein und überzeugt, dass von Karsthoff mit einer Pistole von hinten auf ihn zielte. Popov fasste in die Innentasche seines Jacketts, um die Pistole aus seinem Holster zu ziehen, und war bereit, auf von Karsthoff zu feuern. Als Popov sich wie gefordert langsam umdrehte, merkte er, dass sein Gegenüber unbewaffnet war und ihn freundlich anlächelte, mit einem Äffchen auf der Schulter. Popovs gesamte Spannung löste sich, er lachte aus vollem Hals und löste ganz langsam seine Hand von der Luger-Pistole, ohne das von Karsthoff etwas merkte.

Von Karsthoff tat so, als sei er beleidigt. »Was ist los mit dir? Sehe ich so lächerlich aus?« Popov schüttelte nur den Kopf, noch immer pumpte sein Herz in einem rasenden Tempo. Er verschwieg, was ihm wirklich im Kopf herumgegangen war, dass er bereit gewesen war, den Abwehr-Offizier zu erschießen. Von Karsthoff breitete seine Arme aus und umarmte ihn. Er schien froh, Popov endlich wiederzusehen.

Mit dem Material, das Popov mitgebracht hatte, war er sehr zufrieden. Er berichtete Popov, dass Admiral Canaris vor kurzem Lissabon besucht und kritisiert hatte, dass »Popov nicht das Geld wert sei, das ihm die Abwehr bezahle«.[2] Die Informationen, die er jetzt mitgebracht habe, würden das aber sicher wieder ändern.

Während Popov mit von Karsthoff einen Drink nahm und seinen Puls zu senken versuchte, warteten die britischen Abwehroffiziere in einem konspirativen Haus seit einer Stunde auf die Ankunft von Artist. Endlich erschien Jebsen, er trug einen schwarzen Homburg auf dem Kopf und einen schmutzigen Mantel, sein Haar war genauso zerzaust wie sein rotblonder Schnurrbart, seine Schuhe ungeputzt. Jebsen gab Foley und Wilson die Hand und lächelte. Wilson bemerkte sofort die nikotingelben Finger und den mächtigen Rubinring, den Jebsen trug. Später hielt er viele weitere seiner Eindrücke fest: »Sieht zehn Jahre älter aus als Ende zwanzig; rötliches, blondes, nach hinten gekämmtes Haar; starker Schnurrbart; sehr schlank, nach vorne gebeugter Körper; graublaue Augen und stark ausgeprägte Wangenknochen; ungesunder, blasser Teint (Lungenkrankheit?); raucht etwa 100 Zigaretten am Tag; sehr schlechte Zähne vom häufigen Rauchen; isst wenig und trinkt meistens nur Champagner; fahruntüchtig; reitet; schreibt philosophische Bücher.«[3]

Jebsen war gekommen, um sein Wissen preiszugeben. Aber er blieb auch jetzt ganz Geschäftsmann, der für alles, was er anbot, eine Gegenleistung erwartete. Und so begann er, Foley und Wilson ungefragt seine Forderungen zu präsentieren. Er forderte Schutz vor strafrechtlicher Verfolgung in Verbindung mit seinen Währungsgeschäften sowie Reisefreiheit. Er verlangte erneut ihre Hilfe, um nach Kriegsende doch wieder die dänische Staatsbürgerschaft erlangen zu können, und ebenso drängte er beide dazu, seiner Frau Lore zu helfen, »falls ihm irgendetwas zustößt«. Ein Rest Loyalität zur Abwehr schien immer noch in Jebsen zu stecken. Er drängte Wilson und Foley schließlich auch noch zu einer Zusage, dass deutsche Agenten, die durch seine Aussagen festgenommen würden, nicht hingerichtet würden.

Ian Wilson nahm all das stoisch zur Kenntnis. »Ich machte deutlich, dass alle Zusicherungen, die er von uns erhalten könnte, davon abhingen, dass wir uns, wenn wir nach dem Krieg über vollständige Informationen verfügten, vergewissern würden, dass er uns tatsächlich nach bestem Wissen und Gewissen unterstützt hatte und zu keinem Zeitpunkt versucht hatte, uns in die Irre zu führen.«[4]

Überraschenderweise ging Jebsen darauf ein. In den kommenden vier Tagen, unablässig versorgt mit Zigaretten und Champagner, ließ er nichts aus von dem, was er wusste, und bot Wilson und Foley einen umfassenden Einblick in die Strukturen der deutschen Geheimdienstarbeit. Insgesamt herrschten innerhalb der Abwehr Neid und bürokratisches Chaos. Er begann mit Major Müntzinger, dem Abwehr-Offiziellen, der an der Spitze für Popovs Arbeit die oberste Verantwortung trug und der Popov in Belgrad rekrutiert hatte. »Er führt noch nicht einmal ein System zur Aktenablage in seinem Büro und ist völlig abhängig von der Erinnerungsfähigkeit seines Adjutanten, der aber kürzlich nach Budapest versetzt worden ist.« Jebsen wusste auch über die Sicht der Machtelite des Dritten Reichs zu berichten. »Die Abwehr ist im Allgemeinen demoralisiert und zynisch, und das Oberkommando der Wehrmacht weiß seit mindestens einem Jahr, dass Deutschland den Krieg verloren hat.«[5] Dann erzählte er vom Machtkampf zwischen der Abwehr unter Admiral Canaris und dem Sicherheitsdienst und der Gestapo, die dem Reichsführer SS, Heinrich Himmler, unterstanden. Himmler hatte den festen Plan, die Abwehr durch seinen Sicherheitsdienst übernehmen zu lassen.

Im Lauf der Tage erwies sich Jebsen als »lebendes Lexikon zur gesamten Gestapo«, er lieferte auch weitere Details zu Deutschlands vermeintlicher »Wunderwaffe«, der V1, und verriet, dass bereits auch die V2-Rakete gebaut wurde. Es war die erste ballistische Rakete der Militärgeschichte. Die Rakete, die einen Gefechtskopf von einer Tonne trug, war den Alliierten besonders unheimlich. Sie wurde von mobilen Abschussrampen gestartet. Einmal in der Luft, war sie nicht mehr aufzuhalten und stürzte mit fünffacher Schallgeschwindigkeit auf ihr Ziel. Zu schnell, als dass sich die Bevölkerung noch rechtzeitig in Sicherheit bringen könnte. Jebsen berichtete über die Rax-Werke, eine Rüstungsfabrik in Wiener Neustadt in Niederösterreich, die auch ein Außenlager des KZ Mauthausen war. Bis Herbst 1943 wurden dort auch die V2 produziert. »Er schlug ernsthaft und mit Nachdruck vor, nach Klärung seiner Probleme mit der Gestapo nach Deutschland zurückzukehren und die Sabotage der Fabrik in Wiener Neustadt zu organisieren.«[6]

Schließlich kam Artist auf das Thema zu sprechen, von dem der britische Geheimdienst gehofft hatte, dass er darüber wenig oder am besten nichts wusste.

Doch was die B1a bereits befürchtet hatte, wurde zur Gewissheit. Jebsen lieferte erstaunliche Details über die Arbeit der britischen Doppelagenten. Er erwähnte einen Namen nach dem anderen und auch, wie Berlin die Agenten einschätzte. Besonders zu Popov und seine Unteragenten lieferte Jebsen viele deutsche Bewertungen, die den Briten bisher entgangen waren. Popov sei während seines USA-Aufenthaltes unter massiven Verdacht geraten, sein Ansehen jetzt aber wieder gestiegen. Seine Mitagentin Gelatine war nicht immer zuverlässig, aber gelegentlich nützlich. Auch Balloon, der angebliche Regierungsbeamte, und die anderen Agenten, die Popov unterstützten, erregten keinen Verdacht. Aber die Deutschen befanden Balloon seit einiger Zeit schlicht als zu faul und glaubten, dass er zwar Informationen für Geld verkaufte, aber in letzter Zeit nicht genügend nützliche und brisante Informationen geliefert habe.

Auch über das Garbo-Netzwerk mit seinen vielen Agenten wusste Jebsen alles und erwähnte schließlich, dass er besonders dieses Netzwerk im Verdacht habe, von den Briten gesteuert zu werden. »Artist hinterließ bei mir den klaren Eindruck, dass er nicht glaubte, dass die Agenten, die vorgaben, Briefe zu schreiben oder Nachrichten aus England zu senden, echt waren«, notierte Wilson.[7]

Ohne dass er danach gefragt worden war, plauderte Jebsen auch über intimste Details seines komplizierten Privatlebens. Er hatte eine Affäre mit Lily Grass begonnen, einer Sekretärin des neuen Leiters der Spionageabwehr in Lissabon, Dr. Aloys Schreiber (alias Schier). Schreiber, ein Jurist aus Augsburg mit ergrauendem braunem Haar, war ein Oberstleutnant des Sicherheitsdiensts und ganz bewusst ins Abwehr-Büro nach Lissabon beordert worden. Er sollte ab sofort von Karsthoff genau auf die Finger schauen.

Wie alles, was Jebsen tat, war seine Liebe zu Lily Grass nicht ganz ohne Hintergedanken entflammt. »Sie ist in Artist verliebt, und wenn dieser sich die Mühe macht, zu verbergen, dass er sie langweilig findet, kann er mit ihrer Unterstützung rechnen«, hielt Wilson die wahre Motivation fest. Sollte die Gestapo ihm doch noch zu nahekommen, so hoffte Jebsen, würde ihr Chef Schreiber wohl vorher davon erfahren, und seine Geliebte könnte ihn warnen.

In ihrem Abschlussbericht kamen Foley und Wilson zum Ergebnis, dass Jebsens Motivation für den Seitenwechsel »hoch komplex« war. »Er sprach zu keiner Zeit von finanzieller Entlohnung, und wir sind sicher, dass er keine finanzielle Unterstützung erwartet.«[8] Er besaß »eine echte Abneigung gegen den Nationalsozialismus«, glaubte an das politische System in Großbritannien, war überzeugt, dass Deutschland auch durch den Angriff auf die Sowjetunion bereits den Krieg verloren hatte, und fürchtete, dass Deutschland dem Kommunismus anheimfallen könnte. »Zweifellos handelt Artist hauptsächlich aus Eigeninteresse, aber mit einer Klarsicht und Langfristigkeit, die einen Mann mit seiner unbestrittenen Intelligenz davon abhalten dürfte, uns zu täuschen.«

Besonders Wilson war sicher, dass Jebsen bereit sei, für die Alliierten sein Leben zu opfern, und fügte in einer handschriftlichen Notiz hinzu: »Ich bin überzeugt, dass Artist aufrichtig mit uns zusammenarbeiten möchte und zu weitsichtig ist, um uns mit Informationen zu füttern, deren Unwahrheit wir letztendlich beweisen können.«[9]

Artist hatte bei ihrem Treffen unzählige Details und streng vertrauliche Informationen geliefert. Dabei stützte er sich auf 39 Informanten – von Sekretärinnen bis hin zum Chef der Abwehr, Admiral Canaris. Die Qualität seiner Informationen war so exzellent, dass die B1a sie sofort mit allen anderen Geheimdienststellen teilte.

In London waren die Kollegen, die Wilsons Bericht lasen, ebenso begeistert wie verstört. Jebsen hatte geheime Informationen von höchstem Wert preisgegeben. Aber er war auch in der Lage, jederzeit schlussfolgern zu können, dass alle deutschen Agentennetzwerke von den Briten unterwandert worden waren. Durch die B1a ging noch immer ein Riss wegen Jebsen. Tar Robertson versuchte, sein Team zu beruhigen, und versprach, auf die nächsten Schritte seines neuen Agenten besonders zu achten.

Während ihrer gemeinsamen Tage in Lissabon konnten die beiden Freunde Jebsen und Popov – zumindest, wenn sie sich allein trafen und unbeobachtet fühlten – erstmals seit Kriegsbeginn wieder völlig frei miteinander sprechen. Die Zeit der gegenseitigen Täuschung war endlich vorbei, keiner musste den anderen mehr belügen, und es herrschte zwischen beiden wieder eine fast so enge Vertrautheit wie während ihrer Studienzeit in Freiburg.

Duško und Johnny konnten sich endlich all das anvertrauen, worüber lange keiner ein Wort zu verlieren gewagt hatte. So konnte Popov seinen Freund nun offen fragen, was er von dem künftigen Material halte, das er von Karsthoff bald übergeben wollte. Jebsen gab ihm den Rat, ein bestimmtes Dokument nicht zu teilen, da von Karsthoff es als unecht einschätzen könnte. Die beiden hatten ab jetzt wieder ein gemeinsames Ziel, und beide genossen sichtlich ihre wiedererstarkte Freundschaft.

An einem der nächsten Abende lud von Karsthoff beide zu einer Dinnerparty ein, zu der auch Aloys Schreiber und alle Sekretärinnen stießen. Von Karsthoff war bester Laune, brachte einen Toast auf Popov aus, schwärmte von seinem aus London mitgebrachten Material, das bereits per Kurier nach Berlin gesendet worden war, und versprach ihm weitere 15 000 Dollar. Aloys Schreiber stimmte all dem zu, wenn auch deutlich verhaltener.

Einige Tage nach seiner Dinnerparty wechselte Ludovico von Karsthoffs Stimmung ins Euphorische. Er war zu einer Abwehr-Konferenz nach Baden-Baden gebeten worden, stellte bei seiner Rückkehr ein breites Grinsen zur Schau und hatte eine bedeutende Nachricht für Popov. »Eigentlich darf ich dir davon gar nicht erzählen«, zierte sich von Karsthoff ein wenig, um dann doch damit herauszuplatzen, dass Popov »als bester Mann, den die Abwehr besitzt«, betrachtet wurde.[10]

Popov und Jebsen verbrachten so viel Zeit wie möglich miteinander. Nun waren beide zu Doppelagenten geworden, die ihre Rollen sehr unterschiedlich ausfüllten. Auf der einen Seite der nach wie vor selbstbewusste und unerschütterliche Popov. Auf der anderen Seite der von Zweifeln geplagte Jebsen, der seine Nerven noch immer nicht ganz unter Kontrolle hatte. Zusammen mit vielen Abwehr-Kollegen feierten sie in von Karsthoffs Villa Weihnachten. Alle tranken Champagner und sangen Weihnachtslieder, von Karsthoff ließ ein fünfgängiges Menu servieren, doch trotz aller Bemühungen war die Stimmung zum Fest gedrückt. Berlin wurde, so wie alle anderen deutschen Großstädte, massiv bombardiert. Die Hauptstadt bestand in großen Teilen nur noch aus Schutt.

Als die Festgesellschaft sich vor dem Radio versammelte und in einer Ansprache von US-Präsident Roosevelt davon erfuhr, dass General Dwight D. Eisenhower an Heiligabend zum Oberbefehlshaber der alliierten Invasionsmacht ernannt worden war und Roosevelt außerdem klarmachte, dass die Landung der Alliierten in Europa nicht mehr fern sei, schlug die Stimmung in Frustration um. Zum Digestif nahmen alle vor dem Kamin Platz, aber das Feuer wollte nicht richtig angehen und schwelte nur schwach vor sich hin. Von Karsthoff warf laut fluchend eine ganze Packung Streichhölzer hinein, und die Scheite entzündeten sich auf einen

Schlag mit einer großen Stichflamme. Schweigend blickte die Festgesellschaft ins Feuer.

Am 5. Januar 1944 brach Popov wieder nach London auf – er war bedrückt, weil er seinen Freund Johnny zurücklassen musste und ihm klar war, dass dieser durch seine neuen Aufgaben von nun an in noch größerer Gefahr schwebte.

In Popovs MI5-Geheimdienstakte findet sich ein Brief von ihm an Jebsen, den er kurz nach seiner Rückkehr nach London verfasst hatte. Er offenbarte einen Einblick in Popovs Gedankenwelt, in dem er das »Dilemma« ihrer gemeinsamen Agententätigkeit erwähnte, »entweder einem Freund zu helfen und eine viel größere Sache zu opfern«, oder »einen Freund dazu zu bringen, ein Risiko einzugehen und zu versuchen, die Sache zu retten«.

Popov ließ keinen Zweifel an seiner Wahl: »Ich würde mich für die zweite Lösung entscheiden. Und ich bin sicher, dass du dasselbe tun würdest.« Zum Schluss versuchte er, Johnny mit leichter Ironie nochmals Mut zu machen: »Wir müssen absolut stark und unerschütterlich mit jedem unserer Worte und jeder unserer Taten sein, um unsere ›Aufrichtigkeit‹ und ›Loyalität‹ gegenüber der Abwehr zu bewahren. Nur dann – und nur mit dir – können wir die Früchte meiner dreijährigen Anstrengung ernten.«[11]

Kapitel 13

Auftritt der ersten Geigen

London, Januar 1944

In London waren die Vorbereitungen für die Operation Fortitude (Englisch für Tapferkeit, Stärke) bereits in vollem Gang. Es war der wichtigste und wagemutigste einer Vielzahl von zuvor diskutierten Plänen, mit denen der Feind über den Zeitpunkt des Angriffs der Alliierten auf das europäische Festland verwirrt und getäuscht werden sollte.

Dieser Plan, den die Alliierten entwickelten, um die Wehrmacht über den genauen Ort und den Zeitpunkt der Landung und auch über die Größe ihrer Streitmacht zu täuschen, war fast so kompliziert wie die Vorbereitungen für die Landung selbst. Siebenmal wurde er geändert, ab Anfang 1944 stand die Operation Fortitude in ihren Grundzügen fest.

Fortitude gliederte sich in zwei Teile – Fortitude South und Fortitude North. Für Fortitude North täuschten die Planer eine mögliche Landung von Truppen in Norwegen vor. Die deutsche Seite sollte annehmen, dass die Alliierten vom Norden Schottlands aus einen Ablenkungsangriff auf Norwegen vorbereiteten. Hintergrund war die Idee, den Deutschen Angst vor einem Angriff in Skandinavien zu machen und sie dazu zu bewegen, ihre 27 dort stationierten Divisionen dort zu belassen. Verhindert werden sollte damit, dass die deutschen Truppen in Nordfrankreich weiter verstärkt werden würden. Fortitude South sollte die Deutschen im Glauben lassen, ein Angriff in der Normandie sei lediglich eine erste Täuschung, bevor der Hauptangriff weiter nördlich im Pas-de-Calais folgen würde.

Der Leiter des XX-Komitees, John C. Masterman, wusste, dass es auch für seine Doppelagenten von jetzt an um alles gehen würde. »Seit Anfang 1944 wurden alle unsere Aktivitäten vom alles anderen absorbierenden Ziel der großen strategischen Täuschung für die Landung in der Normandie verdrängt. Der Höhepunkt, auf den wir von Anfang an gehofft hatten, rückte näher, und alle anderen Aspekte der Arbeit versanken in der Bedeutungslosigkeit.«[1]

Die Täuschungsversuche nahmen nun eine bedeutendere Dimension an, und bei diesem geplanten Angriff zählte vor allem das Überraschungsmoment vom Meer aus. Würde es den alliierten Angreifern gelingen, schnell genug an Land zu kommen, könnten die deutschen Verteidiger nicht rechtzeitig ihre Verstärkung an diese Landepunkte bringen. Doch die Aufgabe an der nordfranzösischen Küste stellte sich als schwierig heraus, denn die Wehrmacht hatte dort genug Truppen stationiert, und nicht weit entfernt warteten im Inneren des besetzten Frankreich zusätzliche Kräfte, die bei einer Landung entsprechend an die Küste vorrücken konnten.

Das Datum für die Landung in der Normandie hatten die Stabschefs bereits auf den Konferenzen in Kairo und Teheran im November und Dezember 1943 festgesetzt. Die Landung unter dem Tarnnamen »Operation Overlord« sollte im Mai 1944 beginnen.

Die alliierten Planer wussten, dass sie trotz ihrer riesigen Flotte von Schiffen und Landungsbooten keineswegs sicher sein konnten, in den ersten Stunden der Landung genügend Soldaten, Fahrzeuge und Nachschub an Land zu bringen, um massiven deutschen Gegenangriffen standzuhalten.

Aus Sicht des deutschen Oberkommandos blieb der Pas-de-Calais das logische Landungsziel. Wegen der kurzen Überfahrt würden nur wenige alliierte Soldaten seekrank werden, außerdem waren die Alliierten auf einen großen Hafen wie Calais für ihren Nachschub angewiesen. Hier befanden sich auch die Abschussrampen für die V1-Raketen, die auf England gerichtet waren, und schließlich führte von dort aus der kürzeste Weg nach Berlin.

Dass die Landung im Pas-de-Calais kommen musste, davon war auch Hitler bereits Ende 1943 überzeugt: »Alle Anzeichen sprechen dafür, dass der Feind spätestens im Frühjahr, vielleicht aber schon früher, zum Angriff gegen die Westfront Europas antreten wird. Ich kann es daher nicht mehr verantworten, dass der Westen zugunsten anderer Kriegsschauplätze weiter geschwächt wird. Ich habe mich daher entschlossen, seine Abwehrkraft zu verstärken, insbesondere dort, von wo aus wir den Fernkampf gegen England beginnen werden. (...) Denn dort muss und wird der Feind angreifen, dort wird – wenn nicht alles täuscht – die entscheidende Landungsschlacht geschlagen werden.«[2]

Es lag an den alliierten Täuschungsplanern, Strategien zu entwickeln, wie die deutschen Reserven zurückgehalten werden konnten, bis die Landungsköpfe an den Küsten stark genug waren, um nicht mehr verdrängt zu werden. Ein besonderes Problem war dabei die erfahrene, gut ausgerüstete 15. Armee, eine Schlüsseleinheit der Heeresgruppe B unter dem Kommando von Erwin Rommel.

Stationiert im Pas-de-Calais, nur rund 300 Kilometer von den Landungsstränden entfernt, verfügte die 15. Armee über die Kraft und die Fähigkeit, die ersten Angreifer schnell zu attackieren und ins Meer zurückzutreiben. Die Alliierten wussten aus den abgehörten Meldungen auch, dass Rommel die Strategie bevorzugte, seine Gegner an den Stränden anzugreifen, wobei er damit in erbittertem Widerspruch zu seinem Vorgesetzten, Feldmarschall von Rundstedt, stand. Dieser wollte die Landung zunächst abwarten, um dann seine zentralen Reserven zu mobilisieren und die Angreifer so zu vernichten.

Ab jetzt arbeitete die B1a eng mit den Planern des Hauptquartiers der alliierten Streitkräfte in Nordwesteuropa (Supreme Headquarters, Allied Expeditionary Force – SHAEF) zusammen. Diese hatten ihren Sitz in London am St. James's Square, gut zwei Gehminuten vom Büro von Tar Robertson, Ian Wilson und John C. Masterman entfernt. Die alliierten Planer setzten in ihrem Täuschungsmanöver darauf, Rommels Gegenangriff möglichst zu verzögern.

Das Risiko war gigantisch. Sollte die Operation Fortitude scheitern, bestand die Möglichkeit, dass Hitler seine besten Truppen doch in die Normandie schickte und die Alliierten mit schrecklichen Verlusten ins Meer zurückwarf, sodass der D-Day als die größte Niederlage des Zweiten Weltkriegs in die Geschichtsbücher eingehen würde.

Um den Erfolg von Fortitude zu garantieren, sollten die Deutschen glauben, dass in dem Moment, in dem die Landung in der Normandie begann, eine weitere, riesige alliierte Armee mit fünfzig Divisionen und einer Million Soldaten in Südengland auf ihren Einsatz wartete, um die angebliche Hauptlandung unter dem Kommando von George S. Patton zu beginnen. Die britischen Doppelagenten hatten bereits viele Meldungen zu dieser Armee nach Berlin gesendet, und die Deutschen glaubten, dass sie Erste US-Armeegruppe (First US Army Group, FUSAG) genannt wurde.

Die Spuren der vermeintlich gigantischen Armee waren überall im Südosten Englands zu sehen. In den Flüssen ankerten Landungsboote, auf den Flugfeldern wuchs die Zahl britischer und US-amerikanischer Flugzeuge Tag um Tag, hunderte von Sherman-Panzern standen bereit, und aus großen Feldküchen in Wentworth, in der Nähe von Ascot, drang Tag und Nacht Rauch, ein Zeichen dafür, dass hier offensichtlich riesige Truppenkontingente verpflegt wurden. In den britischen Zeitungen war immer wieder von Schlägereien zwischen kanadischen, US-amerikanischen und britischen Soldaten zu lesen, und auf den Leserbriefseiten der Lokalzeitungen beschwerten sich die Leser über den verheerenden Einfluss der ausländischen Soldaten, die sich gerne mit jungen Frauen die Zeit vertrieben. Ein Vikar im Ruhestand geißelte »die sinkende Moral« der britischen Frauen, seit die fremden Truppen eingetroffen waren. Ein anderer beschwerte sich, dass rund um die Zeltlager im

Südosten gebrauchte Kondome achtlos weggeworfen würden. Im Sportteil stand, dass die Soldaten verschiedener Bataillone Fußballturniere austrugen.[3] Es sollte kein Zweifel herrschen: Hier war eine riesige Armee aufmarschiert, die sich für ihren kommenden Kampf gegen Deutschland bereithielt.

Panzerattrappe bei der Operation Fortitude

Doch die FUSAG war eine Geisterarmee und existierte nicht. Die Sherman-Panzer waren aufblasbar und aus Gummi. Die Kampfflugzeuge flugunfähig und aus Sperrholz, und die Landungsboote bestanden nur aus leeren Ölfässern und Gerüstrohren. In den Truppenlagern befand sich kein einziger Soldat, alle Zeitungsmeldungen waren von den alliierten Planern geschrieben worden, mit dem einzigen Ziel, dass die britischen Doppelagenten diese Nachrichten an ihre deutschen Abwehroffiziere in Lissabon, Madrid und anderswo weiterleiteten und die Deutschen so auf die angeblichen Vorbereitungen aufmerksam gemacht wurden. Später wurde auch noch ein gigantischer Funkverkehr simuliert, den die angeblich über 150 000 Soldaten verursachten. Jeden Tag setzten 25 Funker mehrere hundert Meldungen ab, in der Hoffnung, dass die Deutschen diese abhören würden.

Auch König George VI. hatte eine besondere Aufgabe. Mit dem britischen Feldmarschall Montgomery besuchte er in der Nähe der Küstenstadt Dover ein neues Öldepot und Versorgungsdock. Es handelte sich um eine gigantische Attrappe, errichtet von den Bühnenbildnern der Shepperton Filmstudios, die auch die zahlreichen Panzer- und Flugzeugattrappen gebaut hatten. Das Öllager bestand aus Sperrholz, Segeltuch und Abflussrohren, eine große Windmaschine aus den Filmstudios blies Dampf und Rauch darüber, damit es so aussah, als ob die Anlage in vollem Betrieb laufe. Fotos des Königs und seines Feldmarschalls erschienen in allen Zeitungen des Landes, als sie das schwer bewachte »Öldepot« besichtigten.

Der Aufwand für die angebliche Armee war gewaltig, aber die deutsche Luftwaffe war bereits so dezimiert, dass sie keine regelmäßigen Aufklärungsflüge mehr über dem Südosten Englands unternehmen konnte. Die verbliebenen deutschen Piloten konnten auch nicht allzu niedrig fliegen, aus Angst vor feindlichem Beschuss. Manchmal allerdings ließen es die Briten absichtlich zu, dass ein deutsches Aufklärungsflugzeug in den Luftraum eindrang, schließlich sollten die Vorbereitungen der FUSAG ja wahrgenommen werden. Allerdings verhinderten es Briten und US-Amerikaner in jedem Fall, dass deutsche Flugzeuge niedriger als 9000 Meter flogen, denn dann wäre die Täuschung sofort zu erkennen gewesen. Die Mühe war jedoch größtenteils vergebens. In den letzten sechs Wochen vor der alliierten Landung in der Normandie kam die deutsche Luftwaffe auf nur noch 129 Aufklärungsflüge über ganz Großbritannien.[4]

Niemand spielte eine wichtigere Rolle dabei, die Deutschen davon zu überzeugen, die Täuschung für Wahrheit zu halten, als die Doppelagenten des XX-Komitees, von denen zu dieser Zeit noch fünfzehn aktiv waren. Fortitude sollte zu ihrer größten Aufgabe werden. Aber nur sieben von ihnen kamen für diesen Auftrag infrage.

Sollte auch nur ein Teil ihres Lügengebäudes unglaubhaft erscheinen, könnte die gesamte Täuschung auffliegen. Es bestand die Gefahr, dass die Deutschen dann alle Nachrichten der Agenten chronologisch »rückwärts« lesen und so die wahren Absichten der Alliierten erkennen konnten. Tar Robertson verglich sein Team von Doppelagenten mit einem Orchester, in dem jeder Einzelne genau nach seinen Noten spielen musste, damit gemeinsam eine stimmige Symphonie der Täuschung erklingen konnte. Nur die sieben Doppelagenten, die das besondere Vertrauen der Abwehr besaßen und mit ihr im Funkverkehr standen, spielten bei der Operation Fortitude mit und wurden von Robertson und der B1a von jetzt an als »erste Geigen« bezeichnet. Auch Tricycle wurde zu einer von Robertsons ersten Geigen – die wichtigsten anderen waren Juan Pujol (Garbo), Wulf Schmidt (Tate) und Roman Garby-Czerniawski (Brutus).[5]

Zunächst hatte das XX-Komitee ausgeschlossen, Popov bei der Operation Fortitude überhaupt eine Rolle zu geben. Vor allem, weil niemand sicher sein konnte, wie gefährdet Johnny Jebsen sein würde und welche Folgen seine Arbeit in Lissabon für alle anderen Doppelagenten haben könnte. Ian Wilson hatte es für einen schweren Fehler gehalten, Tricycle und Artist nicht für den D-Day zu nutzen. »Es besteht kein Zweifel daran, dass Tricycle in den Augen der Abwehr derzeit einen sehr hohen Stellenwert hat. In Lissabon wurde er wie ein Held behandelt.« Wilson schätzte auch die unmittelbare Gefahr für Artist als gering ein. Die Zweifel waren aus seiner Sicht »vollständig beseitigt«. Und selbst wenn Artist etwas verraten würde, müsste das nicht zwangsläufig zum Ende der Täuschung führen. »Alle Abwehr-Offiziere, vom höchsten bis zum niedrigsten Dienstgrad, haben ein persönliches Interesse daran, Tricycle zu unterstützen, und ich bezweifle sehr, dass irgendjemand von ihnen den Mut besäße, zuzugeben, dass sie jahrelang getäuscht wurden und enorme Geldsummen für einen britischen Agenten ausgegeben haben.«[6]

Das XX-Komitee gab sich geschlagen ob der Vielzahl an Argumenten und Notizen, die Wilson anfertigte. »Kein Verbot«, schrieb Wilson triumphierend und handschriftlich auf einen seiner Vermerke. Tricycle und Artist waren dabei im größten und wichtigsten Spiel.

In vielem hatte der stets alle Argumente abwägende Jurist Wilson recht. Alle Bedenken gegenüber Artist hatte er beiseitegewischt – und das mit Zustimmung von Tar Robertson. Doch das ließ das Risiko nicht einfach verschwinden, denn Artist wusste zu viel, und er kannte zu viele.

Kapitel 14

Hase und Igel

Lissabon, 14. Februar 1944

Die Gefahr für Johnny Jebsen ging von einem Mann aus, der einer seiner engsten Freunde war. Erich Vermehren, ein Abwehr-Offizier in Istanbul, und seine Ehefrau waren zur britischen Seite übergelaufen, und der MI6 versuchte, beide über Kairo und Gibraltar nach London zu bringen. Jebsen hatte in den vergangenen Jahren nicht nur zum Ehepaar Vermehren engen Kontakt gehalten – war er in Lissabon, traf er auch häufig Erich Vermehrens Mutter Petra, die dort als Auslandskorrespondentin für eine deutsche Zeitung arbeitete und dauerhaft im Hotel Palácio in Estoril wohnte. Jebsen kannte die Familie bereits aus seiner Freiburger Studentenzeit. Wie Jebsen hatten auch Erich und sein Bruder dort studiert. Von diesen Verbindungen wusste die Abwehr, und Jebsen wurde ab jetzt besonders scharf observiert, falls die Vermehrens in Lissabon auftauchen sollten. Gleichzeitig wurde Petra Vermehren unter einem Vorwand nach Deutschland gelockt und wie andere Familienmitglieder im Rahmen der Sippenhaft im Konzentrationslager Sachsenhausen interniert.

Am 14. Februar kontaktierte Jebsen verzweifelt Charles de Salis vom MI6 und berichtete ihm, wie sehr ihn seine Freundschaft mit den Vermehrens in zusätzliche Schwierigkeiten stürzen könnte. De Salis teilte seine Besorgnis: »Wir müssen davon ausgehen, dass sie uns künftig ganz besonders beobachten werden. Wir müssen noch besser aufpassen bei unseren Treffen.«

Aber das war nicht Jebsens einziges neues Problem. Wenige Tage zuvor, am 11. Februar, war Admiral Canaris als Abwehrchef entlassen worden, nachdem eine Reihe von Fehlern, manche davon vollkommen beabsichtigt, bekannt geworden waren. Seit 1943 war der Ruf der Abwehr im freien Fall. Weder hatte sie die Landung der Alliierten im November 1942 in Nordafrika vorhergesagt noch das Oberkommando der Wehrmacht (OKW) vor der Landung der Alliierten auf Sizilien im Juli 1943 gewarnt. Nun verlor Canaris den Machtkampf mit Heinrich Himmler und seinem Sicherheitsdienst endgültig. Er wurde unter Hausarrest gestellt und begab sich mit seinem Fahrer und seinen beiden Dackeln auf die fränkische Burg Lauenstein, wohin er verbannt worden war. Abwehr und Sicherheitsdienst wurden auf Befehl Hitlers zusammengelegt zu einem einzigen deutschen Geheimdienst.

Jebsen, einer der Günstlinge von Canaris, war auf einen Schlag schutzlos geworden und hatte neben Canaris eine Reihe weiterer, mächtiger Fürsprecher verloren. Die Gefahr war auch im abgehörten deutschen Funkverkehr bemerkbar, wie Tar Robertson warnte: »Berlin hat eine strenge Überwachung von Artist angeordnet, vermutlich wegen der Flucht der Vermehrens, da er als einer ihrer Freunde bekannt ist. Artist besitzt nun keine Freunde mehr in Berlin, und seine Feinde werden ihm das Leben schwer machen.«[1] In ganz Europa begannen immer mehr Abwehr-Offiziere diskret mit den Briten Kontakt aufzunehmen, um ihnen Informationen anzubieten oder um überzulaufen.

Trotz der erneut gewachsenen Zweifel legten sich alle D-Day-Spione weiter ins Zeug – besonders für Fortitude South. Popov lieferte für die Symphonie, die zum D-Day führte, einen neuen, fein komponierten Satz ab. Er reiste an die Küste von Kent und berichtete von Karsthoff über die Vorbereitungen der großen alliierten Streitmacht. Popov sollte die Deutschen aber keinesfalls zur Eile treiben, und so sendete er eine wichtige Einschränkung: »Es wurde ein umfangreiches Programm zur Vorbereitung und Verbesserung von Kochhäusern, Waschhäusern, Zeltlagern und Landeplätzen ausgearbeitet, aber fast alles muss noch fertiggestellt werden. Trotz intensiver Vorbereitungen gibt es keine Anzeichen dafür, dass eine Invasion unmittelbar bevorsteht.«[2] Ebenso meldete er die angeblichen Vorbereitungen im Hafen von Dover, der »für eine große Landungstruppe umgebaut wurde«. Später reiste er weiter entlang der englischen Ostküste nach Portsmouth, Southhampton und Exeter, wo er keine militärischen Bewegungen beobachtete und betonte, dass dort an der Westküste Ruhe herrsche. In Wahrheit war alles genau andersherum.

Tar Robertson wollte Popov noch einmal nach Lissabon entsenden, es sollte sein letzter und wichtigster Besuch werden. Tricycle war der einzige Doppelagent, der den Abwehr-Offizieren persönlich Täuschungsmaterial überbringen konnte – ein einzigartiger Vorteil, sein gesamtes Material glaubwürdiger erscheinen zu lassen. »Sein Ansehen in Deutschland ist sehr hoch, und wir möchten diese Tatsache und die Möglichkeit, dass er den Deutschen Dokumente vorlegen kann, nutzen.«[3]

Ein letztes Mal ging Tricycle auf seine gewohnte Reise. Im Gepäck falsche Berichte zur möglichen Aufstellung und Taktik der alliierten Truppen für die Landung, Augenzeugenberichte aus den Häfen am Ärmelkanal, gefälschte Dokumente und Fotos sowie eine große Zahl von Berichten mit seinen eigenen Beobachtungen. Er hatte tatsächlich all die Orte besucht, von denen er der Abwehr berichten sollte, auch um in seinen Gesprächen bestehen zu können. Besondere Mühe gab sich die B1a dieses Mal mit plausiblen Begründungen, wie er an all diese Informationen gekommen war. Die Detailarbeit war für diese Reise erheblich aufwändiger – nichts durfte nun noch schiefgehen.

Bei der letzten Besprechung vor seinem Abflug nach Lissabon verriet Ian Wilson seinem Agenten, dass eine Zusammenfassung seiner Agententätigkeit regelmäßig Winston Churchill vorgelegt wurde, der daran großes Interesse zeigte. Popov fühlte sich geschmeichelt, aber er war nun vor allem darauf konzentriert, endlich mit seiner Arbeit für Fortitude loszulegen. Dass der so häufig pendelnde Doppelagent während der entscheidenden Vorbereitungsphase von Fortitude noch einmal nach Portugal fliegen durfte, zeigte das große Vertrauen, das der MI5 in ihn setzte.

Ende Februar genehmigte Winston Churchill die abschließende Version der Operation Fortitude, nur noch knapp drei Monate blieben bis zur geplanten Landung in der Normandie. Christopher Harmer, einer der Regierungsbeamten, der die Arbeit zwischen Doppelagenten und Militär koordinierte, sprach das aus, was die meisten Beteiligten ohnehin dachten: »Ich kann nicht glauben, dass wir jemals damit durchkommen werden.«[4]

Lissabon, 26. Februar 1944

Was Popov bei seiner Rückkehr geschah, unterschied sich grundlegend von seinen bisherigen Aufenthalten. Von Ludovico von Karsthoff fehlte jede Spur, er schien vom SD aufs Abstellgleis geschoben worden zu sein. An seine Stelle war nun endgültig Aloys Schreiber getreten. Hatte das Wiedersehen mit von Karsthoff stets entspannten Treffen zweier guter Bekannter geähnelt, war dieser Mann, der einen Ruf als brillanter und erbarmungsloser Vernehmungsbeamter besaß, von Kälte und Misstrauen durchzogen. Statt in einer vornehmen Villa fand Popovs Befragung in einem unbewohnten Mietshaus statt. Das verbale Duell zwischen Schreiber und Popov begann um 19.30 Uhr, ein Ende war nicht abzusehen. Hatte von Karsthoff für ausgedehnte Abendessen Champagner und Hummer geordert, ließ Schreiber nur eine kurze Pause mit Bier und Sandwiches zu. Der neue Abwehr-Leiter ließ nicht locker, die Befragung Popovs dauerte insgesamt zwei Tage und Nächte. Als seinen Unterstützer hatte Schreiber ausgerechnet Johnny Jebsen mitgebracht. Der spielte bei Popovs Verhör den harten Hund und stellte, um keinen Argwohn zu erwecken, noch härtere und skeptischere Fragen als

Schreiber. Schreiber war während dieses Fragemarathons vor allem an den Landungsplänen der Alliierten interessiert.

Popov versuchte, stets konzentriert zu bleiben. Hätte er sich in diesen Tagen und Nächten ein einziges Mal widersprochen, hätte er nicht nur sein Leben, sondern die gesamte Operation Fortitude gefährdet. Popov blieb überzeugend, und Schreiber schien bei nichts, was Popov ihm vorlegte und erzählte, in Argwohn zu verfallen, obwohl er immer wieder hart nachfragte. In einem Telegramm nach Berlin meldete er zunächst nur knapp, dass Popov »ein exzellenter Agent ist, und ich keine Zweifel habe«. Dann musste seine Sekretärin, die 23-jährige Baroness Marie Luise von Gronau, zu der Jebsen ebenfalls eine flüchtige Liebesbeziehung aufgebaut hatte, das gesamte Verhör protokollieren und Schreibers Bericht erstellen. Von Gronau hatte als Tochter des deutschen Luftwaffenattachés einige Zeit in Tokio gelebt und ein vielbeachtetes Buch über ihre Erlebnisse in Japan publiziert.[5] Sie lieferte Jebsen eine weitere vorläufige Einschätzung.

Marie Luise von Gronau, um 1944/45

Die Befragung von Popov durch Schreiber und Jebsen war ihr zufolge »absolut zufriedenstellend« verlaufen.[6] Winston Churchill wurde diese Nachricht direkt vorgelegt. Im Londoner Regierungsviertel Whitehall herrschte vorläufig Erleichterung.

Trotz dieses Erfolgs forderte das Leben in ihren doppelten Rollen und die ständige Anspannung, der sowohl Popov als auch Jebsen ausgesetzt waren, in dieser Phase ihren Tribut. Schon lange litten beide unter andauernder Nervosität, die sie mit zu viel Alkohol, Zigaretten und Schlaftabletten zu bekämpfen versuchten. Zerstreuung erhofften sie sich auch durch immer neue Affären. All das half nicht mehr, wie so viele Agenten befiel sie jetzt ein typisches Leiden. Das große Zittern begann, und beide mussten wiederholt Panikattacken durchstehen. Unter großer Anspannung berichtete Jebsen der B1a von neuen Methoden der »Ablegekommandos« der Gestapo, die Verräter eliminierten und »ein neues Gift einsetzen, das in Wasser, Nahrung oder Cocktails gemischt wird, fast geschmacklos ist, schnell wirkt und nach zwanzig Minuten nicht mehr im Körper nachweisbar ist«. Die Alternative ließ ihn ebenso erschaudern. »Wenn kein Gift eingesetzt werden kann, werden die Zielpersonen erschossen, wobei die ›Ablegekommandos‹ zuvor immer genau ihre Flucht geplant und ein Alibi entwickelt haben.«[7]

Schließlich griffen Jebsen und Popov zu stärkeren Drogen und experimentieren gemeinsam in Popovs Hotelzimmer abwechselnd mit Amphetaminen und Barbituraten. »Sehr bald darauf fühlte ich einen leichten Schwindel, dann wurde ich schläfrig. Doch zugleich erschien alles heiter und komisch. Ich liebte alle Menschen«, berichtete Popov über eines dieser Erlebnisse.[8] Benebelt und desorientiert wachte er erst am nächsten Tag gegen 17 Uhr aus seinem Drogenrausch auf. Johnny hatte ihm bereits fürsorglich ein Frühstück der besonderen Art bestellt. Ein großes Steak, eine Kanne Kaffee und eine eiskalte Flasche Rosé sollten Popov wieder in Form bringen.

Das Verhör hatte Popov, trotz des Drucks, der auf ihm lastete, bravourös absolviert. Nur ein Punkt sorgte bei Deutschen wie Briten für Kopfschütteln. Litt Popov allmählich unter Größenwahn, oder war er schlicht unverschämt? In einem letzten Gespräch hatte er von Aloys Schreiber für seine weiteren Dienste und neue Informationen zur geplanten Landung der Alliierten eine gewaltige Vorauszahlung von 150 000 US-Dollar (heute knapp 2,5 Millionen US-Dollar) verlangt und in aller Ruhe hinzugefügt, dass »alle weiteren Aktivitäten seinerseits vom Erhalt der vereinbarten Summe abhängen werden«.[9]

Berlin lehnte sofort ab und wollte ihm 1500 Schweizer Franken pro Monat bezahlen, worauf Popov drohte, alles sofort hinzuwerfen. Auch London empfand Popovs Forderung als »ungeheuerlich« und ärgerte sich, dass Tricycle wieder einmal auf eigene Faust ein so unverantwortliches Risiko eingegangen war.[10] Schließlich bekam Popov 14 000 US-Dollar Vorschuss, und Schreiber versprach ihm weiteres Geld.

Der von allen Ereignissen ferngehaltene Ludovico von Karsthoff witterte in dieser Zeit seine letzte Chance. Alles, was er bei seinen neuen Vorgesetzten des Sicherheitsdienstes vorweisen konnte, war sein angebliches Agentennetzwerk in Großbritannien. Nun versuchte er, den inzwischen fertiggestellten Bericht zu Popovs Verhör persönlich in Berlin zu präsentieren. Doch in Lissabon war bereits ein direkter Konkurrent aufgetaucht. Major Müntzinger, der von Anfang an für Popov zuständig gewesen war, war durch einen Offizier namens Wiegand ersetzt worden, der nun in Lissabon arbeitete und nur darauf wartete, dass der Bericht zu Popovs Aktivitäten fertig abgetippt war. Er kam auf dieselbe Idee wie von Karsthoff, und der sonst so träge von Karsthoff entwickelte erstaunlichen Ehrgeiz. Wie im Märchen vom Hasen und dem Igel versuchte er alles, um das Wettrennen zwischen ihm und Wiegand für sich zu entscheiden.

Nachdem Marie von Gronau die letzten Seiten abgetippt hatte, schnappte sich von Karsthoff eine Kopie und stieg in den erstbesten Zug Richtung Berlin. Wiegand bekam das wenig später mit und versuchte wutentbrannt, einen Platz für einen Flug nach Deutschland zu bekommen, um vor seinem Konkurrenten in Berlin zu sein.

Das Rennen der beiden Offiziere hatte er offenbar mit ein paar Stunden Vorsprung doch noch für sich entschieden. Die Folgen waren für von Karsthoff fatal. Der SD ließ ihn fallen, zu viel war inzwischen über seinen verschwenderischen Lebensstil in Lissabon und seine fehlende Arbeitsmoral bekannt geworden. Von Karsthoff musste sich zunächst vor einem Kriegsgericht wegen angeblichen Geheimnisverrats verantworten, später wurde er nach Österreich gebracht, wo sich Ludovico von Karsthoffs Spuren im letzten Kriegsjahr verlieren. Der MI5 vermutete, dass er von russischen Soldaten festgenommen und exekutiert wurde.[11]

Der genusssüchtige und stets auf seinen Vorteil bedachte von Karsthoff hatte viel getan, um seinem Agenten Iwan und sich selbst zum Erfolg zu verhelfen. Dabei war er die ganze Zeit von Popov abhängig gewesen, der ihn ein bequemes und luxuriöses Leben hatte führen lassen, mit Wein, Delikatessen, einer jungen Geliebten, neuen Autos und einer weißen Villa, in einem Leben fernab von Krieg und Gewalt.

Am 9. März fing Bletchley Park eine Nachricht an das deutsche Oberkommando der Wehrmacht ab, die für Jubel in London sorgte. Schreibers ausführliche Analyse wurde von Berlin geteilt. Agent Iwans Bericht hatte »besonders wertvolle Information über die britischen Formationen in Großbritannien geliefert«, hieß es in der Antwort aus der deutschen Hauptstadt. »Er beinhaltet Informationen über drei Armeen, drei Armeekorps und 23 Divisionen, nur der Aufenthaltsort einer dieser Formationen muss in Zweifel gezogen werden. Der Bericht bestätigt unser eigenes operatives Gesamtbild.«[12] Der Köder, den die Briten für ihre Feinde ausgelegt hatten, war begierig geschluckt worden. Operation Fortitude konnte mit vollem Einsatz fortgesetzt werden.

Einen Tag später machte sich Ian Wilson nach Lissabon auf, um in einer konspirativen Wohnung des MI6 in Lissabon die neuesten

Informationen von Jebsen und Popov direkt zu erhalten. Popov berichtete ihm über die letzten Tage in Lissabon, er war »voll des Lobes für Wilson, für den er den höchsten Respekt hat«,[13] notierte Guy Liddell, der beim MI5 für die Gegenspionage zuständig war in seinem Tagebuch. »Ich denke, er ist sich bewusst, dass er ohne Wilsons Unterstützung niemals die Position hätte erreichen können, die er jetzt erreicht hat. Wilson hat auch einen sehr guten Eindruck auf Artist gemacht.«[14]

Jebsen übergab Wilson fünf lange Berichte, er lieferte so viel nützliche Geheimdienstinformationen wie nie zuvor und zeigte eine erstaunliche Produktivität. Er berichtete über die verzweifelten deutschen Versuche, mehr Flugzeuge zu bauen und mehr Munition zu produzieren, lieferte Fakten und Zahlen zur verheerenden wirtschaftlichen Lage im Dritten Reich, zu Reserven der Wehrmacht und auch über den Aufstieg des SS-Offiziers Walter Schellenberg, der ihm »persönlich sympathisch, aber ziemlich rücksichtslos« erschien und 1944 zum Leiter der vereinigten Geheimdienste von Sicherheitsdienst und Abwehr im Reichssicherheitshauptamt ernannt wurde.

Für Popov kam es während dieser Tage zu einer lange erhofften Überraschung. Viele Monate hatte er darum gebeten, endlich seinen Bruder Ivo wiedersehen zu dürfen. Das war ihm von der B1a schon seit geraumer Zeit versprochen worden, beide sollten sich in Madrid treffen. Doch Popov erhielt kein Visum für Spanien, und so wurde Ivo spontan nach Lissabon eingeflogen. Beide fielen sich nach drei Jahren wieder in die Arme, schlossen sich in Popovs Hotelzimmer ein, ließen den Zimmerservice ab und zu kommen und »redeten ununterbrochen zwei Tage lang«.[15]

Den letzten Abend, bevor Popov nach London zurückflog, verbrachte er mit seinem Freund Johnny. Bis tief in die Nacht feierten beide im Casino von Estoril. Noch einmal ermahnte Popov Jebsen, nicht zu viel zu riskieren, aber der versuchte ihn zu beruhigen. »Theoretisch gesehen werden mich die Leute, mit denen ich Geschäfte mache, decken. Das müssen sie, schon in ihrem eigenen Interesse«, gab sich Jebsen offensichtlich gelassen.

»Aber sie könnten versuchen, dich zum Schweigen zu bringen ... für immer«, warf Popov ein.

Doch Jebsen zeigte sich unerschrocken. Er vertraute ganz in seine Fähigkeiten. »Es ist wie beim Pferderennen.«

»Aber was ist, wenn du auf das falsche Pferd setzt?«

»Ich wette nicht. Ich bin das Pferd.«

Popov schien es, als ob jeder weitere Einwand zwecklos war. Als die letzten Spieler das Casino verlassen hatten, schlug Popov seinem Freund vor, ihn zu Fuß zu seiner drei Kilometer entfernten Villa zu begleiten. Fahren konnten beide schon lange nicht mehr. Bis zum Morgengrauen tranken sie weiter, dann musste Popov aufbrechen. Zum Abschied fielen sich beide in die Arme. Popov hatte sich schon umgedreht und verschwand im milden Licht der aufgehenden Sonne, völlig betrunken und die Augen fest auf den Weg vor ihm gerichtet. »Duško!«, rief Jebsen plötzlich.

»Was ist denn noch?«, Popov stöhnte und ging ein paar Schritte zu ihm zurück.

»Ach nichts. Ich wollte dich nur genau ansehen. Es wird eine Weile dauern. Ich habe das Gefühl, dass wir in verschiedene Richtungen gehen.« Er sprach deutsch, und Popov merkte, dass er »Auf Wiedersehen« sagen wollte, aber stockte. Stattdessen sagte er nur »Goodbye«.[16]

Kapitel 15

Ein Verräter

London, 13. April 1944

Premierminister Winston Churchill wurden die Nachricht von Popovs erfolgreicher Mission sofort nach seinem Wiedereintreffen in England mitgeteilt: »Agent Tricycle ist nun von einem Besuch bei seinen Leitern in Lissabon zurückgekehrt. Es ist ihm einmal mehr gelungen, sie von seiner absoluten Zuverlässigkeit zu überzeugen, und er hat ihnen eine große Summe Dollar als Vorschuss für seine künftigen Dienste entlockt. Er hat einen interessanten Fragebogen erhalten. Sie scheinen den größten Respekt vor ihm zu haben.«[1]

Von Bristol fuhr Popov in die Londoner Innenstadt. Als der Zug seine Endstation Paddington Station erreicht hatte, wartete am Bahnsteig bereits Tar Robertson auf ihn, außerdem Ian Wilson, der bereits einige Tage vor Popov aus Portugal zurückgekehrt war. Zusammen fuhren sie direkt zu Popovs Domizil nach Knightsbridge, wo Popov die erste unerfreuliche Überraschung erlebte. Als die drei ausstiegen, standen sie vor einem gewaltigen Krater, direkt vor Clock House war eine 500 kg Bombe eingeschlagen, aber nicht detoniert. Und sogleich folgte die zweite Überraschung.

Popov nestelte in seiner Manteltasche und suchte nach seinem Haustürschlüssel. Der war irgendwo in Lissabon liegengeblieben. Oder er hatte ihn nach seinem Gelage mit Johnny verloren. Fragend sah er Wilson und Robertson an, doch sie zuckten nur mit den Schultern. Ohne weiter abzuwarten, begann der soeben angekommene Agent daraufhin seine nicht mehr aufzuschiebende Mission, vollführte ein paar akrobatische Verrenkungen, kletterte an der Außenfassade bis zum ersten Stock hoch, stieg dort in ein Fenster ein, öffnete den beiden von innen mit einem Lächeln die Tür und hieß die beiden Wartenden willkommen. Seine Befragung durch die beiden Geheimdienstkoordinatoren konnte beginnen.

Popov berichtete Wilson und Robertson, dass er sich mittlerweile weniger Sorgen um seinen Freund Johnny mache, nachdem dieser ihm nochmals versichert habe, dass die Gestapo keine Order mehr besaß, ihn sofort beim Grenzübertritt nach Deutschland zu verhaften. Stattdessen, so hatte Jebsen an ihrem letzten gemeinsamen Abend erzählt, habe ihm ein Freund wichtige Nachrichten zukommen lassen. Der Freund, ein ehemaliger Polizeibeamter, der nun gegen seinen Willen für den SD in Lissabon arbeiten musste, hatte Jebsen darüber informiert, dass der SD Ende April oder Anfang Mai einen Offiziellen nach Lissabon schicken würde, um die noch offenen Anschuldigungen gegen ihn endgültig auszuräumen. Das meiste, was in den SD-Akten über ihn stand, sei ohnehin nicht korrekt, behauptete Jebsen Popov gegenüber. Und die Gestapo sei fälschlicherweise darüber informiert worden, dass er angeblich an viel mehr Währungsschiebereien beteiligt gewesen sein sollte, als es tatsächlich der Fall sei. Jebsen gab sich zuversichtlich, alle Anschuldigungen endgültig aus der Welt schaffen zu können, und Popov war erleichtert, dass seinem Freund keine allzu große Gefahr mehr drohte. Wie Popov waren auch Robertson und Wilson froh über diese ermutigenden Entwicklungen. Doch Bletchley Park meldete schon bald das Gegenteil, während Jebsens Geliebte Marie von Gronau alles tat, um ihn vor den kommenden Schritten gegen ihn noch zu warnen.

Lissabon, April 1944

Die Anzeichen häuften sich, dass etwas gegen Jebsen vorbereitet wurde. Zunächst hatte Aloys Schreiber Marie von Gronau den Kontakt zu Jebsen untersagt. Sie traf sich dennoch an geheimen Orten mit ihm und sagte ihm, dass irgendein Verdacht gegen ihn bestehe.

Jebsen machte sich lustig über sie, auch als sie ihn direkt fragte, ob er ein britischer Agent sei. Er verneinte das so oft, bis sie schließlich überzeugt war, dass ihr Verdacht berechtigt war. Manchmal fragte er scheinbar zum Spaß, ob er bestimmte Informationen, die sie vom Schreibtisch ihres Chefs direkt an ihn weitergab, lieber an die Briten oder die Amerikaner leiten solle, und bezeichnete sich scherzhaft als »loyalsten Feind Ihrer Majestät«. Die beiden führten eine lose, aber sehr vertrauensvolle Beziehung. Sie lebten in Estoril, und Jebsen nahm sie oft auf dem Weg zur Arbeit mit. Einmal fragte er sie im Scherz, ob sie ihn heiraten wolle, sie lehnte entrüstet ab, auch weil sie wusste, dass er bereits eine Ehefrau in Deutschland und in dieser Zeit mindestens eine Geliebte in Frankreich besaß. Aber sie blieben eng verbunden, und Marie von Gronau war »fasziniert von seiner Intelligenz und seinem großen Wissen«.[2] Wann immer Jebsen auf Reisen war, kümmerte sie sich um seine Villa und hielt die Dienstboten auf Trab.

Anfang April hatte von Gronau ein mit »Strengstens geheim!« markiertes Telegramm in Schreibers Unterlagen entdeckt, darin wurde ein Besuch von Vertretern des Reichssicherheitshauptamtes in Lissabon angekündigt, die Einheit, die den SD kontrollierte. Jebsen und seine Aktivitäten sollten genauer untersucht werden. Auch darüber informierte von Gronau ihren Geliebten, der aber diese Warnung nicht ernst nahm und nur meinte, er wisse viel zu viel über den SD.

Dann überschlugen sich die Ereignisse. Von Gronau erhielt Mitte April den Befehl, sofort Lissabon zu verlassen und sich innerhalb von 48 Stunden in Berlin zu melden. Ihre Kollegin Lily Grass erhielt denselben Befehl. Aloys Schreiber behauptete, dass dies eine routinemäßige Reduzierung des Personals sei, »alle Sekretärinnen, die länger als zwei Jahre hier gearbeitet haben, sollen nach dem Prinzip wechseln, dass sie eine lange Zeit an einem angenehmen Ort gearbeitet haben und deshalb an einen weniger angenehmen Ort versetzt werden sollen«.[3] Allmählich dämmerte es Jebsen. Schreiber wollte ihn von seinen zuverlässigsten Informantinnen isolieren.

Ihre letzten Stunden in Portugal verbrachte Marie von Gronau mit Jebsen, der sie sogar noch zum Flughafen fuhr. Als sie sich verabschiedeten, machte Jebsen eine Bemerkung, die sie noch fester glauben ließ, dass er als britischer Agent arbeitete. »Drei Tage nach Ende der Kämpfe in Deutschland wird sich ein britischer Pilot im Gasthaus Røde-Kro nördlich von Flensburg melden. Wenn du dann da bist, wird er dich mitnehmen und nach England bringen«, schärfte er ihr ein.[4] Beide verabschiedeten sich unter Tränen, und er gab ihr zuletzt noch die Adresse des Gasthauses. Als sie zurück in der Heimat eintraf, wurde die junge Baroness sofort in ein Konzentrationslager gebracht, aber sie überlebte die Haft. Schreiber begann immer rücksichtsloser vorzugehen, da er neue Details über Jebsen erhalten hatte. Von einem Informanten, der immer stärker Jebsens Nähe suchte.

Hans Joachim Brandes war 24 Jahre alt und eine der vielen zwielichtigen Figuren, die der Abwehr-Stelle in Lissabon hin und wieder Informationen zuspielten. Er stammte aus Berlin, sein Vater war Jude, und um die Nürnberger Rassegesetze zu umgehen, hatte der junge Hans Joachim in der Schweiz studiert. Danach agierte er offiziell als Angestellter der Fritz Werner AG in Berlin, die seiner nichtjüdischen Mutter überschrieben worden war und zu den größten deutschen Rüstungsfirmen zählte. Im Januar 1943 war er in Portugal eingetroffen und nutzte sofort seine Kontakte für Waffengeschäfte. Dafür waren ihm auch die illegalsten Mittel recht. »Seine Bestechungsversuche reichen weit, und er gilt als absoluter Spezialist in dieser Kunst«, hatte Jebsen schon bald über ihn bemerkt.[5]

Nach Aloys Schreibers Ankunft in Lissabon nahm Brandes schnell Kontakt zum neuen Abwehr-Leiter auf. Denn dieser war ein Freund seines Vaters gewesen, der 1939 von der Gestapo in Paris umgebracht worden war.[6] Brandes fühlte sich aufgrund seiner Familiengeschichte nie vollkommen sicher. Als »jüdischer Mischling zweiten Grades« wurde er zwar nicht unmittelbar verfolgt, befürchtete aber stets Repressionen. Sein Einsatzland Portugal bot ihm genügend Distanz. »Mit viel List und Tücke ist es mir gelungen, mich hier in Lissabon für die Dauer des Krieges niederzulassen«, prahlte Brandes.[7] Schnell freundete er sich mit Jebsen an und teilte nicht nur sein unersättliches Bedürfnis nach weiblicher Unterhaltung und Alkohol, sondern auch seine Ansichten zur politischen Weltlage. Beide feierten viele Abende mit den Kolleginnen des Abwehr-Büros in Restaurants und Bars. »Die Beziehung zwischen Jebsen und Brandes ist sehr eng geworden«, bemerkte der MI6 nach einiger Zeit. »Er macht aus der Tatsache kein Geheimnis, dass er nicht nur sehr gegen die Nazis, sondern sehr pro-britisch ist und hofft, England werde den Krieg gewinnen.« Jebsen verriet Brandes natürlich nichts von seiner Agententätigkeit für die Briten, war sich aber sicher, auch sein neuer Freund könnte wie er bald angeworben werden. Eine Meinung, die der MI6 anfangs teilte: »Brandes könnte sich zu einem nützlichen Agenten entwickeln, wenn er den Mut und eine starke Anti-Nazi-Überzeugung hat.«[8]

Aber diese Einschätzung musste schnell korrigiert werden, denn Brandes war ein noch gerissenerer Egoist, als es sich Jebsen und der MI5 je vorstellen konnten. Brandes besaß sein eigenes Funkgerät und meldete damit regelmäßig alles nach Berlin, was Jebsen tat, was er dachte und auch, wen er traf. Seine Meldungen gingen auch in Bletchley Park ein und sorgten bei Tar Robertson und Ian Wilson für Kopfzerbrechen. »Brandes spielt sein eigenes Spiel«, warnte Wilson, »möglicherweise mit der Absicht, Artist oder uns selbst zu erpressen. Er ist absolut nicht dumm und ziemlich skrupellos.«[9]

Der MI5 steckte in einem Dilemma. Jebsen konnte allenfalls indirekt vor Brandes gewarnt werden. Andernfalls würde er erfahren, dass die Briten alle deutschen Meldungen mitlasen. Das Ultra-Geheimnis musste unter allen Umständen bewahrt werden. Charles de Salis sollte Jebsen vor Brandes schützen und erhielt aus London ein Telegramm:

»ES DRÄNGT SICH DER STARKE EINDRUCK AUF, DASS BRANDES VERSUCHT, ARTIST ZU VERWICKLUNGEN ZU

PROVIZIEREN, DIE ER FÜR SEINE EIGENEN INTERESSEN NUTZEN KÖNNTE.

ANWEISUNG AN ARTIST, SICH BRANDES GEGEN-ÜBER IN KEINER WEISE ZU OFFENBAREN!

AUCH WENN DIES SEINE INFORMATIONSBESCHAF-FUNG IN UNSEREM NAMEN EINSCHRÄNKT.«[10]

Weder de Salis noch Jebsen erfuhren, wie der MI5 in London zu diesen Erkenntnissen gelangt war. Das Geheimnis um Bletchley Park blieb gewahrt. In London fragten Wilson und Robertson derweil Popov, wie er Jebsens künftiges Verhalten einschätze angesichts der aufziehenden Gefahren. Popov antwortete unmissverständlich: »Er hat keine Zweifel, dass Artist bei einer normalen Art des Verhörs ihn nie betrügen würde, oder selbst gestehen würde, für die Briten zu arbeiten (...) (aber er) bezweifelt seine Kraft, physischer Gewalt widerstehen zu können. Artist hat aus seiner Sicht voreilig angenommen, dass sich die Wolken bereits verzogen haben.«[11]

Statt einiger Wolken entfesselte sich bald ein wahrer Sturm. Brandes meldete alles, was er gegen Jebsen gesammelt und vieles mehr, was er noch dazu erfunden hatte, direkt an Schreiber. Und dieser schickte am 17. April ein langes Telegramm mit gewaltigen Anschuldigungen gegen Jebsen nach Berlin: dass er einen deutschen und britischen Diplomatenpass besitze; dass er plane, über Beauftragte der Rothschild-Banken dreißig Millionen Schweizer Franken aufzukaufen und aus Deutschland in die besetzten Gebiete zu schmuggeln; und dass er im Besitz eines Empfehlungsschreibens eines Lord Rothschild an die Britische Botschaft in Madrid sei, in dem dieser darum bat, Jebsen im Fall von Schwierigkeiten mit der Abwehr jede Unterstützung zu gewähren. Wiederholt hatte Jebsen gegenüber Brandes erwähnt, notfalls die Familie Rothschild in Großbritannien zu kontaktieren.

Tatsächlich hatte Jebsen schon vor einiger Zeit einen grotesken finalen Rettungsplan entwickelt, um doch noch nach England gelangen zu können – mit voller Billigung der Abwehr. Seinen deutschen Vorgesetzten hatte Jebsen versichert, dass sein Vater einst das Leben von Lord Rothschild, Mitglied der Bankiersfamilie und einer der reichsten Männer Großbritanniens, gerettet habe, »der deshalb in seiner Schuld steht und aus Dank alles tun würde, um ihm zu helfen«. Rothschild habe zugestimmt, durch »einflussreiche Freunde dafür zu sorgen, dass Jebsen als Flüchtling nach Großbritannien gelangen könne und nicht inhaftiert werde. Dort angekommen, wollte er sich »als unzufriedener Deutscher ausgeben, der beim NS-Regime in Ungnade gefallen ist«. Nichts an dieser Geschichte stimmte. Jebsen hatte »für einige Monate einen fiktiven Schriftwechsel mit einem Lord Rothschild geführt, den er erfunden hat«. Die B1a verfolgte all das interessiert im Funkverkehr und wusste, dass es bei der Abwehr »eine ganze Akte mit Jebsens Briefen und Rothschilds Antworten gibt«.[12]

Sollte Jebsen von der Gestapo verhaftet werden, wollte er der Abwehr erzählen, dass er nun durch seinen Freund Lord Rothschild ein Visum erhalten habe, um dann zu verschwinden. Die Briten würden ihn nach London bringen, die Deutschen würden daran glauben, dass er weiter ein loyaler Abwehr-Mitarbeiter sei, der nun in London für sie spionierte, während Jebsen in Wahrheit als Doppelagent für die B1a tätig werden wollte. Tar Robertson gab Jebsens Rettungsplan schließlich seine Zustimmung, wenn auch nicht ohne Bedenken. Er nannte die Idee »raffiniert, aber nicht ohne Risiken«. Die deutsche Seite hielt seine Geschichte für glaubhaft, ein führender Abwehroffizier hatte keine Zweifel, dass ein Lord Rothschild genügend Einfluss auf die britische Regierung besitze, und kommentierte nur: »Was diese Juden sich alles leisten.«[13]

Um das abenteuerliche Lügengebilde noch glaubwürdiger erscheinen zu lassen, übergab der MI5 noch einen Brief des britischen Innenministeriums an Jebsen, in dem es hieß, dass »Lord Rothschild die Bitte geäußert hat, diesem Fall besondere Priorität einzuräumen«. Den Brief sollte Jebsen seinen Abwehr-Kollegen als Beweis seiner Kontakte mit den Rothschilds vorzeigen können.

Dann folgte eine Überraschung, mit der niemand in London gerechnet hatte. Der echte und amtierende Lord Rothschild schaltete sich in die Sache ein. Victor Rothschild, der den Adelstitel seines Onkels 1937 geerbt hatte, arbeitete für den MI5 als leitender Sabotageexperte und bekam mit, dass der Familienname ohne sein Wissen für die Täuschung benutzt wurde. Er hatte Jebsen nie getroffen und »keine Ahnung von der angeblichen Korrespondenz zwischen Jebsen und ihm«. Er sorgte sich, dass die erfundene Geschichte, sollte sie bekannt werden, zu ungeahnten Problemen führen könnte. »Es mag pingelig von meiner Seite wirken, aber es erscheint sinnvoll, in den Akten festzuhalten, dass das gesamte Lord-Rothschild-Artist-Märchen ausgedacht ist«, gab er zu Protokoll.[14] Der von Jebsen monatelang und mit viel Mühe entwickelte Rettungsplan wurde nicht mehr umgesetzt, auf einmal lief ihm die Zeit davon.

Dann erhielt Jebsen überraschend den Befehl, sich in Schreibers Büro zu melden. »Gut, dass Sie gekommen sind, Jebsen. Ich habe ein Telegramm aus Berlin erhalten. Sie und ich sollen am 21. April nach Biarritz zu einem Gespräch mit Major Bohlen reisen. Es geht um die weiteren Geldforderungen von Dušan Popov.«

Major Ludwig von Bohlen war als Verwaltungsleiter nun für alle Abwehrstellen außerhalb Deutschlands zuständig. Dass noch einmal über Popovs gewaltige Forderung von 150 000 US-Dollar diskutiert werden sollte, kam Jebsen keinesfalls seltsam vor, wohl aber der Gesprächsort in Frankreich. Sofort vermutete er eine Falle.

»Sie sehen mich überrascht, Herr Oberstleutnant. Eine Reise nach Biarritz könnte meine Tarnung als unabhängiger Geschäftsmann hier auffliegen lassen. Außerdem bräuchte ich für die Fahrt nach Frankreich eine offizielle Genehmigung aus Berlin. Ich werde deshalb nicht mit Ihnen fahren.«

Mit all diesen Begründungen hatte Jebsen formal gesehen recht. Aber Schreiber geriet außer sich vor Wut.

»Betrachten Sie das Telegramm als einen Befehl, Jebsen! Wenn Sie sich weigern, wird das von jedem Kriegsgericht als Fahnenflucht angesehen werden. Sie sind ein Soldat mit einem besonderen Auftrag in einem neutralen Land und unterstehen somit dem Militärstrafrecht. Ich werde Berlin Ihre Weigerung berichten müssen.«[15]

Dann beging Jebsen den ultimativen Fehler. Er vertraute sich seinem vermeintlichem Freund Brandes an, erzählte ihm davon, dass es sich bei Schreibers Forderung um eine Falle handeln müsse und er sicher sei, in Biarritz verhaftet zu werden. Schließlich fügte er noch hinzu, dass er »seine eigenen Schlüsse« ziehen werde, sollte Berlin weiteres Misstrauen ihm gegenüber äußern.

Sofort alarmierte Brandes Schreiber, der wiederum alles nach Berlin weitergab. Jebsen war endgültig im Fadenkreuz, blieb aber in den kommenden Tagen stur. Bletchley Park fing eine Flut von Telegrammen zwischen Lissabon und Berlin ab, der Ton wurde immer schärfer. Aber aus Sicht der B1a schwebte Artist nicht in akuter Gefahr. Stattdessen wurde ihm vorgehalten, wieder einmal viel zu nervös zu sein und Fallen zu vermuten, die nicht existierten. Für ein paar Tage nahm der deutsche Funkverkehr wieder ab. War die Aufregung um Artist wieder einmal unbegründet?

Jebsen erhielt noch eine zweite Aufforderung aus Berlin, nach Biarritz zu reisen, widersetzte sich aber erneut. Auch Aloys Schreiber bekam einen weiteren, streng vertraulichen Befehl. Sollte sich Jebsen noch immer weigern, sollte er allein an die südfranzösische Atlantikküste reisen.

Jebsen suchte in seiner wachsenden Verzweiflung noch einmal Charles de Salis in der konspirativen Wohnung des MI6 auf. Zitternd vor Sorge und kettenrauchend fragte er um Rat. De Salis gab ihm, wie von London befohlen, den indirekten Hinweis, sich von Brandes auf jeden Fall fernzuhalten. Jebsen wunderte sich jedoch vor allem über die erzwungene Abkommandierung von Marie von Gronau und Lily Grass. »Artist sieht das als kein gutes Zeichen an«, berichtete de Salis über den hoch erregten Jebsen, der außerdem Schreibers Befehl, nach Biarritz zu reisen, als »Test seiner Loyalität und seines Gehorsams« betrachtete und »weitere Fallen dieser Art« für die nahe Zukunft befürchtete.[16]

Trotz aller Anspannung lieferte Jebsen weiter geheime Informationen erster Güte. So etwa eine strategische Lageeinschätzung des deutschen Generalstabs, der einen großen Landungsversuch in der Nähe des Ärmelkanals und in Südfrankreich prognostizierte und weitere genaue Zahlen forderte, wie viele britische und amerikanische Truppen bereitgehalten würden. Am Ende seines Treffens mit de Salis hatte sich Jebsen wieder ein wenig beruhigt. Einige Tage lang sah es so aus, dass die Einschätzung der B1a richtig gewesen war. Der übernervöse Agent erlangte nach und nach seine Fassung wieder, auch weil er die Nachricht erhielt, dass er als erste Zahlung für Popov 75 000 US-Dollar erhalten sollte. Aber nicht nur de Salis versuchte Jebsen wieder zu beruhigen, auch Schreiber tat das in den folgenden Tagen. Er schien wie ausgewechselt und erzählte Jebsen, wie beeindruckt die militärische Führung in Berlin von Popovs Meldungen zu den alliierten Landungsplänen war. Seine letzte Analyse hatte die deutsche Einschätzung »so gut wie sicher« erhalten – eine noch nie zuvor erhaltene Bewertung. All das sei schließlich auch Jebsens Verdienst. Schließlich teilte Schreiber Jebsen noch mit, dass er für seine hervorragende Arbeit das Kriegsverdienstkreuz 1. Klasse verliehen bekommen werde, eine hohe Auszeichnung, die noch niemand in Lissabon erhalten hatte.

Am 21. April, dem Tag, an dem er eigentlich in Biarritz sein sollte, schrieb Jebsen noch einen Brief an seinen Freund:

»Lieber Duško,

Du wirst aus den Berichten von Cobb (Charles de Salis' Codename, Anm. d. Verf.) über die Tests erfahren, die die Abwehr durchzuführen versuchte. Ich bin sehr froh, dass das nun vorbei ist, und ich gratuliere Dir, dass Du ohne jeden Zweifel der beste Agent meines geliebten Führers bist. Nach längerem Zögern hat die Abwehr entschieden, dass das Geld wie hier vereinbart an Dich überwiesen werden soll. Ich habe 75 000 Dollar erhalten, von denen ich Dir heute 50 000 schicke. Wir können unsere gegenseitigen Forderungen zu einem späteren Zeitpunkt ausgleichen. (...) Ich könnte etwas Geld brauchen, um weiß der Himmel wen zu bestechen, damit Marlise (Marie Luise von Gronau, Anm. d. Verf.) nach Schweden oder in die Schweiz gehen kann.

Sei ein guter Junge und versuche, Dich zu benehmen.

Auf immer Dein

Johnny«[17]

Noch einmal suchte Jebsen seinen MI6-Kontaktmann de Salis auf und »versicherte ihm, dass alles in bester Ordnung ist«.[18] Er zeigte sich überzeugt, dass der deutsche Generalstab nun genau anhand der Informationen agieren werde, die ihm Tricycle und die anderen Doppelagenten zugespielt hatten.

Während Jebsen sich wieder völlig sicher wähnte, war sein Vorgesetzter Schreiber inzwischen in Biarritz eingetroffen. Dort wartete nicht nur der Verwaltungschef des deutschen Geheimdienstes, sondern auch Oberstleutnant Wilhelm Kuebart, der vor einigen Tagen erst zum Leiter des Geheimen Meldedienstes der Abwehr ernannt worden war. Kuebart führte eine Doppelexistenz und wirkte bereits seit einiger Zeit an den Planungen für das Attentat gegen Hitler vom 20. Juli 1944 mit. Nach dem Scheitern des Anschlags auf Hitler wurde er verhaftet und vor dem Volksgerichtshof angeklagt. Die vorhandenen Beweise reichten aber nicht aus, ihm direkte Teilhabe an den Plänen nachzuweisen.

In Biarritz befahl Kuebart Schreiber, dafür zu sorgen, Jebsen so schnell wie möglich nach Deutschland zu bringen. Berlin besitze eindeutige Beweise, dass Jebsen für beide Seiten arbeite und jetzt fliehen wolle. In keinem Fall dürfe er zu den Alliierten überlaufen. »Es bleibt völlig Ihnen überlassen, wie Sie diesen Befehl erfolgreich ausführen. Aber es darf keine Verzögerung geben!«, befahl Kuebart.[19] Auf der Route von Biarritz zurück nach Lissabon hatte Schreiber viel nachgedacht, wie er die Sache lösen könnte. Als er ankam, stand sein Plan fest.

Am 28. April 1944 schrieb Jebsen einen weiteren Brief an Popov, berichtete ihm, dass er nichts mehr zu befürchten habe und niemand mehr an ihm zweifele. Der Beweis, so schrieb er, sei schließlich die anstehende Verleihung des Kriegsverdienstordens 1. Klasse. »Erster Klasse wird wahrscheinlich verliehen«, so scherzte er, »weil Du sie erstklassig hinters Licht geführt hast.« Jebsen gab auch zu, dass er leicht beschämt sei, diese Auszeichnung zu erhalten – nachdem Popov und Wilson den Großteil ihrer Arbeit geleistet hatten. Er versprach aber, Wilson den Orden bei nächster Gelegenheit zu schenken. Seinen Brief schloss Jebsen mit einer Reflexion über das komplizierte Leben als Doppelagent und mit einer liebevollen Beschreibung seiner Freundschaft zu Popov.

»Ich vergesse manchmal, wem ich was berichten muss und was ich wem zu berichten habe. Ich hoffe, Du wirst liebe Grüße an alle ausrichten, denen Du sie ausrichten kannst, ohne Deine, meine oder die Tarnung eines anderen zu zerstören. Dir kann ich auf jeden Fall meine herzlichen Grüße senden, was ich auch tue ...

Wie immer

Dein Johnny.«[20]

Es war Jebsens letzter Brief an seinen Freund. Und auch das Letzte, was Popov von ihm hörte.

Die Erleichterung, dass die Krise vorbeigezogen zu sein schien, währte nicht lange in London. Denn es ging eine weitere Meldung von Aloys Schreiber ein. Wie vermutet betraf sie Jebsen, von dem Schreiber plötzlich fürchtete, er könnte Hals über Kopf flüchten:

»DIE VERWIRKLICHUNG DES ANGEDROHTEN PLANS STEHT UNMITTELBAR BEVOR.

BITTE UM IHRE ERLAUBNIS, DIESEN PLAN ZU VERHINDERN, SELBST WENN ES NOTWENDIG WERDEN SOLLTE, EXTREME MASSNAHMEN ANZUWENDEN.«[21]

Den Maßnahmen stimmte Berlin sofort zu, und Schreiber schritt zur Tat. Sein erster Weg führte ihn in eine Apotheke.

Kapitel 16

Dora

Lissabon, 30. April 1944

Noch einmal befahl Schreiber Jebsen, am frühen Abend in das Abwehr-Büro in der Rua Buenos Aires zu kommen, er wolle mit ihm Details für die anstehende Ordensverleihung besprechen, und fügte hinzu, er solle auch seinen Freund Heinz-Paul Moldenhauer mitbringen. Der junge Abwehroffizier Moldenhauer war momentan zu Besuch bei Jebsen. Er arbeitete in der Kölner Abwehr-Stelle, betrieb hauptsächlich Wirtschaftsspionage und war ebenfalls in Verdacht geraten, beste Kontakte zu den Alliierten zu unterhalten. Schreiber deutete Jebsen gegenüber an, er wolle die Gelegenheit nutzen, um mit seinem Freund über künftige Einsätze zu diskutieren. Moldenhauers angebliche Verbindungen zu britischen Gegenspielern ließen Schreiber umso schneller handeln. Er war inzwischen überzeugt, dass Jebsen und Moldenhauer gemeinsam zu den Feinden überlaufen wollten. Jebsen war sofort misstrauisch, dass ihn Schreiber an einem Sonntag in sein Büro zitierte, sagte aber trotzdem zu, zusammen mit Moldenhauer zu erscheinen.

Um 18 Uhr trafen beiden in Schreibers Büro ein. Fast alle Zimmer waren leer, nur in einem Nebenraum konnte Jebsen zwei Kollegen sehen, den Fernmeldeoffizier Bleil und Karl Meier, einen zivilen Fahrer. Beide schienen auf etwas zu warten und rauchten.

Schreiber begrüßte Jebsen und Moldenhauer kurz und förmlich. Dann bat er Jebsen, ihm in ein anderes Büro zu folgen. Beide nahmen Platz, Schreiber gab Jebsen, der schon die nächste Zigarette in der Hand hielt, Feuer.

»Ich will es sehr kurz machen«, sagte Schreiber. »In Biarritz ist entschieden worden, dass ich Sie notfalls mit Gewalt nach Berlin bringen soll, falls Sie jetzt nicht die letzte Gelegenheit nutzen, und aus freien Stücken dort hinreisen werden.«

Jebsen zögerte einen Augenblick. Dann stand er langsam von seinem Stuhl auf und blickte Schreiber in die Augen, der ungeduldig auf Jebsens Antwort wartete. Ein letztes Mal zog Jebsen an seiner Zigarette, warf sie auf den Boden und drückte sie mit seiner Schuhsole sorgfältig aus. Auf einmal griff er sich den Stuhl, drückte ihn mit aller Kraft gegen Schreibers Brust und warf ihn um. Aber Schreiber stand blitzschnell wieder auf, packte Jebsen von vorne, hielt ihn fest und versetzte ihm einen harten Schlag in den Bauch. Jebsen rang nach Luft, nach zwei weiteren massiven Treffern ins Gesicht verlor er das Bewusstsein. In der Zwischenzeit hatten Schreibers zwei Gehilfen auch Moldenhauer überwältigt.[1]

Kurze Zeit später fanden sich die zwei an Stühle gefesselt in Schreibers Büro wieder. »In wenigen Stunden werden Sie beide nach Berlin gebracht«, sagte Schreiber. Er hatte alles genau geplant. Einige Tage zuvor hatten Bleil und Meier zwei große Metallkisten besorgt, in die sie Lüftungsschlitze geschnitten hatten. Damit Jebsen und Moldenhauer bei ihrer Entführung ruhig blieben, hatte Schreiber in einer Apotheke außerdem Spritzen, Kanülen und ein starkes Betäubungsmittel besorgt.

Während Schreiber geredet hatte, hatte Bleil die klare Flüssigkeit durch die Injektionsnadel in den Kolben der Spritze gezogen, sachte dagegen geklopft und mit leichtem Druck ein paar Tropfen durch die Kanüle fließen lassen. Dann setzte er die Spritze erst an Jebsens Unterarm an, danach an Moldenhauers und ließ das Narkosemittel in ihre Venen fließen. Beide hatten keine Chance mehr, sich zu wehren, und fielen in einen tiefen Schlaf.

Gegen 21 Uhr öffneten sich in der Dunkelheit für kurze Zeit die Einfahrtstore des Abwehrbüros. Heraus fuhr eine Studebaker-Limousine mit Diplomatenkennzeichen. Vorn saßen Bleil und Meier, auf der Rückbank Aloys Schreiber. Im Kofferraum lagen zwei Kisten aus Metall, darin Jebsen und Moldenhauer, gefesselt und betäubt. Die Fahrt nach Biarritz verlief ohne Probleme. Meier war die gut 1000 Kilometer schon oft gefahren, kannte die Strecke und wusste, wie und mit welchen Summen er die Grenzbeamten bestechen musste, damit der Grenzübertritt ohne Probleme gelang. Gegen 2 Uhr nachts erreichten sie ohne Kontrolle die portugiesisch-spanische Grenze bei Badajoz. Ohne große Pausen ging es weiter, und um Mitternacht des folgenden Tages kamen sie mit ihrer Fracht im Kofferraum in Biarritz an. Dort übergaben sie Jebsen und Moldenhauer den Beamten des Sicherheitsdienstes. Mit dem Zug ging es weiter in Richtung Berlin.[2] Benommen wachten Jebsen und Moldenhauer in einer Zelle des Gestapo-Hauptquartiers in der Prinz-Albrecht-Straße auf.

Schreiber hatte die Operation »Dora«, wie Jebsens Entführung intern genannt worden war, erfolgreich abgeschlossen. Die riesige Summe Geld für Popov, die Aussicht auf einen Orden und das vergiftete Lob: Schreiber hatte Jebsen so lange zu beruhigen verstanden, bis alles für seine Entführung bereit war.

London, Anfang Mai 1944

Erste Schockwellen durchzogen die B1a, als bemerkt wurde, dass Jebsen nirgendwo mehr zu finden war. Charles de Salis meldete aus Lissabon nur:

»ARTIST IST SEIT DEM 29. APRIL VERSCHWUNDEN. ES WURDEN UNTERSUCHUNGEN EINGELEITET.«[3]

Es war nicht ungewöhnlich, dass der feierwütige Jebsen hin und wieder abtauchte und seinen Exzessen nachging. Doch dieses Mal schien alles anders. Ian Wilson war der Erste, der einen ungeheuren

Verdacht festhielt: »Das alles geschah ganz eindeutig unter größter Geheimhaltung.«[4] Und tatsächlich: Eine weitere Abwehr-Meldung wurde abgefangen, in der ebenso knapp gemeldet wurde:

»JEBSEN IST NACH FRANKREICH GEBRACHT WORDEN, DA SICH HERAUSGESTELLT HAT, DASS ER UNZUVERLÄSSIG IST.«[5]

Schließlich wurde die Furcht zur Gewissheit – als weitere Meldungen abgehört wurden, in denen Aloys Schreiber Details zum erfolgreichen Abschluss der Operation Dora meldete. Der Beweis für Johnnys Schicksal ließ die Frauen und Männer der B1a zutiefst erschrecken. Besorgt war man weniger um sein Wohlergehen als über die Tatsache, dass seine Entführung ein Desaster bedeuten könnte. Würden die Deutschen von Jebsen jetzt erfahren, dass das gesamte System der Doppelagenten ein Schwindel war, würden sie alle Nachrichten im Nachhinein noch einmal prüfen und könnten leicht das Muster der gesamten britischen Desinformation erkennen. Sie würden merken, dass Popov und alle anderen Agenten sie getäuscht hatten. Was aber am schlimmsten war: Sie würden letztendlich daraus folgern, dass alle Agenten sie dahingehend steuern wollten, den Pas-de-Calais und Norwegen zu verteidigen. Ab jetzt war die gesamte Operation Fortitude in Gefahr, und es drohte ein Desaster bei der geplanten Landung.

Vier Wochen blieben übrig bis zum Angriff in der Normandie, und die gewaltige Kriegsmaschinerie der Alliierten für die Operation Overlord hatte sich bereits in Gang gesetzt. Sollte Jebsen jetzt gestehen, dass alle Meldungen falsch waren, würde es für die deutsche Militärführung ein Leichtes sein, eine Landung in der Normandie vorherzusehen. Statt der geplanten Täuschung drohte an den Stränden ein Blutbad mit unvorstellbaren Konsequenzen. Ian Wilson war so bestürzt wie wütend: »Wir wissen nicht, wie schnell damit begonnen wird, Artist zu verhören. Aber ich hoffe, die Royal Air Force hat die Zugfahrt von Biarritz nach Berlin zu einer langwierigen Angelegenheit gemacht.«[6]

In der St James' Street Nummer 58 sorgten die Nachrichten von Jebsens Entführung für einen erbitterten Streit zwischen Inlandsgeheimdienst MI5 und Auslandsgeheimdienst MI6. Im Nachhinein waren alle klüger, und an gegenseitigen Vorwürfen mangelte es nicht. Hätte der MI6 Jebsen nicht rechtzeitig und deutlicher warnen müssen? Die abgehörten Meldungen, die in Bletchley Park in den Wochen zuvor eingegangen waren, hatten doch eindeutig gezeigt, dass er in größter Gefahr schwebte. Hatte der MI5 nicht ebenso versagt?, erwiderten die MI6-Kollegen. Besonders Tar Robertson stand im Zentrum der Kritik. Schließlich hatte er sich immer vehement dagegen ausgesprochen, Jebsen rechtzeitig und klar zu warnen, oder ihn auszufliegen.

Charles de Salis vom MI6, Jebsens Kontaktmann in Lissabon, war besonders erbost. Er hatte nicht nur einen Agenten verloren, Jebsen war ihm längst zum Freund geworden. Und de Salis hatte aus der Londoner Zentrale lediglich die Erlaubnis bekommen, Jebsen generell zu warnen, dass Brandes ein unzuverlässiger Freund sei. Als de Salis nun herausfand, dass auch er nur Halbwahrheiten von seinen Kollegen geliefert bekommen hatte, war er außer sich. »Warum habt ihr mich aufs Glatteis geführt?«[7] De Salis warf dem MI5 vor, ihm nicht nur zu wenige, sondern falsche Informationen gegeben zu haben, wobei »das eklatanteste und tragischste Beispiel« nun die Entführung Jebsens sei. Hätte er die Erlaubnis bekommen, Jebsen umfassend zu warnen, hätte die Entführung verhindert werden können, war er sich rückblickend sicher. »Wenn man mir nicht zutraut, eine so einfache Komödie zu spielen, sollte ich gar nicht hier sein«, schimpfte er aus Lissabon.

Tar Robertson blaffte zurück und legte die Motive nochmals dar. »Von Operation Dora wussten wir so lange nichts, bis sie tatsächlich ausgeführt worden war.« Aber er wusste, dass seine Argumente im Rückblick noch schwächer wirkten als zuvor. Natürlich hätte es einen riesigen Unterschied bedeutet, Jebsen klar zu sagen, dass Brandes ihn ausspionierte und hinterging, anstatt ihm nur den vagen Hinweis zu geben, Brandes sei unzuverlässig. Selbst diese Wahrheit hätte nicht zwangsläufig zur Gefährdung des Ultra-Geheimnisses führen müssen. Nun musste sich Robertson dafür rechtfertigen, dass er und sein Team Jebsen eiskalt ins Verderben hatten rennen lassen. Möglicherweise wurde Jebsen bereits gefoltert, vielleicht war er auch schon tot. Robertson durchlebte den schlimmsten Moment seiner Geheimdienstlaufbahn. Aber er blieb bei seiner Linie, dass die Briten Jebsen auf keinen Fall hätten vorwarnen dürfen. »Das Risiko, so das Ultra-Geheimnis aufzudecken, wäre zu groß gewesen, und diese Entscheidung wurde von allen Offizieren hier getragen.« Auch jetzt noch nahm Robertson den möglichen Tod von Artist kühl in Kauf.

Klar war bisher nur, dass Jebsen entführt worden war. Aber der genaue Grund blieb der britischen Seite ein Rätsel. Die eingehenden Meldungen der Abwehr enthielten immer wieder Passagen, in denen vermutet wurde, er wollte zu den Alliierten überlaufen. Aber in keiner Meldung schienen sie ihn zu verdächtigen, dass er sie bereits hintergangen hatte. Oder war er doch wegen seiner obskuren Finanztransaktionen und möglichen Unterschlagungen verschleppt worden?

Wenn die Deutschen ihn weiter nicht als Verräter sahen, bestand noch die Chance, dass sie ihn nicht den härtesten Verhörmethoden unterziehen würden, um so ein Geständnis zu erzwingen. Aber wenn der Verdacht bestand, würden sie ihn ausdauernd quälen, und Popov fürchtete, wie er Wilson anvertraut hatte, »dass Jebsen zusammenbrechen würde, wenn physischer Druck angewendet wird«.[8]

John C. Mastermann, der Vorsitzende des XX-Komitees gab sich keiner Illusion hin:

»Die Tatsache, dass Artist, der über das Tricycle-Netzwerk Bescheid weiß und die anderen Fälle kennt oder zumindest etwas dazu erahnt, unter Verdacht geraten ist und von der Abwehr nach Berlin abgeschoben wurde, gefährdet auf den ersten Blick den gesamten Deckungsplan. Wir können nicht sagen, warum Artist unter Verdacht geraten ist – wir wissen nur, dass er als ›unzuverlässig‹ gilt. Aber offensichtlich könnte Artist bei einem Verhör in Berlin alles, oder vielleicht mehr als alles, was er weiß, verraten. Wir müssen davon ausgehen, dass das Tricycle-Netzwerk aufgeflogen ist.«[9]

Das XX-Komitee diskutierte ausdauernd über alle möglichen Optionen. Überlegt wurde auch, alle Täuschungsoperationen sofort zu beenden und die Doppelagenten verstummen zu lassen. Allein Masterman hielt davon nichts: »Ich neige zu der Ansicht, dass sie weitermachen sollten. Sollte sich die Lage verschlechtern, könnten wir die Agenten einsetzen, um die Deutschen zu verwirren. Wenn man zu dem Schluss kommt, dass sie aufgeflogen sind, könnten wir den extremen Schritt unternehmen, alles abzuschalten und dem Feind jegliche Informationen vorzuenthalten – und das zu einem Zeitpunkt, an dem er sie am dringendsten braucht.«

Und noch immer war Masterman überzeugt, dass die feindliche Seite den Täuschungsplan nicht rechtzeitig aufdecken würde. »Ich glaube, nicht einmal eine langwierige und erschöpfende Untersuchung könnte die Wahrheit nun noch von der Unwahrheit trennen.«[10]

»Die ganze Situation ist besorgniserregend«, hielt Guy Liddell in seinem Tagebuch fest, der sich nun vor allem auch Sorgen um Popov machte. »Tricycle wurde mitgeteilt, dass mit dem verschwundenen Artist nicht alles in Ordnung ist. Diese Nachricht bereitete Tricycle offensichtlich große Sorgen, denn sie zeigte, dass es möglich war, dass Artist entführt worden war.«[11] Popov war schlau genug, um aus den vorsichtigen Andeutungen der britischen Geheimdienstoffiziere zu Jebsen seine eigenen Schlüsse zu ziehen, der »durch eine List oder mit Gewalt nach Deutschland zurückgebracht worden sein musste«.[12] Für Optimismus gab es keine Anzeichen. Jebsens Abwehr-Kollege Hans Ruser, der inzwischen als Agent Junior zu den Briten übergelaufen war, wurde ebenfalls befragt, ob Jebsen dem Druck der Gestapo standhalten würde. Auch seine Sicht war mehr als pessimistisch. »Jebsen war eine wahre

Fundgrube an Informationen und hat schon immer zu viel geredet. Unter Druck von außen wird er den Deutschen alles erzählen.«[13]

Die ganze Wahrheit über Jebsen erfuhr Popov erst am 7. Mai. Als er von einem Mittagessen nach Clock House zurückkehrte, saßen Ian Wilson und Tar Robertson bereits in seinem Wohnzimmer. Das war nichts Besonderes. Denn Popov ließ, wenn er in London war, fast immer die Haustür offen, und oft warteten Freunde bereits auf ihn, wenn er nach Hause kam. Außergewöhnlich war der ernste Gesichtsausdruck der B1a-Vertreter.

»Johnny hat eine weitere Verabredung mit dem MI6-Kontakt am 5. Mai nicht eingehalten«, begann Robertson mit dem Überbringen der schlechten Nachrichten, die Popov bereits ahnte. »Unsere Nachforschungen haben ergeben, dass er seit dem 29. April nicht mehr in seinem Haus war«, fügte Wilson hinzu. Ohne dass sie Popov vom Ultra-Geheimnis erzählten, berichteten sie ihm, dass sich Jebsen bereits in Deutschland befand und von der Gestapo inhaftiert worden war.

Wilson und Robertson gestanden Popov auch, dass das Tricycle-Netzwerk sofort seine Arbeit einstellen müsse, solange die B1a nicht sicher sein konnte, dass die Abwehr nicht auch Popov verdächtigte. »Am wichtigsten bleibt, Fortitude zu schützen«, erklärte Robertson. Popov nickte, er hatte verstanden. In den letzten Wochen hatte er der deutschen Seite viel Material zur geplanten Landung gesendet. Die nötige Kursänderung bot Raum für neue Risiken, das war allen in der B1a bewusst. Denn würde Popov jetzt nach Jebsens Verhaftung abrupt verstummen, »dann wäre das ohne Zweifel das Ende von Artist und würde ernsthaft auch Tricycles Bruder gefährden«.[14] Der Einzige, der noch aktiv bleiben sollte, war Freak – Popovs WG-Genosse im Clock House, der Marquis Frano de Bona, der für kurze Zeit sporadisch Funkmeldungen minderer Güte absetzte. Doch auch er wurde wenig später stummgeschaltet. Niemand in London wollte für ein mögliches Desaster die Verantwortung übernehmen.

John C. Masterman machte sich, was Artist betraf, keine Illusionen mehr: »Bei einem Verhör war davon auszugehen, dass ein Großteil, wenn nicht die gesamte Geschichte seiner Aktivitäten, ans Licht kommen würde, und in diesem Fall waren viele unserer besten Agenten zum Scheitern verurteilt. Nach pessimistischer Einschätzung war kurz vor dem D-Day die gesamte Operation der Doppelagenten in Gefahr.«[15]

Der MI5 hatte nun noch die delikate Aufgabe, Premierminister Winston Churchill über die aktuelle Lage zu informieren. Durch Jebsens Gefangennahme drohte wenige Wochen vor der Landung der D-Day zu scheitern. Churchill wurden die verheerenden Nachrichten mit extremem, britischem Understatement überbracht. In einem Dossier an ihn, das erst drei Tage vor der Landung in der Normandie verfasst wurde, hieß es:

»Im Fall von Tricycle hat es eine bedauerliche Entwicklung gegeben. Der Sinn und die Folgen dieser Entwicklung sind noch nicht geklärt. Aus Ultra haben wir erfahren, dass Artist, sein Führungsoffizier, unter großer Geheimhaltung nach Frankreich gelockt und von dort nach Berlin gebracht wurde. Die Gründe für diese Aktion sind im Moment noch unklar, aber es ist sicher, dass der Fall Tricycle in eine höchst kritische Phase eintritt und mit größter Sorgfalt im Hinblick auf Overlord behandelt werden muss.«[16]

Churchill erfuhr nie, dass sich hinter den vorsichtigen Formulierungen und schönfärberischen Begriffen »bedauerliche Entwicklung« und »höchst kritische Phase« die Tatsache verbarg, dass die gesamte Landungsoperation in der Normandie in Gefahr war.

Tricycle war vorerst aus dem Rennen, doch der MI5 entschied sich für volles Risiko, die anderen »ersten Geigen« sollten die Operation Fortitude weiter befeuern. Bronx, Garbo, Brutus und Treasure wiesen aber von jetzt an deutlich vorsichtiger auf das mögliche Ziel Pas-de-Calais hin. Keiner der Doppelagenten erklärte die Anzeichen für diesen Landungsort zur unumstößlichen Tatsache – für den Fall, dass Jebsen die Täuschungsoperation doch verriet.

Was aber, wenn die Deutschen mit den Briten bereits ebenso falschspielten? Wenn sie die Wahrheit aus Jebsen bereits herausgepresst hatten, würden sie sich zwar weiter alle Nachrichten der Doppelagenten anhören, aber das Gegenteil glauben. Wenn sie bereits wussten, dass kein Angriff im Pas-de-Calais zu erwarten sei, würden sie in jedem Fall ihre besten Kräfte von dort abziehen, einschließlich der gefürchteten SS-Panzerdivisionen, und sie in Richtung Normandie schicken. Die Zukunft Europas und zehntausende Menschenleben hingen von diesen Fragen ab. Der D-Day stand kurz bevor, nun kam es auf das Schicksal Johnny Jebsens an. Würde er es schaffen und den Grausamkeiten, die ihm seine Peiniger nun antaten, standhalten können? Noch gab es Hoffnung, dass Artist durchhielt. Hätte er das XX-System schon verraten, wären bereits Abwehr- und SD-Offiziere aus seinem Umfeld festgenommen oder zumindest ihrer Posten enthoben worden. Ende Mai gab es dafür keine Anzeichen.

Noch hatte Artists Festnahme nicht zum Scheitern der Operation Fortitude geführt. Denn noch immer glaubte das Oberkommando der Wehrmacht weiter, die Alliierten hätten eine riesige Armee mit neunzig Divisionen und sieben Luftlandedivisionen zur Verfügung. Tatsächlich waren es 35 Divisionen und drei Luftlandedivisionen.

Die »ersten Geigen« versuchten kunstvoll weiter alles, damit die Täuschung für die Deutschen glaubhaft blieb. Den größten Anteil daran hatte ein Mann, der auf deutscher Seite für die Sache der Alliierten arbeitete und sie – ohne, dass er es wahrscheinlich wollte – nach Kräften unterstützte.

Kapitel 17

Falsch gezählt

Berlin, Mai 1944

In einem großen Waldgebiet bei Zossen, südlich von Berlin, lagen die gewaltigen Bunkeranlagen des deutschen Oberkommandos des Heeres. Das Hauptquartier bestand aus 23 Bunkern, die untereinander mit einem Tunnelsystem verbunden waren. Die Nachrichtenzentrale war das Herzstück dieser Anlage. Von hier aus gab es Telefon- und Funkverbindungen zu allen Kriegsschauplätzen, von hier aus erhielten die deutschen Armeen und ihre Generäle ihre Einsatzbefehle.

Ein Teil dieses Bunkersystems war auch die Anlage Maybach 1 mit zwölf Bauten, die jeweils aus fünf Etagen bestanden. Drei Stockwerke lagen überirdisch, zwei unter der Erde, und alle Häuser waren untereinander mit einem 600 Meter langen unterirdischen Tunnel verbunden. Um sie zu tarnen, waren an allen Bunkern falsche Fenster und Giebel angebracht worden. Auf den Dächern waren Schornsteinattrappen angeschraubt und falsche Dachziegel aufgeklebt worden. Auch die massiven Eisentüren waren auf den ersten Blick nicht zu erkennen, auf das Metall war eine Holzverkleidung aufgebracht worden, was sie wie Garagentore aussehen ließ. Niemand durfte erkennen, was hier vor sich ging.[1] Vor allem die alliierte Luftaufklärung sollte weiter daran glauben, dass es sich hier um eine normale Wohnsiedlung handelte. Die Wände dieser speziellen Häuser waren mehr als einen Meter dick. Schon am frühen Morgen bei der ersten Lagebesprechung quälte sich die Mannschaft mit der Müdigkeit. Der Zustrom von genügend Sauerstoff war innerhalb der dicken Mauern stets ein Problem.

Im Bunkerhaus 2 der Anlage war die Abteilung Fremde Heere West (FHW) einquartiert worden. Die FHW sollte analysieren, wie und auf welchen Positionen sich die Alliierten formiert hatten, welche Angriffspläne sie verfolgten und vor allem wie ihre Truppenstärke einzuschätzen war. Haus Nummer 2 war das Herzstück aller weiteren strategischen Überlegungen des deutschen Militärs. Die Mitarbeiter analysierten den feindlichen Funkverkehr, die Lageberichte der deutschen Befehlshaber an der Front, Aufklärungsberichte von Luftwaffe und Marine, Verhörprotokolle von Kriegsgefangenen und auch die Meldungen der Abwehragenten aus dem In- und Ausland. Jeden Morgen wurde so aus unzähligen Puzzleteilen ein neues Gesamtbild zusammengesetzt und ein dreiseitiger Bericht erstellt, der Hitler als Grundlage für seine Entscheidungen diente. Erst wenn eine Meldung mindestens von zwei, besser noch von drei Stellen bestätigt worden war, floss sie in die Berichte ein. Das sicherzustellen, war kein Problem für die Doppelagenten der B1a.

Die deutsche Aufklärung lieferte dazu noch alle vierzehn Tage eine detailliertere Übersicht über die feindlichen Formationen und ab und zu noch eine Langzeitprognose zu den Plänen der Alliierten. Alle Informationen gingen an die deutschen Geheimdienste, das Oberkommando der Wehrmacht und die Befehlshaber vor Ort.

Seit März 1943 leitete Oberst Alexis Freiherr von Roenne die FHW. Wenn es einen deutschen Offizier gab, der alle Meldungen der Doppelagenten für glaubhaft befinden musste, dann war er es. Roenne, der stets eine runde Brille mit heller Fassung trug, war ein Mann mit scharfem Verstand. Schon im Examen auf der Kriegsakademie hatte er die Prüfer erstaunt, er galt als hochintelligent und besaß die Fähigkeit zur schnellen Analyse. Das hatte er bereits mehrfach bewiesen. Als im September 1939 die Rote Armee überraschend nach Polen einmarschiert war, hatte er weitblickend zu seinen Offizierskameraden gesagt: »Also haben wir binnen fünf Jahren Krieg mit Russland. Und dann hat der Westen die Hände frei, führt sein Luftrüstungsprogramm durch und schmeißt uns kaputt.«[2]

Von Roennes Familie stammte aus dem Baltikum und besaß eine lange militärische Tradition. Der Titel eines Barons war einem seiner Vorfahren, einem General, vom russischen Zaren Peter dem Großen verliehen worden. Den Großteil ihres Besitzes hatte die Familie dann im Zuge der Russischen Revolution verloren. Von Roenne hatte durch seine Familie ein Gefühl für Verantwortung und Pflichterfüllung erhalten, hinzu kam eine klare protestantische Prägung.

Innerhalb des Oberkommandos der Wehrmacht besaß von Roenne hohes Ansehen. Vor dem Überfall Deutschlands auf Polen, mit dem Hitler 1939 den Zweiten Weltkrieg entfacht hatte, war es von Roenne gewesen, der für Hitler die mögliche Reaktion Frankreichs und Großbritanniens einschätzen musste. Er prognostizierte, dass beide Länder scharf protestieren, aber nicht militärisch handeln würden. Das hatte sich als richtig erwiesen. Beide Länder erklärten Deutschland den Krieg, griffen aber nicht an. Auch als der Westfeldzug 1940 erfolgreich und schnell abgelaufen war, erhielt von Roenne großes Lob. Er war zu diesem Zeitpunkt bei der FHW für die Lagebeurteilung in Frankreich verantwortlich und hatte die gegnerischen Truppen detailliert und fast punktgenau ausgemacht.

Doch je länger der Krieg dauerte, desto kritischer wurde von Roenne gegenüber den NS-Machthabern. Er hatte am Angriff gegen Russland teilgenommen, am ersten Tag einen Kopfschuss erlitten und war danach ein Jahr lang dienstunfähig. Nachdem er wieder gesund war, wurde er in Russland Zeuge der Massenerschießungen von Juden. Was er sah, erschütterte den zutiefst gläubigen von Roenne sehr, durch den Nationalsozialismus sah er seine christlichen Werte immer stärker bedroht. In seinem Umfeld machte er keinen Hehl aus seiner sich ändernden Überzeugung und seiner wachsenden Ablehnung.

Im Herbst 1943 hatte er fünf Tage lang in Nordfrankreich die Befestigungen des »Atlantikwalls« begutachtet. Sein Bericht, den er im November vorgelegt hatte, war ernüchternd. Von Roenne war zu dem Schluss gekommen, dass die Alliierten an der gesamten Kanalküste – mit Ausnahme der stark befestigten Häfen – landen und dann vom Inland aus die Häfen erobern könnten. Aus seiner Sicht war der »Atlantikwall« nicht mehr als ein löchriges Gebilde und viel zu schlecht befestigt.

Von Roenne, der adlige, fromme Offizier mit den feinen Manieren, hatte einen Mann an seiner Seite, der sich von ihm stark unterschied. Seit Ende 1943 arbeitete Major Roger Michael für ihn, der ein »fröhliches, leichtes und glückliches Gemüt« besaß, im Kameradenkreis sehr beliebt war und die in Deutschland exotische Sportart Rugby bekanntmachte. Wie sein Vorgesetzter von Roenne zeigte er eine Stärke für »das schnelle Verständnis für Notwendigkeiten« – demonstrierte aber gleichzeitig eine im Kameradenkreis allseits bekannte Schwäche für Alkohol und Frauen.[3] Michaels Vater war Deutscher, seine Mutter Engländerin, seine Jugend hatte er zu großen Teilen in England verbracht. Was die deutsche Emigrantin Gisela Ashley für die B1a in London war, war Roger Michael für die FHW in Berlin: Beide waren dafür zuständig, die jeweilige Mentalität der einen Nation der anderen zu erklären. 1939 hatte Michael in Deutschland das Dolmetscherexamen bestanden und leitete nun die für Großbritannien zuständige Gruppe III der FHW. Von Roenne musste sich auf Michael verlassen, denn er selbst sprach fast kein Englisch.

Michael hatte die Aufgabe, die in Großbritannien sich formierenden Truppen für die zu erwartende Landung einzuschätzen. FHW-Leiter von Roenne trug die Meinung von Michaels Gruppe stets mit, sofern die Meldungen auf mehreren Quellen beruhten. Die deutsche Mengenlehre zeigte einige Besonderheiten. Wenn die »ersten Geigen« auch nur Teile eines angeblich neuen Bataillons meldeten, rechnete die FHW sicherheitshalber ein gesamtes Truppenkontingent ein. Jeden noch so kleinen Hinweis über Position und Größe feindlicher Armeen nahmen die FHW-Planer für bare Münze. Bereits im Januar 1944 hatte die FHW so errechnet, dass die Alliierten 55 Divisionen für die Landung einsetzen könnten. Tatsächlich waren es aber nur 37.[4]

Durch diese falschen Analysen wuchs das feindliche Heer in den deutschen Prognosen beständig. Auch die nichtexistierende Geisterarmee, die First US Army Group (FUSAG) im Südosten und die Kontingente in Schottland wurden bereitwillig mit eingerechnet. Führten hier zwei deutsche Offiziere ihre eigene Täuschungsoperation durch? Oder hofften sie durch ihre Analysen zu erreichen, dass die Truppen in der Normandie und im Pas-de-Calais verstärkt werden würden, da sie durch die Täuschungen der Operation Fortitude als gesichert annahmen, dass andernfalls die Landung nicht verhindert und nicht mehr zurückgeschlagen werden könnte? Das bleibt weiter eine offene Frage für historische Debatten.

Hitler vertraute von Roenne vollkommen. »Die Auffassungen Hitlers und des OKW über die Invasion stützten sich hauptsächlich auf die vom FHW gelieferten Informationen und wichen in den wesentlichen Punkten nicht von den Vorstellungen dieser Abteilung ab«, war Anton Staubwasser, der Abwehrleiter in der Heeresgruppe B unter Erwin Rommel überzeugt, der selbst drei Jahre lang in der FHW gedient hatte.[5]

Die Planungskarten, auf die die FHW jeweils mit Punkten die feindlichen Truppen einzeichnete, füllten sich und zeigten aus Sicht der alliierten Täuschungsplaner in die richtige Richtung. Mitte Mai trug die FHW 77 feindliche Divisionen in ihre Planungskarten ein, tatsächlich waren es nur halb so viele.[6] Wenn die »ersten Geigen« eine Änderung in der Formation des alliierten Heeres meldeten, tauchten auch diese Änderungen – zur Verblüffung der Planer in London, die den Ultra-Funkverkehr beobachteten – manchmal in weniger als 24 Stunden in den Meldungen der FHW-Berichte auf. Und auch die genauen Positionen der FUSAG wurden exakt vermerkt – genauso wie die der angeblichen Kontingente in Schottland. Von Roenne sorgte dafür, dass die Deutschen in der Operation Fortitude weiter eine glaubhafte Bedrohung sahen. Die Alliierten hatten in ihm einen Verbündeten, der mitten in der Kommandozentrale des deutschen Militärs am Erfolg der Täuschung mitarbeitete – auch weil er auf keine besseren Informationen zurückgreifen konnte und die Desinformation der Doppelagenten offenbar für glaubhaft befand.

London, Ende Mai 1944

Unabhängig davon, ob in Berlin der adlige Militärstratege wissentlich oder ahnungslos das doppelte Spiel des XX-Komitees mitspielte, London war auch klar, dass sich von Roennes künftige Analysen drastisch ändern würden, sollte Jebsen gestehen und das XX-System auffliegen. Dann würde er in seine Planungskarten eintragen müssen, wo sich keine alliierten Verbände befanden, da klar war, dass sie nicht existierten.

Die B1a verfolgte weiter unter höchster Anspannung den gesamten deutschen Funkverkehr nach Spuren zu Jebsen. In dem Augenblick, in dem er das Geheimnis um die Doppelagenten preisgeben würde, würde ein Sturm losbrechen, der alle treffen würde, die mit Jebsen jemals zu tun gehabt hatten – Abwehr-Mitarbeiter, Freunde, seine Frau und seine Geliebten. Wie alle anderen war auch Guy Liddell inzwischen sicher, dass Jebsen, sollte ihn die Gestapo quälen, schließlich »unter Zwang zusammenbrechen würde«.[7]

Im Äther blieb es weiter still. Die Ausnahme bildeten Meldungen einiger Abwehr- und SD-Mitarbeiter in Lissabon, die nicht in die Operation Dora eingeweiht gewesen waren und sich wunderten, wohin Jebsen verschwunden war. Dann stieg die Zahl der Meldungen wieder. Weiter ging es nur um Jebsens Finanzgebaren. Berlin bat Madrid »mitzuteilen, wo 2,7 Millionen marokkanische Francs verblieben sind, die Jebsen angeblich nach Tanger verschoben hatte«.[8] Und die deutsche Zentrale versuchte auch herauszufinden, wo Beträge hingeflossen waren, die Jebsen für Popov und seine Mitagenten erhalten hatte.

Auch zwei Wochen nach Jebsens Verschwinden gab es keine Anzeichen dafür, welche Folgen seine Entführung noch haben würde. Ian Wilson schöpfte einen Funken Hoffnung und dachte sogar ernsthaft darüber nach, wie Jebsen noch gerettet werden könnte. Hätte Wilson geahnt, was Jebsen zu erleiden hatte, hätte er alle Hoffnung begraben.

Am 1. Mai hatten Jebsen und sein Freund Moldenhauer mit dem Zug Berlin erreicht. Zunächst waren sie in ein Militärgefängnis nach Wünsdorf gebracht worden. In Jebsens Fall brach sofort ein erbitterter Disput zwischen Abwehr und SD aus, wer nun für ihn zuständig war. Der Streit wurde sogar dem Chef des Oberkommandos der Wehrmacht, Feldmarschall Wilhelm Keitel, zugetragen. Schließlich erging ein »hartes Ultimatum« vom Leiter der Gestapo, Heinrich Müller, Jebsen sofort der Gestapo zu überstellen.

»Gestapo-Müller«, wie er oft zur besseren Abgrenzung von Namensvettern genannt wurde, war eine obskure Gestalt, einer der Hauptverantwortlichen für die schlimmsten nationalsozialistischen Verbrechen und einer der Hauptplaner des Holocausts. Der Kommandant des Vernichtungslagers Ausschwitz, Rudolf Höß, charakterisierte Müller als »eiskalten Vollstrecker« aller Befehle seines SS-Reichsführers Heinrich Himmler. Auf Müllers Befehl wurde Jebsen in eine Zelle des berüchtigten Gestapo-Gefängnisses in der Prinz-Albrecht-Straße Nr. 8 überführt. SS-Standartenführer Eugen Steimle und ein Obergeheimrat Quitting nahmen ihn in Empfang. Am Anfang interessierten sie Details zu seinen Finanzgeschäften. Aber die Gestapo schien zu wissen, dass Jebsen sie noch viel schwerer hintergangen hatte. So bestätigte Walter Schellenberg, der Leiter der vereinigten Geheimdienste von SD und Abwehr in einem Verhör nach Kriegsende, dass Jebsen »beschuldigt worden war für Großbritannien zu arbeiten«.[9]

Geheimes Staatspolizeihauptamt; Prinz-Albrecht-Straße 8 in Berlin

Im Keller befanden sich 39 Einzelzellen und eine Gemeinschaftszelle. Folterungen wurden in speziell ausgerüsteten Räumen in den oberen Stockwerken vollzogen. Das euphemistische Codewort der NS-Verbrecher dafür hieß »verschärfte Vernehmung« und war von Gestapo-Müller selbst geprägt worden. Die Gestapo rühmte sich, den Willen jedes Häftlings innerhalb von 48 Stunden brechen zu können. Dazu verwendeten sie Elektro- und Kälteschocks, schwere körperliche Misshandlungen, Stock- und Peitschenhiebe und das simulierte Ertränken in Eisbädern. Zu befürchten war, dass die Gestapo Jebsen so lange quälen würde, bis er alles über die bevorstehende Landung verraten würde. Auch bis zum 20. Mai – drei Wochen vor dem D-Day – hatte Artist noch geschwiegen.

Kapitel 18

Löcher im »Atlantikwall«

Englische Südküste, Mai 1944

Über nichts wurde so gespannt diskutiert, wie über die Frage, wann genau die Alliierten ihre Landung auf dem Kontinent wagen würden. In New York konnten die Menschen bei den Buchmachern auf den exakten Tag wetten, in Großbritannien setzten die Arbeiterinnen und Arbeiter in den Fabriken ebenfalls große Summen ihres Lohns auf den Ort, den die alliierten Truppen als Erstes erreichen würden.

Auf den Straßen in Südengland nahm der Verkehr von Tag zu Tag zu, Kolonnen von Militärfahrzeugen fuhren die Stützpunkte ab, transportierten Soldaten, Waffen und Nahrung. In den Pubs vertrieben sich die Soldaten die Zeit – Briten und US-Amerikaner warteten auf das Signal zum Angriff, genauso wie Kanadier, Australier, Neuseeländer, Inder, Franzosen und Polen. Insgesamt standen zwei Millionen Soldaten für die Landung bereit. Auf den Flugfeldern Südenglands warteten 11 000 Flugzeuge. Sieben Millionen Tonnen Öl lagerten in den dortigen Depots.

Im Westen des Deutschen Reichs hatten die Luftangriffe der Briten und US-Amerikaner in den vergangenen Tagen deutlich zugenommen. Ein Zeichen, dass die Alliierten bereits versuchten, die Verbindung zwischen »dem Reich« und den besetzten Gebieten bis hin zum »Atlantikwall« zu kappen. Propagandaminister Joseph Goebbels sprach öffentlich von der Ankunft der alliierten »in allernächster Zeit«.[1] Goebbels' Propagandaapparat gab nicht nur bekannt, dass die Landung bevorstehe, er ließ ebenso vermelden, dass diese äußerst willkommen sei, da die alliierten Soldaten in jedem Fall an den massiven Befestigungen des »Atlantikwalls« scheitern würden. Die »Festung Europa«, wie die Nationalsozialisten den von ihnen besetzten Kontinent bezeichneten, bleibe uneinnehmbar.

Erwin Rommel am »Atlantikwall«

Der deutsche Oberbefehlshaber für den angeblich so unüberwindbaren »Atlantikwall«, Generalfeldmarschall Erwin Rommel, hatte tausende von vier bis fünf Meter langen Baumstämmen an den Stränden des Ärmelkanals und der Atlantikküste aufstellen lassen. Diese Pfähle waren bis zu zwei Meter tief eingegraben, an den Spitzen waren Minen angebracht, die sich bei Flut jeweils knapp unter der Wasserlinie befanden. In Küstennähe gab es deshalb fast keine Bäume mehr, und es mussten Stämme aus bis zu zwanzig Kilometern Entfernung vom Landesinneren an die Strände geschleppt werden. Kurz vor der Landung fuhren Holzfällertrupps sogar bis in die ostfranzösischen Vogesen, um genügend Bäume zu schlagen. Eine halbe Million dieser »Rommelspargel« waren aufgestellt worden, die Hindernisse sollten die gegnerischen Boote durchlöchern und im Hinterland die Landung von Lastenseglern verhindern. Zusätzlich hatten die Deutschen noch vier Millionen Minen vergraben. Rommel hatte ursprünglich fünfzig Millionen Stück gefordert.

Rommel nutzte auch sogenannte »Tschechenigel« – Panzersperren, die erstmals in den Dreißigerjahren in der Tschechoslowakei benutzt worden waren, aus jeweils drei Stahlträgern bestanden und unter Wasser die Bodenplatten der Landungsboote und amphibischen Fahrzeuge aufreißen sollten.

Die Vorbereitungen auf die Ankunft des Gegners verliefen sehr unterschiedlich. In ihrem letzten Lagebericht meldete die deutsche Heeresgruppe B, dass der »Atlantikwall« in der Nähe des Pas-de-Calais zu 68 Prozent, in der Normandie aber nur zu achtzehn Prozent fertiggebaut worden sei.[2] Die Stärke der Verteidigungsanlagen wurde absurd überschätzt, der »Atlantikwall« war eine von der Propaganda beschworene Illusion, um das deutsche Volk und die Alliierten zu beeindrucken. »Es hat mich immer wütend gemacht, die Geschichten über die uneinnehmbare Verteidigung zu lesen. Es war unsinnig, ihn als Wall zu bezeichnen«, ärgerte sich der für Frankreich zuständige Oberbefehlshaber Feldmarschall Gerd von Rundstedt, als der Krieg vorbei war.[3]

Kurz vor Beginn der Landung in der Normandie hatte auch Oberst Alexis von Roenne nochmals gewarnt, wie löchrig die Verteidigungslinien an manchen Küstenabschnitten waren. In der »Wolfsschanze«, dem Führerhauptquartier in Ostpreußen, hielt er vor Hitler einen Vortrag zur Feindlage im Westen und wagte es dabei, die große, vermutete Truppenzahl der Alliierten den deutlich kleineren deutschen Verbänden in Frankreich, Belgien und den Niederlanden gegenüberzustellen. Hitler explodierte vor Wut, von Roenne wurde als »Defätist« gebrandmarkt und durfte nie wieder vor dem »Führer« vortragen.[4] Immer wieder hatte von Roenne auch Mitarbeitern gesagt, dass er mit einer Landung in der Normandie rechne und nicht im Pas-de-Calais. An die Landung in der Normandie glaubte er auch, weil dieser Küstenabschnitt deutlich schlechter befestigt worden war und das Ziel Pas-de-Calais ihm als zu offensichtlich erschien.[5] Aber von Roennes Meinung zählte nichts mehr.

Alexis von Roenne, Aufnahme von 1944

Die Frage nach der besten Verteidigung entzweite die deutschen Militärs. Zwischen von Rundstedt als Oberbefehlshaber West und Rommel, der die Heeresgruppe B befehligte und die Küste von der Bretagne bis nach Belgien verteidigen sollte, kam es zu andauerndem Kompetenzgerangel. Formell waren beide ranggleich, ihre Ansichten, was zu tun sei, grundverschieden. Rommel war davon überzeugt, dass ein Erfolg oder Misserfolg der alliierten Landung in den ersten 24 Stunden entschieden werden würde. Deshalb wollte er starke Panzerverbände an der Küste positionieren, um so den Feind ins Meer zurückzuschlagen. Von Rundstedt war strikt dagegen und gab zu bedenken, dass die Küste gut 2000 Kilometer lang war. Wo genau sollten die Panzer auf die Alliierten warten? Seiner Meinung nach half nur eins: den ersten Angriff abzuwarten, um dann mit einer Panzerreserve aus dem Landesinneren zum genauen Landepunkt zu stoßen.

Hitler befahl den beiden zänkischen Generälen einen Kompromiss. Drei Panzerdivisionen befehligte Rommel, der sie in Küstennähe positionieren durfte. Fünf Panzerdivisionen blieben unter von Rundstedts Befehl, der diese aber nur auf Hitlers Veranlassung bewegen durfte. So waren die Nachteile beider Strategien auf perfekte Weise kombiniert worden.[6]

Die Alliierten hatten in den vergangenen Wochen auch die Landung aus der Luft vorbereitet. Zwischen April und Anfang Juni 1944 flogen britische und US-amerikanische Piloten 200 000 Einsätze und warfen 195 000 Tonnen Bomben über der Normandie und der französischen Kanalküste ab. Dabei verloren sie knapp 2000 Flugzeuge, hatten aber die nötigen Landezonen für ihre Soldaten freigebombt. Die 92 küstennahen deutschen Radarstationen, die vor Luftangriffen hätten warnen können, waren von Briten und US-Amerikanern seit Mitte Mai systematisch bombardiert worden, Anfang Juni waren nur noch achtzehn einsatzfähig. Die Deutschen waren am Ärmelkanal praktisch blind geworden.[7] Die Lufthoheit hatten sie schon länger verloren. »Wenn du ein blaues Flugzeug am

Himmel siehst, ist es ein amerikanisches. Wenn du ein rotes siehst, ist es ein englisches. Wenn du keins siehst, ist es ein deutsches«, hieß ein Spruch unter den zunehmend desillusionierten Soldaten, die auf ihren großen Einsatz warteten.

Berchtesgaden, 27. Mai 1944

Als sie die Meldung abhörten, stockte den US-amerikanischen Abhörspezialisten der Atem. Wie schon so oft hatte sich Oshima Hiroshi, der japanische Botschafter in Deutschland, auf den Weg von Berlin ins oberbayerische Berchtesgaden begeben. Der Diplomat, der zuvor als General in der kaiserlichen japanischen Armee gedient hatte, war ein enger Vertrauter Hitlers und wurde von ihm häufig auf dem Obersalzberg, Hitlers Hauptquartier hoch über Berchtesgaden, empfangen. Ohne es zu ahnen, diente der japanische Botschafter als Hauptquelle der anglo-amerikanischen Geheimdienste. US-General George C. Marshall nannte Oshima sogar »unsere wichtigste Informationsgrundlage zu Hitlers Absichten in Europa«. Oshima war ein Fanatiker und nach den Worten des US-Auslandskorrespondenten William L. Shirer »ein größerer Nazi als die Nazis«.[8]

Nahezu alle Berichte, die Oshima als Botschafter von Berlin aus nach Tokio sendete, wurden von den USA abgehört. Auch die langen Gesprächsprotokolle Oshimas wurden oft schon von den US-Diensten ausgewertet, bevor sie Tokio erreicht hatten. Bereits 1940 hatten die USA Oshimas Verschlüsselungscodes gebrochen und lasen mit, was der japanische Spitzendiplomat zu berichten hatte.

Im November 1943 hatte Oshima eine viertägige Inspektionsreise entlang des »Atlantikwalls« unternommen und vieles von dem, was er gesehen hatte, detailgenau nach Japan gemeldet. Durch ihn erhielten die Alliierten eine exakte Vorstellung, wo sie die Landung in der Normandie erfolgreich bewältigen könnten.

Was Oshima nach seinem Mittagessen mit Hitler auf dem Berghof einige Tage vor der Landung in die Heimat berichtete, sorgte für weitere Zuversicht bei denen, die ihn wie immer belauschten. Bereits kurz nach seiner Abreise vom Obersalzberg begann der emsige Japaner mit ersten Funkmeldungen und übermittelte Auszüge seines Gesprächs mit Hitler.

»Was ist Ihre Meinung zur Zweiten Front?«, hatte Oshima gefragt.

»Ich glaube, dass die Invasion Europas früher oder später versucht werden wird. Ich gehe davon aus, dass der Feind bereits knapp achtzig Divisionen in England bereitstehen hat«, antwortete Hitler.

»Glauben Ihre Exzellenz, dass diese anglo-amerikanischen Truppen ihre Vorbereitungen für die Invasion bereits abgeschlossen haben?«

»Ja.«

»Ich frage mich, wie Ihrer Ansicht nach die Zweite Front errichtet wird.«

»Ich glaube, dass an verschiedenen Orten Ablenkungsoperationen geplant sind – in Norwegen, Dänemark, im südlichen Teil Westfrankreichs und an der französischen Mittelmeerküste. Danach – wenn sie Brückenköpfe in der Normandie und der Bretagne geschaffen haben und ihre Chancen abschätzen können – werden sie eine echte zweite Front am Ärmelkanal eröffnen«, war sich Hitler sicher.[9]

Der Bericht Oshimas war für die Täuschungsplaner der endgültige Beweis. Die Deutschen rechneten mit knapp achtzig feindlichen Divisionen, tatsächlich waren es Ende Mai nur 52.[10] Aber das war noch nicht alles. Hitler war weiter sicher, dass die Landung in der Normandie nur ein Täuschungsmanöver sein würde und der Hauptangriff im Pas-de-Calais folgen werde. Die Täuschung der Operation Fortitude funktionierte also immer noch, und Popov und die anderen Doppelagenten hatten daran einen großen Anteil. Der D-Day rückte näher, und der MI5 berichtete Winston

Churchill, dass Jebsen bislang durchgehalten hatte. »Es gibt immer noch keinen Hinweis darauf, dass Artist ein Geständnis abgelegt hat oder dass die Abwehr die wahre Lage erkannt hat«, meldete Guy Liddell an Nummer 10, Downing Street.[11]

Kapitel 19

Dunkle Wolken

Portsmouth, 4. Juni 1944

Der Wind hatte aufgefrischt, und die Wellen im Ärmelkanal türmten sich meterhoch auf. Das gute Wetter war vorüber und die weiteren Aussichten ausgesprochen schlecht, es regnete in Strömen in der südenglischen Hafenstadt. Rund zehn Kilometer vom Stadtzentrum entfernt hatte General Dwight D. Eisenhower in Southwick House, einem luxuriösen Landsitz, sein Hauptquartier bezogen. Der Texaner schlief aber lieber in einem geräumigen Wohnwagen davor, auf dem Nachttisch die Bilder seiner Frau und seines Sohnes und immer einen Stapel Wildwestromane daneben.

Den Beginn der Landung hatte Eisenhower, der Oberbefehlshaber der alliierten Streitkräfte in Nordwesteuropa, wegen des Wettereinbruchs bereits zuvor um einen Tag, vom 5. auf den 6. Juni verschoben. Der Chefmeteorologe der alliierten Truppen, James Stagg, sagte jetzt auch noch schwere Stürme voraus. Stagg konnte sich in der rauen Atmosphäre der alliierten Führungsspitze durchaus behaupten. Denn er war nicht nur Meteorologe, sondern besaß auch viel praktische Erfahrung, seit er 1932 die britische Polarexpedition in der kanadischen Arktis geführt hatte. Zudem hatte er eine solide militärische Ausbildung erhalten und war 1943, um mehr Autorität im militärischen Milieu zu bekommen, zum Oberst befördert worden.

Trotz der düsteren Aussichten machte Stagg eine Einschränkung bei seiner Vorhersage: Er prognostizierte auch eine 36-stündige Unwetterpause in der Nacht vom 5. auf den 6. Juni. Eisenhower stand vor seiner schwersten Entscheidung. Sollte er das Signal zum Start der Operation Overlord geben? Oder sollte er doch lieber auf bessere Bedingungen hoffen? Es würde weitere Wochen dauern, bis die Gezeiten und der Stand des Mondes wieder annähernd gleich sein würden, ideale Bedingungen herrschten erst wieder ab dem 19. Juni. Das Zögern wurde zur wachsenden Gefahr, denn niemand wusste, welche Verwüstungen Hitlers »Vergeltungswaffen« in nächster Zeit anrichten könnten. Außerdem waren die Landungsplätze der Alliierten nicht mehr lange geheim zu halten. Tag für Tag würden die Risiken für die Soldaten bei der Landung steigen, wenn die Deutschen noch mehr Zeit für ihre Abwehrvorbereitungen erhielten. Und schließlich wusste auch niemand, ob die Täuschungsmanöver der britischen Doppelagenten noch länger funktionieren würden.

Kurz vor 22 Uhr beendete Chefmeteorologe Stagg seinen Vortrag. Dann kehrte in der Runde der Militärs Stille ein. Eisenhower blickte die Mitglieder seines Führungsstabs an. Alle wussten, dass starker Wind auch starken Seegang bedeutete – mit eventuell fatalen Konsequenzen für die flachen Landungsboote. Abgesehen davon würden die Soldaten mit ihrer schweren Ausrüstung keinen Boden unter die Füße bekommen und – wenn sie nicht gleich erschossen würden – einfach zum Meeresgrund hinabgezogen und ertrinken.

Der britische Admiral Sir Bertram Ramsay sagte nichts und schüttelte nur den Kopf, er war eindeutig gegen die Landung. Dann war der Oberbefehlshaber der Royal Air Force und Eisenhowers Stellvertreter Arthur Tedder dran. Er sagte nur ein Wort: »Risikoreich.« Eisenhowers Stabschef Walter Bedell Smith nannte es »ein Glücksspiel – aber ein gutes Glücksspiel«. Schließlich sah Eisenhower den britischen Feldmarschall Bernard Montgomery an. Montgomery hielt Eisenhowers Blick stand und zögerte keinen Moment: »Ich würde sagen: Los!«

Eisenhower verließ die Runde und zog sich noch einmal für eine kurze Pause in seinen Wohnwagen zurück, während draußen der Wind heulte und der Regen gegen die Fenster prasselte. Am Morgen des 5. Juni kam er gegen 3 Uhr in die Bibliothek zurück. Für rund zwei Millionen Männer traf er nun die Entscheidung. Noch einmal blickte Eisenhower die Männer des versammelten Führungsstabs an. »Ich bin der Meinung, dass wir den Befehl geben müssen. Ich sehe nicht, dass wir etwas anderes tun können. Let's go!«[1] Der Tag und der Zeitpunkt des D-Days standen fest. Am frühen Morgen des 6. Juni 1944 sollte die Landung beginnen.

Mit einer echten Landung der Alliierten rechnete auf deutscher Seite in den kommenden Tagen niemand. Dass sich seit einigen Tage in den Häfen im Südwesten Englands mit fast 7000 Schiffen die bis dahin größte Landungsflotte der Kriegsgeschichte versammelt hatte, war der deutschen Marine bisher entgangen.

Feldmarschall Erwin Rommel war Frühaufsteher, er hatte beschlossen, ein wenig Urlaub zu nehmen und zurück nach Deutschland zu fahren. Seine Frau Lucie hatte Geburtstag, danach wollte er weiter zum Obersalzberg fahren, um direkt mit Hitler über die weitere Verstärkung der Verteidigungslinien zu sprechen. Um 6 Uhr morgens verließ er sein Hautquartier, das Château von La Roche-Guyon, erbaut im 18. Jahrhundert, eingebettet in ein Felsmassiv, hoch über der Seine. Begleitet von seinem Adjutanten und Fahrer ging es nach Herrlingen, einem kleinen Dorf bei Ulm. Er war den ganzen Tag unterwegs.

Sein Pendant, Generalfeldmarschall von Rundstedt, war Langschläfer. Nur selten saß er vor 10.30 Uhr an seinem Schreibtisch im Hauptquartier West in Saint-Germain-en-Laye in der Nähe von Paris. In seiner Lagebeurteilung vom 5. Juni 1944 kam der General, der 1,5 Millionen Wehrmachtssoldaten befehligte, zu einem klaren Ergebnis: »Die Landung steht nicht unmittelbar bevor.« Um 13 Uhr fuhr Rundstedt mit seinem Sohn in sein Lieblingsrestaurant Coq Hardi zum Mittagessen.[2] Danach hatte er für die Generalität ein Planspiel angesetzt, bei dem die Militärs eine Landung der Gegner simulieren sollten. Aus der Theorie wurde schneller Praxis als gedacht.

Normandie, 6. Juni 1944

In den ersten Stunden vor dem D-Day kreisten britische Segelflugzeuge mit Fallschirmjägern der 6. Luftlandedivision über einigen Brücken, die den Kanal von Caen und den Fluss Orne kreuzten. Die Fallschirmjäger waren die ersten Angreifer, sie nahmen die Brücken ein, um von dieser Seite aus deutsche Gegenangriffe zu verhindern. Wenig später fielen die ersten Schüsse.

Erwin Rommel hatte endlich sein Ziel in Herrlingen bei Ulm erreicht und mit Ehefrau Lucie und Sohn Manfred zu Abend gegessen. Bis in die Nacht war er noch beschäftigt, ein Memorandum an Hitler zu verfassen, in dem er weitere Panzerdivisionen forderte.

Um 6.30 Uhr folgte die sogenannte »H-Hour« oder Stunde Null von Overlord, der D-Day begann mit den ersten Landungen. Amphibienfahrzeuge brachten Infanteristen der 1. US-Armee an die Strände »Utah« und »Omaha«, wobei sie zeitlich so gesteuert wurden, dass sie deutsche Minen und Verteidigungsanlagen, die durch die Ebbe freigelegt wurden, umgehen konnten. Eine Stunde später begannen britische und kanadische Truppen der britischen 2. Armee weiter östlich an den Stränden »Gold«, »Juno« und »Sword« zu landen.

Es gab viele schwere Kämpfe und viele Tote, als bis zum Abend über 170 000 Mann in einer riesigen Armada über den Kanal kamen. Nicht weniger als 3000 alliierte Soldaten wurden am bluttränkten Omaha-Strand getötet. Insgesamt starben am ersten Tag 10 000 Soldaten. Auch die Deutschen hatten an diesem Tag viele Opfer zu beklagen – vielleicht sogar doppelt so viele wie die Angreifer.

Juni 1944, die D-Day-Invasion in der Normandie

Niemand kann sagen, wie hoch die Opferzahlen gewesen wären, wenn der erste Tag der Operation Fortitude nicht erfolgreich gewesen wäre. Genauso wenig, welchen Anteil die Doppelagenten daran besaßen. Sicher ist in jedem Fall: Wären die Doppelagenten aufgeflogen, hätte Jebsen nicht bis jetzt durchgehalten und sie noch vor dem D-Day verraten und hätten die deutschen Truppen in massiver Stärke an den Stränden der Normandie auf ihre anstürmenden Gegner gewartet, wäre es zu riesigen Opferzahlen auf beiden Seiten gekommen.

In den kommenden Tagen würde entscheidend sein, ob die Deutschen ihre Reserven in die Normandie schickten. Aus Sicht des Oberbefehlshabers West, Gerd von Rundstedt, gab es keinen Grund anzunehmen, dass die Landung in der Normandie bereits der Hauptangriff der Alliierten war. In einer ersten Lagebeurteilung hieß es:

»Die angelsächsische Feindeslandung an der Normandie-Küste stellt zwar ein Großunternehmen dar. Der bisher erfolgte Kräfteeinsatz umfasst jedoch erst einen verhältnismäßig kleinen Teil der verfügbaren Verbände. Von den in Südengland befindlichen 60 großen Verbänden dürften an ihr einschließlich der Luftlandetruppen höchstens zehn bis zwölf Divisionen beteiligt sein.«[3]

Erwin Rommel, dessen Präsenz in Frankreich vielleicht einen Unterschied bedeutet hätte, wurde von seinem Stellvertreter General Hans Speidel per Telefon über die begonnene Landung informiert. »Wie dumm von mir. Wie dumm von mir«, sagte Rommel nur leise in den Hörer. Dann stieg er sofort in den Wagen vor seinem Haus und befahl die Rückfahrt zu seinem Kommandoposten. Wieder dauerte es den ganzen Tag, bis er zurück war. Während in der Normandie gewaltige Kämpfe tobten, saß der Befehlshaber in seiner offenen Limousine, abgeschnitten von allen Informationen und unfähig, Befehle zu erteilen.

Berchtesgaden, 6. Juni 1944

Hitler war am frühen Morgen nicht geweckt worden. Er hatte am Vorabend bis spät mit seiner Lebensgefährtin Eva Braun und Propagandaminister Goebbels über künftige Filmprojekte diskutiert. Niemand hatte die Landung in der Normandie bisher ernst genommen, niemand hatte es für nötig gehalten, den »Führer« deshalb in seiner Nachtruhe zu stören. Erst um 10 Uhr morgens wachte er auf. Als er von den Geschehnissen der Nacht hörte, war er zuversichtlich. »Die Nachrichten könnten gar nicht besser sein! Solange sie in England waren, konnten wir sie nicht fassen. Jetzt haben wir sie endlich dort, wo wir sie schlagen können.«[4]

Auch Alexis von Roenne von der Abteilung Fremde Heere West betonte, dass der Angriff in der Normandie keinesfalls die wirkliche Invasion sei und keine Truppen aus dem Gebiet der deutschen 15. Armee abgezogen werden dürften. Der Lagebericht für den 6. Juni 1944 war eindeutig:

»Die Landung der Feinde an der Küste der Normandie ist ein großer Angriff, Aber die Kräfte, die sich daran beteiligen, sind nur ein kleiner Teil der Gesamtzahl. (...) Die Schlussfolgerung ist, dass das feindliche Oberkommando eine weitere große Offensive an der Kanalküste plant.«[5]

Die britischen Doppelagenten – allen voran der Spanier Joan Pujol Garcia, alias Garbo – sorgten mit weiteren Meldungen dafür, dass sich die deutschen Truppen nicht vom Pas-de-Calais wegbewegten. Selbst zwei als Verstärkung für die Normandie abkommandierte Panzerverbände, die bereits losgerollt waren, mussten aufgrund seiner Meldungen wieder zum Pas-de-Calais zurückkehren. Erwin Rommel blieb von einer Täuschung in der Normandie überzeugt, und Oberst Alexis von Roenne warnte: »Es ist selbstmörderischer Wahnsinn, ausgerechnet in diesem Augenblick unsere Infanterie und die Panzer aus dem Raum Pas-de-Calais in Marsch zu setzen, um die Front in der Normandie zu verstärken.«[6]

Am wichtigsten aber war, dass sich die 15. Armee nicht bewegte. Und so blieb diese gewaltige Armee gut 280 Kilometer östlich von den Landungsplätzen in der Normandie entfernt in Stellung, um den Pas-de-Calais zu verteidigen, während ihre Wachposten entlang der Küste Tag für Tag das graue Wasser des Ärmelkanals und den weiten Horizont nach Angreifern absuchten. So wurden auch die nächsten Tage der Operation Fortitude zum Erfolg. Für den britischen Historiker Michael Howard »die größte und vielleicht sogar erfolgreichste Täuschungsoperation der Kriegsgeschichte«.[7]

Selbst vier Wochen nach dem D-Day hielten die Deutschen 22 Divisionen bei Calais und warteten auf den Angriff der fiktiven 1. US-Armeegruppe.[8] Kurz bevor Feldmarschall Erwin Rommel zum Selbstmord gezwungen wurde, erkannte er im Rückblick: »Es war der entscheidende Fehler, die deutschen Truppen im Pas-de-Calais zu lassen.«[9]

London, Anfang Juni 1944

Während die Deutschen noch immer auf den Hauptangriff warteten und die alliierten Truppen weiter ins Landesinnere Frankreichs vordrangen, hatte Duško Popov von seinem Führungsoffizier Ian Wilson eine Einladung zu einem »kleinen, privaten Dinner mit ein paar Geheimdienstmitarbeitern« erhalten. »Abendgarderobe« stand auf der Einladung. Schon das war für ein kleines Dinner ungewöhnlich. Als er den Speisesaal des Hyde Park Hotels betrat, staunte Popov nicht schlecht. Alles war hergerichtet für ein großes Galabankett, die meisten Gesichter, die ihm freudig entgegenblickten, kannte er, unter ihnen war auch der Generaldirektor des MI5, Sir David Petrie. Popov war so verlegen, als ihm gesagt wurde, dass dieses Dinner zu seinen Ehren organisiert worden war, dass ihm Ian Wilson energisch zuflüstern musste, sich endlich zu setzen. Die Verlegenheit steigerte sich, als der MI5-Generaldirektor in einem Toast Popov als den Mann bezeichnete, der bei der Landung »ganz allein sieben bis fünfzehn deutsche Divisionen aufgehalten hatte«. Nach dem ersten Gang hielt Tar Robertson eine flammende Rede auf Popov und verkündete am Ende, dass Agent Tricycle in »Anerkennung seiner unersetzlichen und mutigen Dienste für den britischen Geheimdienst« zum Officer des britischen Empires ernannt werden würde – eine der höchsten Ehrungen, die die britische Krone verleiht.

»Es wäre falsche Bescheidenheit, wollte ich behaupten, dass ich nicht Freude und Dankbarkeit empfand, aber die Übertreibung der Taten, die mir da in einer Tischrede zugeschrieben wurden, machte mich denn doch etwas befangen«, blickte Popov zurück. »Ein herrlicher Abend – wäre ich mit meinen Gedanken bei dem Fest und nicht bei Johnny gewesen.«[10]

Die Sorge um das Schicksal seines Freundes beschäftigte ihn Tag und Nacht. Über seinen möglichen Verbleib gab es nur hin und wieder Andeutungen im deutschen Funkverkehr. Immerhin waren darunter auch ein paar Anzeichen, dass Johnny noch am Leben war, dass er nichts verraten hatte und dass Freunde innerhalb der Abwehr noch immer versuchten, ihn freizubekommen. Aber die MI5-Führung hatte kaum Hoffnung, dass Artist all das überleben würde. Seine Entführung nach Berlin hatte bewiesen, wie entschlossen der Sicherheitsdienst war, ihn auszuschalten. Außerdem waren nach der Entlassung von Admiral Canaris als Abwehr-Chef bereits zahlreiche Abwehr-Offiziere hingerichtet worden.

Berlin, Ende Juli 1944

In der deutschen Hauptstadt nahm Adolf Hitler grausame Rache. Mit einer Bombe wollte Oberst Claus Schenk Graf von Stauffenberg am 20. Juli im Führerhauptquartier »Wolfsschanze«, im damaligen Ostpreußen, dem NS-Regime ein Ende setzen und Adolf Hitler töten. Doch Hitler überlebte, und überall kam es zu Verhaftungswellen. Wilhelm Canaris, den Hitler Anfang Februar seines Amtes enthoben hatte, war an Stauffenbergs Plänen nicht direkt beteiligt gewesen, geriet aber schnell unter Verdacht und kam in Haft. Kurz darauf fand die Gestapo sein Tagebuch und stieß darin auf weitere Beweise, dass Canaris enge Kontakte mit dem Widerstand gepflegt hatte und an Plänen zum Sturz des Diktators beteiligt gewesen war. Anfang April 1945 wurde er von einem SS-Standgericht im Konzentrationslager Flossenbürg zum Tode verurteilt und gehängt.[11] Schnell geriet auch der Leiter von Fremde Heere West unter Verdacht, Oberst Alexis von Roenne. Von Roenne kannte von Stauffenberg gut, beide schätzten einander. Von dem Plan, Hitler zu töten, wusste er spätestens seit Anfang Juli.[12]

Von Roenne machte sich schon lange keine Illusionen mehr. »Mit dieser falschen Führung ist der Krieg nicht zu gewinnen. Der Führer muss weg«, hatte er gut vier Wochen vor dem Anschlag zu einem Adjutanten des Generalstabs gesagt.[13] Einem seiner FHW-Mitarbeiter gegenüber bekannte er im Juni offen, dass für ihn in diesem Krieg »Hitler der Hauptverbrecher« sei.[14]

Auch von Roenne wurde direkt nach dem Anschlag verhaftet, kam aber wenig später wieder frei. Direkt nach seiner Entlassung trat er eine bereits länger geplante Dienstreise in die Normandie an, um die deutsche Verteidigung zu inspizieren. Dabei geriet sein Auto in einen Militärkonvoi der Alliierten, und es wäre ihm ein Leichtes gewesen, sich zu ergeben. Die Sorge um seine Familie war wohl stärker.

Als er nach dieser letzten Inspektion des längst durchbrochenen »Atlantikwalls« im Pariser Hotel George V. Ende Juli einen alten Freund aus Kindheitstagen traf, Theodor Baron von der Osten-Sacken, kamen sie auf die deutschen Siegeschancen zu sprechen.

»Wie kommt es, dass den Alliierten die Landung auf Anhieb gelungen ist, obwohl Adolf Hitler gesagt hat: ›Wo die Alliierten auch landen, wir werden sie ins Meer zurückwerfen‹?«, fragte ihn sein Freund.

Von Roenne sagte, was er wirklich dachte.

»Wir haben vor einiger Zeit dem Hauptquartier ein Gutachten vorgelegt, in dem nachgewiesen wurde, dass, wo die Alliierten eine Landung auch versuchen würden, diese gelingen würde. Aber was willst du machen? Was Adolf Hitler nicht passt, wird weggeworfen.«[15]

London, Juli–August 1944

Kurz nach dem Ehrendinner versuchte der MI5 nochmals das FBI zu überzeugen, Popov in die USA reisen zu lassen. Allerdings nicht mehr als Doppelagent. Die jugoslawische Exilregierung hatte Popov gebeten, sie bei einer geplanten Konferenz der sich allmählich gründenden Vereinten Nationen in New York zum Thema Wiederaufbau und Hilfe zu vertreten. Außerdem schien Popov der Richtige zu sein, um einflussreiche Jugoslawen in den USA davon zu überzeugen, dass eine Annäherung zwischen König Peter und Marschall Tito wünschenswert sei. Tar Robertson schrieb einen persönlichen Brief an FBI-Chef J. Edgar Hoover und versicherte ihm, dass Popov nicht mehr an die Deutschen berichtete und seine geplante Mission nichts mit dem britischen Geheimdienst zu tun habe.

»Wir finden, wir sind es Tricycle schuldig, ihn bei seiner Arbeit für seine eigene Regierung zu unterstützen.«[16]

Hoover hatte nichts von Popovs vergangenem Aufenthalt in den USA vergessen. Für ihn stand es außer Frage, Popov nochmals einreisen zu lassen. Er sah ihn als verschwenderischen Menschen an, und einige Jahre nach Kriegsende, als Hoover selbst in große politische Schwierigkeiten geriet, behauptete er, Popov nicht zu kennen. Popovs Versuch, in die USA zu gelangen, scheiterte endgültig – offiziell »wegen Schwierigkeiten bei der Visa-Vergabe«.

Anfang August verlor Popov schließlich sein Londoner Zuhause. Eine deutsche V1-Rakete schlug in der Nähe von Clock House ein, alle Fensterscheiben zerbarsten. Wie bei allen Londonern waren auch Popovs Nerven in ständiger Anspannung wegen der neuen »Wunderwaffen«, die Hitler nun vermehrt auf England abfeuern ließ. Mitte Juni hatte eine V1 die Guards Chapel schwer getroffen, eine Kirche, die nur wenige hundert Meter vom Buckingham Palace entfernt lag und in die während des Gottesdienstes eine Rakete einschlug. 120 Soldaten und Zivilisten kamen ums Leben, 140 weitere wurden verletzt. Nur der Bischof von Maidstone, der die Messe las, blieb unverletzt. Im Juni waren in einem Zeitraum von 24 Stunden vom Pas-de-Calais 244 V1-Raketen auf England abgefeuert worden. Wegen ihres seltsamen, schnarrenden Geräusches wurde die V1 von den Londonern auch »Brummkäfer« genannt. Die Angriffe hatten fatale psychologische Folgen. Die Menschen fanden schnell heraus, dass sie, sobald das Brummen des Motors stoppte und auf einmal Stille herrschte, nur noch etwa 15 Sekunden hatten, bevor es zur Explosion kam. Nach und nach wurden die V1 dann durch die V2 ersetzt, die mit Überschall innerhalb von vier Minuten ihre Ziele lautlos erreichte. Rund 8500 der V1 und V2 wurden zwischen Juni 1944 und März 1945 auf Großbritannien abgefeuert, 9000 Menschen starben, 25000 wurden verletzt. Der Raketenterror schwächte die Moral der Menschen, aber der Fortschritt der alliierten Truppen ließ sie hoffen.

Popov wollte London verlassen. Er war in ständiger Sorge um seine Familie, dachte pausenlos an Johnny Jebsen und fragte den MI5, nachdem er auch Clock House nicht mehr nutzen konnte und nicht mehr direkt für die Täuschungsoperationen eingesetzt wurde, nach einer Auszeit.

Ian Wilson zeigte großes Verständnis und schlug seinem Agenten einen Abstecher nach Schottland in ein Landhotel in der Nähe des Dorfs Tain vor. Hoch oben in den östlichen Highlands sollte Popov beim Fliegenfischen zur Ruhe kommen. Ein pensionierter Oberst wurde zu seinem geduldigen Lehrer. Die Ruhe des Kurzurlaubs hielt genau zwei Tage, dann wurde Popov mitten in der Nacht vom Hotelbesitzer geweckt. Ein Polizist wartete in der Lobby und teilte ihm mit, er müsse sofort nach London zurückkehren. Auf die Frage, wie das geschehen solle, lächelte der Polizist nur. Er gab ihm einige Minuten Zeit, um seine Sachen zu packen, dann nahm Popov auf dem Motorrad des Polizisten Platz, wurde zu einem Flugfeld in den Highlands gefahren und landete kurze Zeit später in der südenglischen Grafschaft Surrey. Von dort ging es weiter mit einem Fahrer zum nächsten Bahnhof. Popov hatte keine Ahnung, weshalb er so abrupt zurückbeordert worden war.

Kapitel 20

Wo ist Johnny?

London, August 1944

Als sein Zug London-Waterloo erreicht hatte, wartete Ian Wilson am Gleis.

»Was ist denn los, Ian?« Wilson machte auf Popov einen extrem nervösen Eindruck.

»Ich verrate noch nichts. Hab ein bisschen Geduld, Duško.«

Beide warteten eine gute halbe Stunde in der Bahnhofshalle. Popov hatte es inzwischen aufgegeben, Wilson weiter zu löchern. Dann zog Wilson Popov am Arm seines Mantels. »Los, komm jetzt!«

Sie lösten eine Bahnsteigkarte und gingen zu einem anderen Gleis, dort fuhr ein Zug ein. Ein Mann, dünn und gebräunt, stieg aus. Popov konnte es kaum fassen. Er fiel seinem Bruder Ivo in die Arme. Beide waren, so beobachtete Wilson, »überglücklich vor Freude«. Seit ihrem Treffen in Lissabon im März hatten sie sich nicht mehr gesehen. Ivo war in der Zwischenzeit in Gestapo-Haft in Belgrad geraten, hatte aber fliehen können. Am 15. August traf er in London ein. Der Tag, an dem die Alliierten die »Operation Anvil« begannen, die Landung in Südfrankreich.

Die Brüder nahmen sich zwei Zimmer im Savoy-Hotel und brachten sich gegenseitig auf den neuesten Stand. Duško erzählte Ivo von seinen unerträglichen Schuldgefühlen Jebsen gegenüber. Die letzten abgefangenen Meldungen zu ihm deuteten darauf hin, dass er zu einem gewissen Zeitpunkt im Konzentrationslager Oranienburg gewesen sein musste und wegen Hochverrats angeklagt worden war. Keiner wusste, ob er noch dort war und noch lebte. Duško Popov war entschlossen, weiter nach Jebsen zu suchen. Gemeinsam mit seinem Bruder überlegte er, was er tun konnte.

Ivo fielen zwei Kontakte ein. Der eine war Mihailo Gluščević, ein reicher Jugoslawe, der seit 35 Jahren in Paris lebte und mit dem Jebsen einige Finanzgeschäfte getätigt hatte. Der zweite war Frederik Hahn, ein enger Freund Jebsens, der für die Reichsbank arbeitete und mit einer Französin namens Jacqueline Blanc liiert war. Immer wenn Hahn in Paris war, hatte er bei ihr gewohnt. Duško Popov fasste einen Entschluss.

Paris, August 1944

Ende August zogen die Alliierten in Paris ein. Hitler hatte den Befehl gegeben, Paris zu zerstören, doch der deutsche Stadtkommandant von Groß-Paris, General Dietrich von Choltitz, der erst vor zwei Wochen dieses Amt aufgenommen hatte, weigerte sich und hatte nach vier Jahren deutscher Besatzung vor dem französischen General Jacques Leclerc kapituliert.

Popov drängte den MI5, ihm zu erlauben, sofort nach Paris zu fahren, um dort Jebsens Freunde zu suchen. Sein ehemaliger erster Führungsoffizier bei der B1a, Bill Luke, bearbeitete Popovs Gesuch. Er sprach offen zu Popov. »Niemand glaubt, dass du noch irgendetwas zu Johnny herausfinden kannst, was dem MI5 nicht ohnehin schon bekannt ist.« Aber Popov blieb hart.

»Ich bin es, der hauptsächlich an seinem Unglück schuld ist. Und ich schulde es ihm, herauszufinden, ob er noch lebt, oder tot ist.« Es dauerte knapp sechs Wochen, bis Popov endlich die Erlaubnis für die Reise erhielt.[1] Popov traf am 9. Oktober 1944 in Paris ein und besuchte beide Kontakte. Doch zu Jebsen konnten sie ihm nicht wirklich weiterhelfen. Gluščević vermittelte Popov noch ein Treffen mit Jebsens Geliebter in Paris, Madeleine Schmidt. Aber auch sie konnte ihm nur erzählen, dass sie von Johnny das letzte Mal im April einen Brief erhalten hatte. Seither herrschte Stille.

Demoralisiert fuhr Popov nach London zurück. Ian Wilson teilte ihm nochmals seine Sicht des Falls mit. Da die Gestapo nichts Neues über Jebsens Finanzgeschäfte im Funkverkehr gemeldet hatte, war die Wahrscheinlichkeit hoch, dass er entweder getötet worden war oder sich umgebracht hatte. Es war nicht das, was Popov hören oder glauben wollte.

Ende November erhielt er noch einen geheimnisvollen Brief aus Zürich. Popov hielt den Atem an, als er die Zeilen las. »Johnny wird mich kurz vor Weihnachten in Zürich besuchen und im Hotel Baur au Lac absteigen.« Unterschrieben war der Brief mit dem Namen Ulla. Ansonsten gab es keine weiteren Absenderdaten. Popov war sich nicht sicher, ob das eine Falle, oder ein schlechter Scherz war. Von einer Ulla hatte er noch nie etwas gehört. Würde Jebsen in die Schweiz reisen können, hätte er sich doch bei ihm gemeldet, dachte Popov. Aber er ließ nichts unversucht, kehrte nach Paris zurück, kaufte sich dort einen kleinen Citroën und fuhr nach Zürich, wo er sich im Hotel Storchen einmietete. Für die nächsten zwei Wochen lief er zwei Mal am Tag vom Hotel Storchen zum Hotel Baur au Lac und fragte, ob ein Herr Jebsen inzwischen eingetroffen sei, oder für ihn eine Nachricht hinterlassen habe. Die Rezeptionsmitarbeiter verdrehten schon bald die Augen wegen des penetranten Fragestellers und verneinten stets. Popov fand nie heraus, wer sich wirklich hinter »Ulla« verbarg oder welches Motiv es gab, ihn nach Zürich zu locken.

Bei seiner Rückkehr nach London suchte Popov Rat bei Tar Robertson und Ian Wilson. Er schlug außerdem vor, das Tricycle-Netzwerk wieder aufleben zu lassen. Es gab kein Anzeichen, dass Jebsen gezwungen worden war, sein Netzwerk zu verraten. Außerdem gab es noch immer keine Veranlassung zu glauben, dass ihn die Deutschen verdächtigten, ihnen absichtlich Falschinformationen geliefert zu haben. Beides waren überzeugende Gründe, weshalb er die Arbeit als Doppelagent wiederaufnehmen wollte. Tatsächlich überlegte die Führungsspitze des MI5 genau das – um sich schließlich dagegen zu entscheiden. Denn in der Endphase des Kriegs konnte Popovs Netzwerk aus Sicht des MI5 nicht mehr allzu viele Informationen gewinnen. Aber Ian Wilson dachte bereits viel weiter: »Sollte das Tricycle-Netz jemals wiederauferstehen, wäre es nützlicher, die Russen zu infiltrieren – und wenn Jebsen überlebt hat, könnte er den Russen vielleicht seine Dienste, einschließlich denen von Popov, anbieten.«[2]

Zossen, September 1944

Oberst Alexis von Roenne, der Leiter der Abteilung Fremde Heere West, machte seine Mittagspause im Offizierskasino der Bunkeranlage, als ein Unbekannter den Speisesaal betrat und direkt auf ihn zuging. Im Hintergrund warteten einige Männer in ziviler Kleidung. »Sind Sie Oberst von Roenne?«, fragte der Mann. Von Roenne legte sein Besteck zur Seite, nickte kurz und stand wortlos auf. Er wusste, was auf ihn zukommen würde.

Der Mann war ein Kriegsgerichtsrat mit dem Auftrag, von Roenne festzunehmen. Von Roenne ging schweigend mit ihm und den anderen Männern nach draußen.[3] Er wusste viel über den Anschlag des 20. Juli, und die Mitwisserschaft konnte ihm nach weiteren Geständnissen anderer Beteiligter nachgewiesen werden. Der Prozess vor dem Volksgerichtshof ließ zunächst Hoffnung aufkommen, er könne mit dem Leben davonkommen. Das änderte sich in einer zweiten Verhandlung, als Roland Freisler den Vorsitz übernahm. Freisler, der für seinen Jähzorn bekannt war, die Angeklagten anschrie und demütigte, fällte ein schnelles Urteil und verurteilte von Roenne am 5. Oktober zum Tod. Nur, weil er vom geplanten Anschlag gewusst hatte.

Weshalb aber der erfahrene und hochintelligente Baron den falschen Zahlen der Alliierten aufgesessen war, ließ Raum für Spekulationen. War es seine Form des indirekten Widerstands? Am wahrscheinlichsten ist, dass er nicht mit Absicht oder aus Gegnerschaft zu Hitler die Zahlen zu den alliierten Truppen viel zu hoch bewertet oder gar gefälscht hat.[4] Hätten er und sein Mitarbeiter Roger Michael dies absichtlich getan, wäre dies nicht nur innerhalb der Großbritannien-Gruppe der FHW aufgefallen. Auch die Offiziere in der Heeresgruppe B und beim Oberbefehlshaber West analysierten ja parallel alle verfügbaren Daten über die feindlichen Armeen. Sie hätten übertriebene oder falsche Zahlen der FHW sofort beanstandet.

Alle an der Analyse beteiligten Stellen hielten die Meldungen aus Großbritannien für glaubhaft und waren empfänglich dafür. Auch deshalb, weil alle befürchteten, dass die im Westen verbliebenen deutschen Kräfte nicht ausreichen würden, um die Landung zu verhindern. Eine vorsätzliche Fälschung durch Roenne ist wenig wahrscheinlich. Er wäre sofort damit aufgeflogen, auch weil überall mit Spitzeln des SDs zu rechnen war, auch in Roennes eigener Abteilung.[5]

Den Umsturz hatte von Roenne befürwortet, direkt beteiligt daran war er nicht. Aus dem Gefängnis schmuggelten sein Anwalt und ein Wärter, ein ehemaliger Schulkamerad von Roennes, letzte Nachrichten an seine Frau. Darin verteidigte der FHW-Leiter nochmals die Absichten der Gruppe um Graf von Stauffenberg und die Pläne nach dem 20. Juli 1944: »Ihre Ziele sind rein gewesen, wie ihr Idealismus. (...) Mein eigener Anteil daran war klein genug. Ich habe drei Wochen zuvor etwas erfahren und geschwiegen, weil auch (ich) darin die einzige Rettung Deutschlands und meiner Kinder sah. So falle ich stolz und reinen Gewissens für diese!«[6] Am 12. Oktober 1944 wurde von Roenne in Berlin-Plötzensee gehängt.

Berlin, Ende April 1945

Die Schlacht um Berlin ging ihrem Ende entgegen. Bei den Kämpfen kamen über 170 000 Soldaten ums Leben, 500 000 wurden verwundet, und mehrere zehntausend Zivilisten starben. Im Führerbunker unter der Reichskanzlei nahmen sich Adolf Hitler und Eva Braun das Leben – genauso wie Joseph und Magda Goebbels, die sechs Kinder des Ehepaars waren zuvor mit Gift ermordet worden.

Knapp eine Woche nach der Einnahme Berlins unterschrieb Generaloberst Alfred Jodl die bedingungslose Kapitulation der Wehrmacht. Der Zweite Weltkrieg in Europa war nach sechs Jahren zu Ende gegangen. In London und anderen Städten drängte es hunderttausende Menschen tanzend, singend und trinkend auf die Straßen. »Ich möchte zuallererst dir und all meinen Freunden im Büro gratulieren und hoffe, dass euer grandioser Kater, den ihr wahrscheinlich haben werdet, schnell verschwindet«, schrieb Popov an Ian Wilson.[7]

Seit Anfang Mai waren die meisten Konzentrationslager in Deutschland befreit worden. Popov versuchte noch immer verzweifelt, Informationen über seinen Freund Johnny Jebsen zu erlangen. Im Chaos des zu Ende gegangenen Krieges wurde das zu einer fast unmöglichen Aufgabe.

Einer der wenigen, die zu Jebsens Schicksal etwas berichten konnten, war Hjalmar Schacht, der kurz in einer Zelle neben Jebsen eingesessen hatte. Einst Hitlers Reichswirtschaftsminister und Generalbevollmächtigter für die Kriegswirtschaft, war auch er unter Verdacht geraten, im Widerstand zu Hitler zu stehen und die Gruppe des 20. Juli 1944 zu unterstützen. Der MI5 gelangte an einen Bericht, in dem Schacht sich an seinen Zellennachbarn Jebsen erinnerte. Popov gab diese Erzählung ein wenig Hoffnung und Trost: »Er sah zufällig Johnny einmal, als dieser vom Verhör zurückgebracht wurde. Sein Hemd war blutgetränkt. Als ihn die Wachen in seine Zelle einschließen wollten, wandte er sich um und sagte von oben herab: ›Ich wünsche, ein sauberes Hemd zu bekommen.‹«[8]

Eine weitere Spur lieferte Jebsens Geliebte, Baroness Marie von Gronau, mit der er zusammen in Lissabon gearbeitet hatte. Sie, die ihre KZ-Haft überlebt hatte, wurde von den britischen Behörden ausgiebig befragt, konnte aber nur einige vage Angaben machen. Von Gronau gab an, dass Jebsen offenbar des Hochverrats beschuldigt worden war. Als dies nicht bewiesen werden konnte, sollte er wegen eines Devisenverbrechens angeklagt werden, bei dem es angeblich um zwanzig Millionen französische Francs gegangen sein soll. All das war wenig ergiebig, genauso wie ihre Angabe, dass Maries Bruder das Familienunternehmen der Jebsens in Hamburg kontaktiert hatte, um sich nach Johnny zu erkundigen. Dort wurde ihm mysteriöserweise nur gesagt, dass Johnny bereits 1936 in Schanghai ums Leben gekommen war. Marie von Gronau erinnerte sich auch, wie Jebsen ihr bei ihrem erzwungenen Abschied aus Lissabon noch gesagt hatte, sich drei Tage nach Ende der Kampfhandlungen im Gasthaus Røde-Kro nördlich von Flensburg zu melden. Dort hatte Jebsen ihr versprochen, würde ein britischer Pilot auf sie warten, um sie nach England zu bringen. Marie von Gronau hatte den Besitzer des Restaurants angeschrieben und nach Jebsen gefragt, aber nie eine Antwort erhalten.

Bei einer zweiten Reise in die Schweiz stieß Popov nochmals auf die Spur von Obergeheimrat Quitting – dem Mann, der Jebsen im Gestapo-Gefängnis verhört hatte. Popov fragte Wilson, ob es möglich sei, diesen Quitting ausfindig zu machen. Er sann auf Rache. »Wenn ihr Glück habt und den Mann findet, haltet ihn am Leben, bis ich komme. Ich würde gerne ein paar Worte mit ihm wechseln«, schrieb er an Wilson.[9] Aber wie zu so vielen anderen deutschen Tätern verlor sich in den Wirren der Nachkriegszeit auch die Spur zu Quitting.

Schließlich erhielt Popov doch noch einen letzten, erfolgversprechenden Hinweis bei seiner Suche. Er stammte von Petra Vermehren, die mit Jebsen befreundet war, als Auslandskorrespondentin in Lissabon gearbeitet hatte und deren Sohn Erich ebenfalls übergelaufen war. Sie war nach ihrer Verschleppung nach Deutschland unter anderem im Konzentrationslager Sachsenhausen inhaftiert worden, zusammen mit mehreren Familienmitgliedern. Insgesamt sollen mehrere zehntausend Häftlinge dort ermordet worden sein. Im August 1941 wurde eine Genickschussanlage errichtet, mit der bis zu 18 000 sowjetische Kriegsgefangene ermordet wurden. Petra Vermehren gab an, zu dieser Zeit der einzige weibliche Häftling gewesen zu sein.

Häftlingskolonnen vor dem Lagertor des Konzentrationslagers Sachsenhausen

Die Häftlinge im Konzentrationslager durften sich nicht selbst rasieren. Vom Friseur des Lagers erfuhr Petra Vermehren von Jebsens Ankunft und fand schließlich die Zelle, in die er eingesperrt worden war. Sie warf so lange kleine Steine gegen das Fenster, »bis sie seine Aufmerksamkeit erlangt hatte«.[10] Vermehren sah Jebsen erstmals im September 1944, glaubte aber, dass er schon seit Juli im Lager gewesen sein musste. »Sie hatten ihm eine oder zwei seiner Rippen während eines Verhörs gebrochen, deshalb konnte er während der ersten ein bis zwei Monate nur auf seiner Pritsche liegen.« Jebsen berichtete ihr flüsternd, dass die Gestapo ihn entführt hatte, weil er Informationen an die Briten weitergegeben habe. Er war zunächst des Hochverrats angeklagt worden, da er aber nichts gestand, wurde er wegen Devisenverbrechen angeklagt, da er gefälschte britische 5-Pfund-Noten eingetauscht haben sollte. Tragisch war, dass das, was Jebsen vorgeworfen wurde, genau hier im KZ Sachsenhausen seinen Ursprung genommen hatte. Und die Täter waren genau diejenigen, die ihn nun wegen angeblicher Devisenvergehen anklagten. Jebsen hatte keine Ahnung, dass im KZ Sachsenhausen auf Befehl Heinrich Himmlers im Herbst 1942 eine professionelle Fälscherwerkstatt eingerichtet worden war. Unter dem Codenamen »Aktion Bernhard« mussten bis Anfang Mai 1945 über 140 jüdische Spezialisten, darunter Drucker, Graveure und Schriftenmaler, die in das Lager verschleppt worden waren, Pässe, Dokumente, Briefmarken, vor allem aber Banknoten nachmachen. Allein über 130 Millionen Pfund Sterling wurden gefälscht und gleichermaßen eingesetzt zur Destabilisierung der englischen Währung als Ersatz für dringend benötigte Devisen.

Auch sein Freund Moldenhauer, der mit ihm zusammen aus Lissabon verschleppt worden war, war in Sachsenhausen inhaftiert. Im Februar 1945 sah Petra Vermehren ihn und Jebsen zum letzten Mal. Eine Eskorte war aus Berlin geschickt worden und nahm beide zu einem weiteren Verhör mit. Am 12. April wurde Moldenhauer wieder ins KZ gebracht, überrascht, dass Jebsen nicht längst zurück war. Vermehren erkundigte sich bei den Wachen, konnte aber nichts über Jebsens Schicksal herausfinden. Moldenhauer vermutete nur, dass Jebsen wahrscheinlich in ein anderes KZ gebracht worden war. Nachdem am 15. April die sowjetische Armee weiter auf das Lager vorrückte, wurden alle Häftlinge auf einen Zwangsmarsch geschickt. Gefangene, die zurückblieben, wurden erschossen, wahrscheinlich auch Moldenhauer.

Während seiner Zeit in Sachsenhausen hatte Jebsen auch den Kontakt zu ebenfalls inhaftierten britischen Soldaten aufgenommen. Im August 1945 erfuhr der MI5 davon, dass es einem der Soldaten gelungen war, eine geheime Botschaft Jebsens aus dem Lager herauszuschmuggeln. Sie belegte, dass Jebsen noch Anfang 1945 im KZ Sachsenhausen und am Leben war.[11] Seine Versuche, über die Soldaten einen Hilferuf nach London abzusetzen, liefen aber ins Leere, denn das Kriegsministerium führte keine Akte zu ihm.[12] Petra Vermehren, der die Flucht gelang, war überzeugt, dass Jebsen nicht mehr lebte.

Jebsen blieb verschwunden. Wie Popov ging auch Ian Wilson das ungewisse Schicksal von Artist zu Herzen. »Es war mein persönlicher Wunsch, denen zu helfen, die uns geholfen haben.«[13] Indem er sein Geheimnis für sich behalten hatte, war Jebsen so hilfreich gewesen wie kein anderer. »Ich bin der Meinung, dass es Aufgabe dieses Büros ist, mit größtmöglicher Sorgfalt herauszufinden, was genau passiert ist«, schrieb Wilson.[14]

Aber das gelang nicht mehr. Bei seiner weiteren Suche schaffte es Popov immerhin noch, Jebsens Ehefrau Lore in der russischen Besatzungszone aufzuspüren. Sie lebte in Leipzig und wollte so schnell wie möglich die Stadt verlassen. Popov kümmerte sich um sie, bat den MI5 um Hilfe wegen ihrer Papiere, gab ihr ausreichend Geld und sorgte dafür, dass sie nach Krefeld, in die britische Zone umziehen konnte. Außerdem erinnerte er Ian Wilson daran, dass Jebsen als eine seiner wenigen Bedingungen von den Briten verlangt hatte, dass seine Frau im Fall seines Todes gut versorgt werde. So bat Popov die Briten, Lore ein Engagement an einem Theater zu verschaffen:

»Weder Frau Jebsen noch ich haben den Wunsch, sie einem Theater aufzudrängen, aber es besteht kein Zweifel, dass eine Empfehlung von einer sehr hohen britischen Ebene in Deutschland enorm hilfreich wäre. Wenn von einer sehr hohen Stelle aus Druck ausgeübt wird, wird sich der Intendant zweifellos freuen, Frau Jebsen zu sehen, und es liegt dann an ihr, ihr Talent zu beweisen. Ich habe alles getan, was in meiner Macht steht, und werde es auch weiterhin tun, wenn auch nur, um mein Gewissen zu beruhigen.«[15] Wilson setzte sich schließlich dafür ein, dass Eleonore Jebsen vorsprechen durfte, in den Nachkriegsjahren trat sie an Theatern in Hannover und Krefeld auf.

Alle Spuren zu Johnny Jebsen waren ins Leere gelaufen, alles schien darauf hinzudeuten, dass er längst tot sein musste. Doch auch Tar Robertson war immer noch entschlossen, den Verbleib von Artist zu klären, und wollte herausfinden, »was tatsächlich am Ende mit ihm geschehen ist – denn Johnny hat schließlich sehr gute Arbeit in unserem Namen geleistet«. Aber alle Versuche blieben erfolglos, letztlich vermutete Robertson, dass Jebsens Weg im Konzentrationslager Mauthausen geendet hatte, »da dies der übliche Ort für Internierte war, die getötet werden sollten«.[16]

In der Folge kochten zahlreiche Spekulationen hoch. So etwa, dass Jebsen von den Russen befreit worden sei, um sogleich in russische Haft und dann in ein russisches Lager gebracht worden zu sein.[17] Lore Jebsen hoffte weiter, ihren Mann eines Tages wiederzusehen, und schloss noch lange seinen Tod aus. »Sie weigert sich, das zu glauben«, schrieb Wilson.[18]

Johnny Jebsen hatte sich vor und nach dem D-Day loyal zum britischen Geheimdienst gezeigt. »Nichts deutet darauf hin, dass er, was auch immer ihm zugestoßen sein mag, gezwungen wurde, Fakten preiszugeben, die wir geheim halten wollten«, stellte Ian Wilson klar.[19] Sein Wissen über die Landung der Alliierten hatte Jebsen nicht preisgegeben.

Duško Popov hatte keine Absicht, in seine Heimat, das inzwischen kommunistische Jugoslawien, zurückzukehren. Am 12. Juni 1946 nahm er die britische Staatsbürgerschaft an und zog nach Paris ins schicke 16. Pariser Arrondissement. Anscheinend wollte er, im Alter von 34 Jahren, auf einmal ein solideres Leben führen, wie er seinem ersten Führungsoffizier Bill Luke anvertraute: »Ich habe die Nase voll von meinen verheirateten Freunden, die mein unmoralisches Leben kritisieren«, und er schwärmte von seiner Verlobten Janine, »ein junges und hübsches französisches Mädchen (genau dein Typ).« Popov heiratete sie am 6. März 1946 im französischen Megève. Die Braut war erst achtzehn Jahre alt, aber auch dazu hatte der MI5, mit Blick auf Popovs bisherigen Lebensstil, nur einen einzigen trockenen Kommentar übrig: »Sie lässt sich anscheinend mit offenen Augen auf dieses eheliche Abenteuer ein.«[20]

Nach der Vermählung folgte der nächste Höhepunkt für Popov. Die Verleihung des Ordens des britischen Empires stand an. In der Begründung hieß es: »Seine aktive Arbeit erstreckte sich über einen Zeitraum von dreieinhalb Jahren, in denen er Mut und Einfallsreichtum bewies. Als er einmal unter Verdacht stand und man glaubte, seinen Kontakt zum Feind abbrechen zu müssen, überredete er die britischen Behörden, ihm zu erlauben, das Risiko einzugehen, den Feind mit bloßen Händen zu treffen. Und obwohl er einem strengen Verhör unterzogen wurde, überstand er dieses mit Bravour. Die Arbeit dieses Agenten war von unschätzbarem Wert für die Sache der Alliierten, und dieser Kommunikationskanal spielte eine wichtige Rolle, den Feind vor der Landung in der Normandie zu täuschen. Dieser Agent hat stets in vollem Umfang mit den britischen Behörden zusammengearbeitet, was sowohl für ihn selbst als auch für seine Mitarbeiter in Jugoslawien mit großen Risiken verbunden war.«[21]

Normalerweise hätte Popov seinen Orden im Buckingham Palast von König George VI. verliehen bekommen. Aber der MI5 behandelte die zurückliegenden Erfolge mit Beginn des Kalten Kriegs äußerst diskret. Die sehr speziellen Mitarbeiterinnen und Mitarbeiter, die als Doppelagenten im Einsatz waren, wurden in Schweigen gehüllt. Und so erhielt Popov seinen Orden im Rahmen einer kleinen, privaten Feier erst ein Jahr später am 28. November 1947. Der Ort der Übergabe war, wie sich Tar Robertson vor Beginn der Zeremonie bei seinem Agenten Tricycle entschuldigte, als er die lederne Schatulle mit dem Orden öffnete, »ein wenig ungewöhnlich«. Aber für Dušan Popov doch mehr als passend. Agent Tricycle erhielt seine Auszeichnung im Hotel Ritz. Wie es sich für ihn gehörte, in der Cocktailbar.

Epilog

1948 wurde Popov Vater, sein Sohn Dean kam auf die Welt. Seine Firma Tarlair Ltd. florierte derweil mit einem sehr gemischten Portfolio. Popov verkaufte Cholera-Impfstoff an die ägyptische Regierung und Gartenschläuche nach Frankreich, er importierte Autos von Peugeot und kaufte sich in die deutsche Textilindustrie in Krefeld ein. 1948 wurde er als möglicher Generalsekretär der Europäischen Bewegung International nominiert, eine Lobbygruppe, die unter anderem von Winston Churchill gegründet worden war, mit dem Ziel, ein vereintes Europa zu fördern.

1952 kaufte er ein Schloss hoch über Nizza, das er aufwändig renovierte. Das Château de Castelleras wurde Ort denkwürdiger Partys, während er dort residierte. 1954 zog Popov in ein in der Nähe liegendes Landgut um und pflanzte dort 10 000 Olivenbäume. Dann kaufte er La Grande Bastide, den früheren Sommerpalast der Bischöfe von Grasse.

Seine Ehe mit der jungen Janine ging in die Brüche. Wenig später setzte Popov erneut auf jugendliches Glück. 1961 traf der inzwischen fast fünfzigjährige Popov während einer Geschäftsreise in Stockholm eine blonde, achtzehnjährige schwedische Studentin namens Jill Jonsson und heiratete sie im folgenden Jahr. Ihr Vater nahm aus Protest an der Trauung nicht teil. Beide waren sehr glücklich und bekamen zwischen 1963 und 1969 drei Söhne: Marco, Boris und Omar. Auch beruflich suchte Popov nach neuen Möglichkeiten und eröffnete in den 1970er Jahren zusammen mit seinem Bruder Ivo eine Schönheitsklinik auf den Bahamas. Selten sprach er über den Krieg. Nicht einmal seiner Ehefrau Jill erzählte er von seinem Einsatz als Doppelagent und hielt seinen Orden unter Verschluss.

1974, als immer mehr Details über die Arbeit des MI5 im Zweiten Weltkrieg und die Einsätze der Doppelagenten bekannt wurden, konnte auch Popov nicht widerstehen und veröffentlichte seine Autobiografie mit dem Titel *Superspion*. Einige seiner darin geschilderten Erlebnisse und Taten waren schlicht erfunden – nichts davon taucht in seinen MI5-Akten auf. Popovs wahre und dokumentierte Erlebnisse lesen sich bereits wie Fiktion, aber wie die meisten Spione konnte er es nicht lassen, einiges hinzuzuerfinden.[1] In der Folgezeit wurde Popov oft als »wahrer James Bond« gefeiert. Ein Titel, den er stets bescheiden zurückwies, der ihm aber schmeichelte, wenngleich er häufig hinzufügte: »In der echten Welt der Spionage hätte James Bond weniger als 48 Stunden überlebt.« Als sicher galt nach Meinung vieler Journalisten, dass immerhin seine glamouröse Frau alle Qualifikationen besaß, um ein echtes Bond-Girl zu werden.

Dušan Popov in späteren Jahren

Am 10. August 1981 starb Dušan Popov im südfranzösischen Opio im Alter von 69 Jahren. »Er hatte gelebt«, sagte seine Witwe Jill, »wie er leben wollte.«[2]

Die meisten Mitglieder der B1a hatten nach Kriegsende genug von Militär, Geheimdienstarbeit und Befehlen. »Keine Einheit in der britischen Geschichte – wahrscheinlich keine in der Geschichte der Geheimdienstarbeit – hat jemals ein so breites Spektrum an ausgeklügelten Täuschungsmanövern mit einer so hohen Erfolgsquote entwickelt wie die B1a des MI5«, ist der britische Historiker Christopher Andrew überzeugt.[3]

Thomas Argyll Robertson zog sich 1948 nach Worcestershire in den Ruhestand zurück. Als Leiter der B1a hatte er neben Tricycle und Artist auch mit den anderen Doppelagenten wie Garbo, Zigzag und Tate mit seinem XX-System große Erfolge gehabt. Dafür war auch er 1944 vom Buckingham-Palast zum Offizier des Ordens des Britischen Empires ernannt worden. Seine Agentinnen und Agenten hatten für ihn hunderte von Einsätzen erfolgreich überstanden, und die meisten hatten überlebt. Tar Robertsons Meisterstück war das Gelingen der Operation Fortitude. Dass er sich stets in die Denkweise seiner deutschen Gegner einfühlen konnte und die Gruppe seiner Doppelagenten so gekonnt anleitete, machte ihn zu einem der fähigsten Geheimdienstkoordinatoren seiner Zeit. In den kommenden Jahren verlegte sich Tar Robertson auf völlig andere Führungsaufgaben. Er züchtete Schafe, Kühe und Schweine, produzierte Apfelwein und spielte mit Hingabe Cricket auf der Dorfwiese seines neuen Zuhauses in Ashton-under-Hill in der Grafschaft Worcestershire. Niemand im Dorf wusste um seine Vergangenheit. Nur eines kam den Dorfbewohnern seltsam vor. Manchmal verschwand er für viele Tage und erzählte nie, wo er gewesen war oder was er getan hatte. Bis zuletzt blieb Robertsons gelegentlicher Rat in britischen Geheimdienstkreisen wertvoll, am 10. Mai 1994 starb er. Im Nachruf der *Times* auf ihn hieß es, er sei »der unbekannteste Diener seines Landes während der Kriegszeit gewesen«.[4]

John Cecil Masterman, der Leiter des XX-Komitees, kehrte nach Oxford zurück und konzentrierte sich auf die Wissenschaft. 1957 und 1958 war er Vizekanzler der Universität Oxford, für seine Verdienste wurde Sir John zum Ritter geschlagen.

Guy Liddell, der beim MI5 die Spionageabwehr verantwortet hatte, wurde stellvertretender Generaldirektor des MI5. 1953 verließ er den Geheimdienst und arbeitete als Sicherheitsberater für die britische Atomenergiebehörde. Immer wieder hatte es Gerüchte gegeben, dass er ein Doppelagent in sowjetischen Diensten gewesen sei. All das stellte sich als haltlos heraus.

Ian Wilson kehrte in seinen Beruf als Rechtsanwalt in die Kanzlei McKenna & Co. zurück. Als juristischer Berater der Firma Tarlair blieb er Popov lange Zeit eng verbunden. Bis an sein Lebensende 1978 quälte ihn die Frage, auf die keiner eine Antwort mehr fand – was wirklich mit seinem zweiten Spion, Johnny Jebsen, passiert war.

Zu den meisten deutschen Gegenspielern verlieren sich die Spuren. Aloys Schreiber, der Jebsen aus Lissabon hatte entführen lassen, kehrte nach Deutschland zurück und lehrte für kurze Zeit Jura in Erlangen.

Hans Brandes, der Johnny Jebsen verraten hatte, wurde in Portugal festgenommen und in ein Internierungslager nach Deutschland in die US-Zone gebracht. Er überzeugte die Behörden davon, dass er ein »armer, halbjüdischer Geschäftsmann war, wurde daraufhin als ›unbelastet‹ eingestuft und schließlich freigelassen«.[5] Der MI5 war entsetzt, sah darin »pure Schönfärberei« und ein »grobes juristisches Fehlverhalten«. Tar Robertson war besonders erbost, ihn überkam ein kaum zu zähmendes Bedürfnis nach Rache: »Brandes war an der Entführung von Johnny beteiligt. Es wäre eine gute Idee, Hand an ihn zu legen.«

Ab 1954 wurde Brandes Geschäftsführer des Familienbetriebs, der Fritz Werner AG. Er blieb bis zum Lebensende eine zwielichtige Figur, arbeitete als Waffenhändler und Vertrauensmann des

Bundesnachrichtendienstes und wurde am 15. April 1971 in seinem Auto auf einem Feldweg in Schäftlarn südlich von München tot aufgefunden. Als Todesursache wurde Vergiftung genannt. Ob Selbstmord oder Mord wurde nie geklärt.

Alexis von Roennes Mitarbeiter Roger Michael blieb nach der Hinrichtung seines Chefs nicht mehr lange bei der FHW. Schnell wechselte er in der Endphase des Kriegs noch den Posten und wurde Mitarbeiter von Generalfeldmarschall Walter Model. Nach der deutschen Kapitulation geriet er in britische Gefangenschaft und behauptete in Haft, er habe mit Roenne unzählige Divisionen der FUSAG frei erfunden. Alle vorhandenen Zeugenaussagen seiner damaligen Kameraden bestätigen hingegen, dass dies nicht möglich gewesen wäre, ohne dass es die FHW-Mitarbeiter bemerkt hätten. Denn alle Lageeinschätzungen wurden in den einzelnen FHW-Gruppen erarbeitet und gemeinsam diskutiert.

Schnell wurde Michael aus britischer Gefangenschaft entlassen. Für Rätsel sorgte, dass Michael kurze Zeit später offenbar in Heidelberg von ehemaligen deutschen Kameraden gesehen wurde, eine amerikanische Uniform trug und behauptete, Mitglied des US-Corps für Spionageabwehr zu sein. Dann verlor sich seine Spur hinter dem Eisernen Vorhang, möglicherweise lief er in die Sowjetunion über. Ebenso ist möglich, dass der stets gutgelaunte und beliebte Deutsch-Engländer Roger Michael während des Kriegs als Spion für Großbritannien, die USA und die Sowjetunion gearbeitet hatte. Vielleicht sogar für alle drei Länder gleichzeitig.[6]

Johnny Jebsen tauchte nie wieder auf, die letzten Spuren hatte er im Alter von 27 Jahren hinterlassen. Jebsen war ein Mann mit viel Intellekt, der in die Welt der Spionage eingetaucht war, um dem Kampf an der Front zu entgehen. Er glaubte immer an die Freundschaft zu Duško Popov, hinter seiner Fassade und Tarnung als Lebemann und Playboy standen seine Taten im Kampf gegen die Nationalsozialisten. Ganz einfach hätte er der Gestapo gestehen können, was er wusste, um vielleicht so seine Haut zu retten. Jebsen hätte den D-Day in eine Katastrophe verwandeln können, und ohne sein Schweigen hätte der Zweite Weltkrieg möglicherweise deutlich länger gedauert. Jebsen zeigte einige Schwächen in seinem kurzen Leben, am Ende bewies er gewaltige Stärke. Und zweifellos ist er ein Held – ein unbekannter, der sein Heldentum bewies, indem er, als es darauf ankam, schwieg.

Johnny Jebsen liegt in keinem Grab. Sein Tod wurde am 17. Februar 1950 per Gerichtsbeschluss offiziell festgestellt. Als offizielles Todesdatum wurde der 31. Dezember 1945 vermerkt. Die einzige Erinnerung an Artist bleibt ein Stolperstein vor seinem Geburtshaus in der Hartungstraße 7a in Hamburg.

* * *

Editorische Notiz

Die Dialoge zwischen den Personen in diesem Buch sind nicht fiktiv, sondern lassen sich anhand der benutzten Quellen dokumentieren. Vor allem in den Akten, die im britischen Nationalarchiv lagern, sind viele direkte Gesprächsprotokolle und -notizen sowie Zusammenfassungen der Verhöre nach Kriegsende vorhanden. Hinzu kommen die Tagebucheinträge von Guy Liddell und Erinnerungen von John C. Masterman und weiterer MI5-Mitarbeiter sowie zahlreiche Briefe, Funksprüche und Telegramme anderer Beteiligter. Was Dušan Popovs eigene Schilderungen in seiner Autobiografie betrifft, sind diese naturgemäß subjektiv und nicht immer durch zusätzliche direkte Quellen überprüfbar.

Einige der in diesem Buch widergegebenen Dialoge zeugen von einer bemerkenswerten Offenheit, mit der die Mitarbeiterinnen und Mitarbeiter der britischen Geheimdienste und der Regierung untereinander kommunizierten. Das taten sie, weil sie darauf vertrauen konnten, dass ihre Korrespondenz und ihre Gespräche niemals an die Öffentlichkeit gelangen und die Arbeit des XX-Komitees niemals bekannt werden würde. Doch seit 2001 wurden immer mehr dieser ehemals streng geheimen Akten von der britischen Regierung nach und nach freigegeben.

Der britische Kampf gegen das NS-Regime war auch ein Papierkrieg. Über das Leben von Dušan Popov und Johann-Nielsen Jebsen sind mehrere zehntausend Seiten Papier aufbewahrt worden. Auch die Tatsache, dass die britische Seite den gesamten deutschen Funkverkehr abhörte, hat mit dazu beigetragen, dass die im Text beschriebenen direkten Aussagen belegbar sind.

Danksagung

Wer in die Welt der Geheimdienste eintaucht, sieht sich schnell mit einer Mischung aus Legenden, Lügen, Wahrheiten und Spekulationen umzingelt. Manchmal verwischen selbst in den Akten Fakten und Fiktion, und alle Beteiligten besaßen ein starkes Interesse, ihre Erfolge zu betonen und Misserfolge der anderen Seite zuzuschieben.

Ich danke allen, die mir dabei geholfen haben, die Lebensgeschichte von Dušan Popov und Johann Jebsen zu entwirren. Sollten Fehler vorhanden sein, gehen sie allein zu meinen Lasten.

Besonderer Dank an Rüdiger Strempel und Björn Plenkers – dem Neffen von Johann Jebsen – und Marco Popov. Außerdem an Dr. Cedric Bierganns, meinem Agenten Peter Molden, Dr. German Neundorfer vom Verlag Herder und dem gesamten Team der National Archives und des Imperial War Museums sowie einigen, die hier anonym bleiben wollen.

Quellen und Literatur

Archive/Museen

The National Archives, Kew, Richmond

Imperial War Museum, London

Universitätsarchiv Freiburg

Bundesarchiv – Militärarchiv Freiburg

Bundesarchiv Berlin-Lichterfelde

Bücher/Sammelbände

Andrew, Christopher: The Defence of the Realm, London: 2010.

Andrew, Christopher: MI5 – Die wahre Geschichte des britischen Geheimdienstes, Berlin: 2011.

Andrew, Christopher: The Secret World – A history of intelligence, London: 2019.

Barbier, Mary Kathryn: D-Day Deception – Operation Fortitude and the Normandy Invasion, Westport/Connecticut: 2007.

Bassett, Richard: Hitler's Spy Chief – The Wilhelm Canaris Mystery, London: 2005.

Breuer, William, B.: Hoodwinking Hitler – The Normandy Deception, Westport/Connecticut: 1993.

Bremm, Klaus-Jürgen: Normandie 1944 – Die Entscheidungsschlacht um Europa, Darmstadt: 2022.

Cave Brown, Anthony: Bodyguard of Lies, London: 1975.

Crowdy, Terry: The Enemy Within – A history of spies, spymasters and espionage, Oxford: 2006.

Cruickshank, Charles: Deception in World War II, Oxford: 1979.

Delmer, Sefton: The Counterfeit Spy, London: 1973.

Elliott, Geoffrey: Gentleman Spymaster – How Lt Col Tommy ›Tar‹ Robertson Double-crossed the Nazis, London: 2011.

Fröhlich, Elke (Hg.): Die Tagebücher von Joseph Goebbels, 32 Bände in drei Teilen, München: 1993–2008.

Haufler, Hervie: The spies who never were, London: 2006.

Hesketh, Roger: Fortitude: The D-Day Deception Campaign, London: 1999.

Holt, Thaddeus: The Deceivers – Allied Military Deception in the Second World War, London: 2004.

Howard, Michael: British Intelligence in the Second World War, Vol. 5: Strategic Deception, London: 1990.

Hubatsch, Walther: Hitlers Weisungen für die Kriegsführung 1939–1945, Köln: 1999.

Jonason, Tommy; Olsson, Simon: Agent Tate, London: 2011.

Kahn, David: Hitler's Spies: German Military Intelligence in World War II, London: 1978.

Kampe, Hans Georg: Deckname ›Zeppelin‹ – Die Bunker im Hauptquartier des Oberkommandos des Heers in Zossen, Militärgeschichtliche Blätter, Hönow: 2006.

Levine, Joshua: Operation Fortitude, London: 2011.

Liss, Ulrich: Westfront 1939/40 – Erinnerungen des Feindbearbeiters im O.K.H., Neckargemünd: 1959.

Loftis, Larry: Into the Lion's Mouth, New York: 2016.

Longerich, Peter: Joseph Goebbels, München: 2010.

MacIntyre, Ben: Double Cross, London: 2012.

MacIntyre, Ben: For Your Eyes only: Ian Fleming and James Bond, London: 2008.

Masterman, John, C.: The Double Cross System in the War 1939–1945, London: 1972.

Miller, Russell: Codename Tricycle, London: 2005.

Miller, Russell: Nothing less than victory – the oral history of D-Day, London: 2000.

Molfenter, Arne: Garbo, Der Spion, München: 2014.

Montagu, Ewen: Beyond Top Secret Ultra, London: 1977.

Popov, Dušan: Superspion, Wien: 1975.

Rommel, Manfred: 1944 – Das Jahr der Entscheidung, Stuttgart: 2010.

Ryan, Cornelius: The Longest Day – The classic epic of D-Day, June, 6, 1944, New York: 1994.

Shirer, William, L.: The Rise and Fall of the Third Reich – A history of Nazi Germany, London: 1998.

Smith, Michael: Foley – The Spy who saved 10.000 Jews, London: 2016.

Tiago-Stanković, Dejan: Estoril, London: 2015.

Weber, Ronald: The Lisbon Route, Chicago: 2011.

West, Nigel (Ed.): The Guy Liddell Diaries, Volume II: 1942–1945, New York: 2005.

Wieviorka, Olivier: Normandy – The Landings to the Liberation of Paris, Cambridge/Massachusetts: 2008.

Zeitschriften/Zeitungen

Parade Magazine, New York, 19. Mai 1974: Superspy Duško Popov, Interview von Jonathan Braun mit Dušan Popov

Prince, Max: How a blind racer turned secret agent and helped defeat the Nazis, in: Road and Track, New York: 12. November 2013.

Franklin D. Roosevelt: The President's War Messages, in: Current History, Vol. 1, No. 5, (January 1942), Oakland, S. 411–412.

Benton, Kenneth: The ISOS Years: Madrid 1941–3, in: Journal of Contemporary History, London: Juli 1995, Vol. 30, No. 3, S. 359–410.

Wiegrefe, Klaus: Sieg um jeden Preis, in: Der Spiegel, 23/2004, S. 53.

Malanowski, Wolfgang: »Schluss mit dem Krieg, Ihr Idioten«, in: Der Spiegel, 22/1994, S. 187.

Lee, Jan: Joan Elisabeth Lowther Clarke Murray, IEEE Annals of the History of Computing, Band 23, Ausgabe 1, Januar–März, Davis (2001), S. 67–72.

Sonstige Quellen

Briefe, Schriftstücke von und zu Johann Jebsen aus dem Privatbesitz der Familie Plenkers.

Briefe und Schriftstücke zu Alexis von Roenne und der FHW aus dem Privatbesitz von Adelheid Barbara Döll, geb. Freiin von Roenne (Tochter von Alexis von Roenne).

Interviews des Autors mit Björn Plenkers am 20.3.2023 und 21.4.2023.

Abbildungsnachweis

S. 13: © mauritius images / P.D.Enhanced / Alamy (Alamy Stock Photos

S. 17: © Familie Plenkers

S. 29: © mauritius images / Shawshots / Alamy SLASH / Stock Photos

S. 50: © mauritius images / Science Source

S. 59: © mauritius images / Z1 Collection / Alamy / Alamy Stock Photos

S. 82: © Hulton Archive – GettyImages

S. 91: © mauritius images / Glasshouse / Circa Images

S. 93: © mauritius images / Screen Prod

S. 96: © mauritius images / GL Archive / Alamy / Alamy Stock Photos

S. 151: © mauritius images / Prisma / Schultz Reinhard

S. 159: © The National Archives

S. 194: © Bundesarchiv

S. 196: © picture alliance / Fotoarchiv für Zeitgeschichte / Archiv PIPE

S. 198: © Gedenkstätte Deutscher Wiederstand via wikimedia

S. 207: © mauritius images / World History Archive / Alamy / Alamy Stock Photos

S. 222: © picture alliance / arkivi PIPE

S. 228: © Familienarchiv Popov

Anmerkungen

Die zitierte Literatur wird in den Anmerkungen jeweils nur in verkürzter Form genannt. Die vollständigen bibliografischen Angaben finden sich bei »Quellen und Literatur«.

Prolog

1 The National Archives KV2/853 (folgend abgekürzt als TNA mit jeweils zugehörigem Aktenzeichen); Popov, Dušan: Superspion, S. 252.

2 TNA KV2/846.

3 Popov, Dušan: Superspion, S. 253–254; Miller, Russell: Codename Tricycle, S. 194–195.

Kapitel 1: Der Klub der Ausländer

1 Tiago-Stanković, Dejan: Estoril, S. 238.

2 Universitätsarchiv Freiburg: nicht abgeschlossene Promotionen: Duschan Popov 1937–1945; B0110 Rechts- und Staatswissenschaftliche Fakultät, Verzeichnungseinheit 173, Dissertation: »Die Vidovdan- und die September-Verfassung Jugolsaviens« (sic).

3 Popov, Dušan: Superspion, S. 11 ff.

4 Privatbesitz Familie Plenkers: Handgeschriebener Lebenslauf von Johann Jebsen vom 11.9.1939,

5 Interview mit Björn Plenkers, 21.4.2023.

6 Popov, Dušan: Superspion, S. 15.

7 Brief von Johann Jebsen vom 13.10. 1940, Privatbesitz Familie Plenkers.

8 Popov, Dušan: Superspion, S. 13.

9 Miller, Russell: Codename Tricycle, S. 16–17.

10 TNA KV 2/854.

11 Popov, Dušan: Superspion, S. 13.

12 TNA KV2/846.

13 Loftis, Larry: Into the Lion's Mouth, S. 8.

14 Popov, Dušan: Superspion, S. 18.

15 Ebenda, S. 22.

Kapitel 2: Ein Rätsel

1   Loftis, Larry; Into the Lion's Mouth, S. 15.

2   TNA KV2/863.

3   Popov, Dušan: Superspion, S. 22 ff.

4   TNA KV2/863.

5   Interview mit Björn Plenkers am 20.3.2023.

6   TNA KV2/856.

7   TNA KV2/859.

8   TNA KV2/862.

9   Popov, Dušan: Superspion, S. 34 ff.

10 Ebenda, S. 35.

11 Ebenda.

12 Ebenda, S. 36.

13 TNA KV2/853.

14 TNA KV2/863.

15 Popov, Dušan: Superspion, S. 29.

16 TNA 2/862.

17 Popov, Dušan: Superspion, S. 44 ff.

18 Ebenda, S. 50.

19 TNA KV2/845.

20 Popov, Dušan: Superspion, S. 60.

21 TNA KV 2/845.

22 Popov Dušan: Superspion, S. 60.

Kapitel 3: Ankunft in der Stadt des Lichts

1   Popov Dušan: Superspion, S. 62.

2   KV2/847.

3   Ebenda.

4   Crowdy, Terry: The Enemy Within – A history of spies, spymasters and espionage, S. 254.

5   Popov, Dušan: Superspion, S. 107.

6   Prince, Max: How a blind racer turned secret agent and helped defeat the Nazis.

Kapitel 4: Im goldenen Käfig

1   Popov, Dušan: Superspion, S. 70.

2   Elliott, Geoffrey: Gentleman Spymaster, S. 44.

3   Jonason, Tommy; Olsson, Simon: Agent Tate, S. 39.

4   Auf Englisch lautete Robertsons Spitzname »Passion Pants«. Vgl.: Andrew, Christopher: MI5 – Die wahre Geschichte des britischen Geheimdienstes, S. 268 f.

5   MacIntyre, Ben: Double Cross, S. 33–34.

6   Lee, Jan: Joan Elisabeth Lowther Clarke Murray.

7   MacIntyre, Ben: Double Cross, S. 35.

8   Masterman, John, C.: The Double Cross System in the War 1939–1945, S. 52.

9   Andrew, Christopher: The Defence of the Realm, S. 258.

10 TNA KV2/845.

11 Ebenda.

12 Ebenda.

13 Loftis, Larry: Into the Lion's Mouth, S. 43–44.

14 Interview von Jonathan Braun mit Dušan Popov: Superspy Duško Popov, in: Parade, 19. Mai 1974, S. 27.

15 Haufler, Hervie: The spies who never were, S. 12.

16 Jonason, Tommy; Olsson, Simon: Agent Tate, S. 51.

17 Haufler, Hervie: The spies who never were, S. 12.

18 Masterman, John, C.: The Double Cross System in the War 1939–1945, S. 67.

19 TNA KV2/845.

Kapitel 5: Der Schlund der Hölle

1 Tiago-Stanković, Dejan: Estoril, S. 1.

2 TNA KV2/845.

3 Tiago-Stanković, Dejan: Estoril, S. 120.

4 Ebenda, S. 121.

5 TNA KV2/845

6 Popov, Dušan: Superspion, S. 119.

7 TNA KV2/845.

8 Ebenda.

9 Ebenda.

10 Ebenda.

11 Tonaufzeichnung von Popovs Familie, in: Miller, Russell: Codename Tricycle, S. 60.

12 TNA KV2/845.

13 Ebenda.

14 Ebenda.

15 TNA KV2/1067.

16 TNA KV2/845.

17 Ebenda.

18 Immer wieder tauchte vor allem in der britischen Boulevardpresse nach Kriegsende das durch nichts belegte Gerücht auf, Popovs Codename sei auch deshalb gewählt worden, weil er angeblich gerne mit zwei Frauen gleichzeitig seine Nächte verbracht habe.

19 Barbier, Mary Kathryn: D-Day Deception – Operation Fortitude and the Normandy Invasion, S. 93.

20 Miller, Russell: Codename Tricycle, S. 66.

Kapitel 6: Alice im Wunderland

1 Zitiert nach: Weber, Ronald: The Lisbon Route, S. 251.

2 TNA KV2/846.

3 TNA KV2/845.

4   TNA KV2/847.

5   Ebenda.

6   Ebenda.

7   TNA KV2/860.

8   TNA KV2/847.

9   Ebenda.

10 Ebenda.

11 Ebenda.

12 Ebenda.

13 Ebenda.

14 TNA KV2/856.

15 TNA KV2/859.

16 TNA KV2/847.

17 Ebenda.

18 Ebenda.

19 Masterman, John, C.: The Double Cross System in the War 1939–1945, S. 16

20 Vgl.: MacIntyre, Ben: For Your Eyes only: Ian Fleming and James Bond, S. 57.

21 Miller, Russell: Codename Tricycle, S. 89.

Kapitel 7: Tod am Times Square

1   TNA KV2/846.

2   Montagu, Ewen: Beyond Top Secret Ultra, S. 89

3   Franklin D. Roosevelt: The President's War Messages, S. 411–412.

4   MacIntyre, Ben: Double Cross, S. 93.

5   TNA KV2/850.

6   TNA KV2/849.

7   Montagu, Ewen: Beyond Top Secret Ultra, S. 92.

8   TNA KV2/860.

9   TNA KV2/850.

10 TNA KV2/849.

11 Miller, Russell: Codename Tricycle, S. 132.

12 TNA KV2/850.

13 Montagu, Ewen: Beyond Top Secret Ultra, S. 92.

Kapitel 8: Zwischen Hoffen und Bangen

1 TNA KV2/850.

2 Ebenda.

3 Ebenda.

4 Ebenda.

5 TNA KV2/849.

6 TNA KV2/850.

Kapitel 9: Zurück im Spiel

1 TNA KV2/850.

2 Popov Dušan: Superspion, S. 221.

3 TNA KV2/851.

4 Ebenda.

5 TNA KV2/850.

6 Ebenda.

7 Miller, Russell: Codename Tricycle, S. 157.

8 TNA KV2/850.

9 Ebenda.

10 TNA KV2/859.

Kapitel 10: Agent Freak

1 TNA KV2/850.

2 TNA KV2/852.

3 TNA KV2/850.

4 TNA KV2/859.

5 TNA KV2/854.

6   TNA KV2/859.

7   TNA KV2/851.

8   Ebenda.

9   TNA KV2/853.

10 Ebenda.

11 Zitiert nach: Miller, Russell: Codename Tricycle, S. 182.

12 Ebenda, S. 197.

13 TNA KV2/1069.

14 TNA KV2/854.

15 TNA KV2/863.

16 Zitiert nach: Cruickshank, Charles: Deception in World War II, S. 75.

17 TNA KV4/83.

18 Masterman, John, C.: The Double Cross System in the War 1939–1945, S. 72

Kapitel 11: Artist und die Angst

1   Benton, Kenneth: The ISOS Years, S. 359–410.

2   TNA KV 2/847.

3   TNA KV2/859.

4   Benton, Kenneth: The ISOS Years, S. 397.

5   Ebenda, S. 398

6   Ebenda, S. 397.

7   Ebenda.

8   TNA KV2/855.

9   TNA KV2/854.

10 West, Nigel (Ed.): The Guy Liddell Diaries, S. 112.

11 TNA KV2/857.

12 Vgl.: Molfenter, Arne: Garbo, Der Spion.

13 TNA KV2/855.

14 Vgl.: Levine, Joshua: Operation Fortitude, S. 241.

15 TNA KV2/857.

16 Benton, Kenneth: The ISOS Years, S. 397–398.

17 TNA KV2/855.

18 Interview mit Charles de Salis am 3. Juli 1998, in: Smith, Michael: Foley – The Spy who saved 10.000 Jews, S. 312.

Kapitel 12: Düstere Stimmung

1 TNA KV2/855.

2 TNA KV2/856.

3 TNA KV2/861.

4 TNA KV2/855.

5 TNA KV2/856.

6 TNA KV2/855.

7 TNA KV2/856.

8 Ebenda.

9 TNA KV2/859.

10 Vgl.: Miller, Russell: Codename Tricycle, S. 201–205 und TNA KV2/856.

11 TNA KV2/855.

Kapitel 13: Auftritt der ersten Geigen

1 Masterman, John, C.: The Double Cross System in the War 1939–1945, S. 145.

2 Weisung Nr. 51, vom 3.11.1943, in: Hubatsch, Walther: Hitlers Weisungen für die Kriegsführung 1939–1945, S. 233.

3 Breuer, William, B.: Hoodwinking Hitler – The Normandy Deception, S. 116.

4 Wieviorka, Olivier: Normandy – The Landings to the Liberation of Paris, S. 145.

5 Vgl.: Levine, Joshua: Operation Fortitude, S. 214.

6 TNA KV2/856.

Kapitel 14: Hase und Igel

1 TNA KV2/856.

2 TNA KV2/863.

3 TNA KV2/856.

4 Holt, Thaddeus: The Deceivers – Allied Military Deception in the Second World War, S. 538.

5 Gronau, Marie Luise von: In Kimono und Obi – Erlebnisse einer jungen Deutschen in Japan.

6 TNA KV4/83.

7 TNA KV2/855.

8 Popov Dušan: Superspion, S. 287 ff.

9 TNA KV2/861.

10 TNA KV2/857.

11 Ebenda.

12 Hesketh, Roger: Fortitude: The D-Day Deception Campaign, S. 112.

13 Vgl.: Andrew, Christopher; MI5 – Die wahre Geschichte des britischen Geheimdienstes, S. 225.

14 West, Nigel (Ed.): The Guy Liddell Diaries, S. 187.

15 Popov Dušan: Superspion, S. 274.

16 Ebenda, S. 291 f.

Kapitel 15: Ein Verräter

1 TNA KV/83.

2 TNA KV2/861.

3 TNA KV2/858.

4 TNA KV2/861.

5 TNA KV2/858.

6 TNA KV2/3295.

7 TNA KV2/856.

8 TNA KV2/3295.

9 TNA KV2/857.

10 Ebenda.

11 TNA KV2/858.

12 TNA KV2/855.

13 Ebenda.

14 Ebenda.

15 TNA KV2/3568.

16 TNA KV2/858.

17 TNA KV2/857.

18 TNA KV2/858.

19 TNA KV2/861.

20 TNA KV22/858.

21 TNA KV2/3568.

Kapitel 16: Dora

1 TNA KV2/861.

2 TNA KV2/3568.

3 TNA KV2/860.

4 TNA KV2/858.

5 Ebenda.

6 Ebenda.

7 TNA KV2/859.

8 TNA KV2/857.

9 TNA KV2/858.

10 Ebenda.

11 TNA KV4/194.

12 TNA KV2/858.

13 TNA KV2/859.

14 West, Nigel (Ed.): The Guy Liddell Diaries, S. 193.

15 Masterman, John, C.: The Double Cross System in the War 1939–1945, S. 154.

16 TNA KV4/83.

Kapitel 17: Falsch gezählt

1 Vgl.: Kampe, Hans Georg: Deckname ›Zeppelin‹, S. 45.

2 Zitiert nach: Liss, Ulrich: Westfront 1939/40, S. 29.

3 Vgl.: Cave Brown, Anthony: Bodyguard of Lies, S. 497.

4 Howard, Michael: British Intelligence in the Second World War, S. 51.

5 Kahn, David: Hitler's Spies: German Military Intelligence in World War II, S. 496.

6 Howard, Michael: British Intelligence in the Second World War, S. 131.

7 TNA KV4/194.

8 TNA KV2/859.

9 TNA KV2/860.

Kapitel 18: Löcher im »Atlantikwall«

1 Fröhlich, Elke (Hg.): Die Tagebücher von Joseph Goebbels, Eintrag vom 15. April 1944. Vgl. hierzu auch: Longerich, Peter: Joseph Goebbels, S. 619.

2 Vgl.: Rommel, Manfred: 1944 – Das Jahr der Entscheidung, S. 98.

3 Zitiert nach: Miller, Russell: Nothing less than victory – the oral history of D-Day, S. 79.

4 Brief von Hans-Joachim Hirche (ehemaliger FHW-Mitarbeiter) vom 5.7. 1985, im Privatbesitz von Adelheid Barbara Döll, geb. Freiin von Roenne (Tochter von Alexis Freiherr von Roenne).

5 Vgl.: Eidesstattliche Versicherung von Maria Hofmann (ehemalige FHW-Mitarbeiterin) vom 18.5.1982, im Privatbesitz von Adelheid Barbara Döll.

6 Vgl.: Rommel, Manfred: 1944 – Das Jahr der Entscheidung, S. 91.

7 Bremm, Klaus-Jürgen: Normandie 1944 – Die Entscheidungsschlacht um Europa, S. 100.

8 Shirer, William, L.: The Rise and Fall of the Third Reich – A history of Nazi Germany, S. 1014 ff.

9 Zitiert nach: Holt, Thaddeus: The Deceivers – Allied Military Deception in the Second World War, S. 565–566.

10 Howard, Michael. British Intelligence in the Second World War, S. 115.

11 West, Nigel (Ed.): The Guy Liddell Diaries, S. 199.

Kapitel 19: Dunkle Wolken

1 Zitiert nach: Breuer, William, B.: Hoodwinking Hitler, S. 189 und S. 249. Breuer weist darauf hin, dass in der Dwight D. Eisenhower Bibliothek in Abilene/Kansas insgesamt 56 verschiedene Versionen von Eisenhowers Befehl zur Landung vermerkt sind.

2 Ryan, Cornelius: The Longest Day – The classic epic of D-Day, June, 6, 1944, S. 81–82.

3 Kurze Feindbeurteilung West – Anlage zu Lagebericht West vom 6.6.1944, in: Bundesarchiv – Militärarchiv Freiburg, Signatur 67/851.

4 Zitiert nach: Wiegrefe, Klaus: Sieg um jeden Preis, S. 53.

5 Lagebeurteilung West (LBW) 1288 vom 6.6.1944, Imperial War Museum London, MI14–499. Vgl. auch Holt, Thaddeus: The Deceivers, S. 582 f.

6 Malanowski, Wolfgang: »Schluss mit dem Krieg, Ihr Idioten«, S. 187.

7 Howard, Michael. British Intelligence in the Second World War, S. 105.

8 Holt, Thaddeus: The Deceivers, S. 584

9 Ebenda, S. 589.

10 Popov Dušan: Superspion, S. 296.

11 Bassett, Richard: Hitler's Spy Chief – The Wilhelm Canaris Mystery, S. 274 ff.

12 Vgl.: »Bericht über den 8. Abschnitt des Prozesses gegen die Verräter- und Verschwörerclique des 20. Juli 1944 vor dem Volksgerichtshof am 19. und 20. September 1944«, in: Bundesarchiv Berlin-Lichterfelde, Akz. RY 1/I 2/3, Nr. 151.

13 Vgl.: »Bericht über Prozess gegen die Verräter- und Verschwörerclique des 20. Juli 1944 vor dem Volksgerichtshof am 5. Oktober 1944«, in: Bundesarchiv Berlin-Lichterfelde, Akz. RY 1/I 2/3, Nr. 151

14 Brief von Hans Otto Behrendt (ehemaliger Mitarbeiter der FHW) vom Januar 1986, im Privatbesitz von Adelheid Barbara Döll, geb. Freiin von Roenne (Tochter von Alexis von Roenne).

15 Zitiert nach: Eidesstattliche Erklärung von Theodor Baron von der Osten-Sacken vom 6.7.1984, im Privatbesitz von Adelheid Barbara Döll.

16 TNA KV2/859.

Kapitel 20: Wo ist Johnny?

1 Miller, Russell: Codename Tricycle, S. 234.

2 TNA KV2/863.

3 Vermerk über ein Gespräch mit Viktor von Schweinitz (Mitarbeiter der FHW), geführt am 21.5.1985 in Essen, im Privatbesitz von Adelheid Barbara Döll.

4 Einige US-amerikanische und britische Historiker vermuten einen weiteren Grund: Roenne habe die Zahlen über die feindliche Armeegröße fast verdoppelt, weil er wusste, dass der SD sie später noch halbieren würde, bevor sie Hitler vorgelegt wurden. Problematisch an dieser Analyse ist aber, dass Roenne nicht für den SD tätig war, sondern direkt für den Wehrmachtführungsstab. Seine Analysen wurden also nicht vom SD kontrolliert. Vgl.: hierzu besonders: Howard, Michael: British Intelligence in the Second World War, S. 51.

5 Vgl.: Brief von Hans-Joachim Hirche (ehemaliger FHW-Mitarbeiter) vom 5.7. 1985, im Privatbesitz von Adelheid Barbara Döll.

6 Kassiber von Alexis von Roenne vom 1.10.1944, im Privatbesitz von Adelheid Barbara Döll.

7 TNA KV2/860.

8 Popov Dušan: Superspion, S. 311.

9 TNA KV2/860.

10 TNA KV2/861.

11 TNA KV2/860.

12 Vgl.: MacIntyre, Ben: Double Cross, S. 353–354.

13 TNA KV2/860.

14 TNA KV2/861.

15 Ebenda.

16 Ebenda.

17 Vgl.: Delmer, Sefton: The Counterfeit Spy, S. 162.

18 TNA KV2/861.

19 TNA KV2/860.

20 TNA KV2/861.

21 Ebenda.

Epilog

1 Vgl.: MacIntyre, Ben: Double Cross, S. 347.

2 Zitiert nach: Miller, Russell: Codename Tricycle, S. 255.

3 Andrew, Christopher: The Secret World – A histoy of intelligence, S. 651.

4 Elliott, Geoffrey: Gentleman Spymaster, S. 318.

5 TNA KV2/3295.

6 Vgl.: MacIntyre, Ben: Double Cross, S. 289.

Ein Krimi aus der Wirklichkeit

Hitlers jüdischer Nachbar

368 Seiten
Gebunden mit Schutzumschlag
ISBN 978-3-451-39216-0

Bei Recherchen stößt Ulrich Chaussy auf Arthur Eichengrün. Wer
war dieser Mann, der in Hitlers Nachbarschaft wohnte? Chaussy
rekonstruiert Eichengrüns Biografie und entdeckt einen der bedeu-
tendsten Chemiker und Erfinder seiner Zeit. Ab 1933 gelten aber
all seine Verdienste nichts mehr und er ist nur noch eines: Jude.
Chaussy schreibt ein nahezu vergessenes Genie fulminant ins kol-
lektive Gedächtnis zurück.

In jeder Buchhandlung!

HERDER

www.herder.de

Das dunkelste Kapitel der DDR-Geschichte